Job?
나는 **로봇** 전문가가 될 거야!

Job?

나는 로봇 전문가가 될 거야!

Special 01

스튜디오 아이레 글·그림

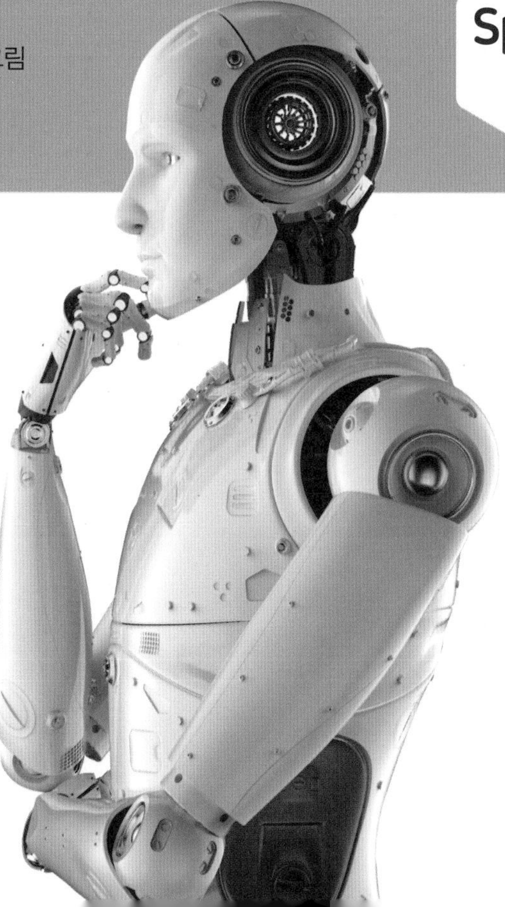

국일아이

차례

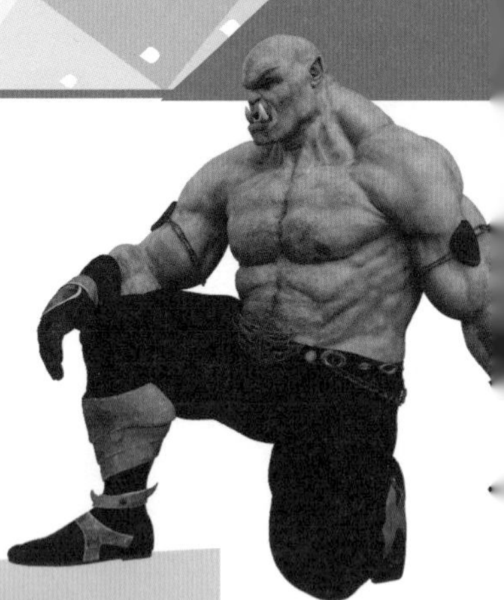

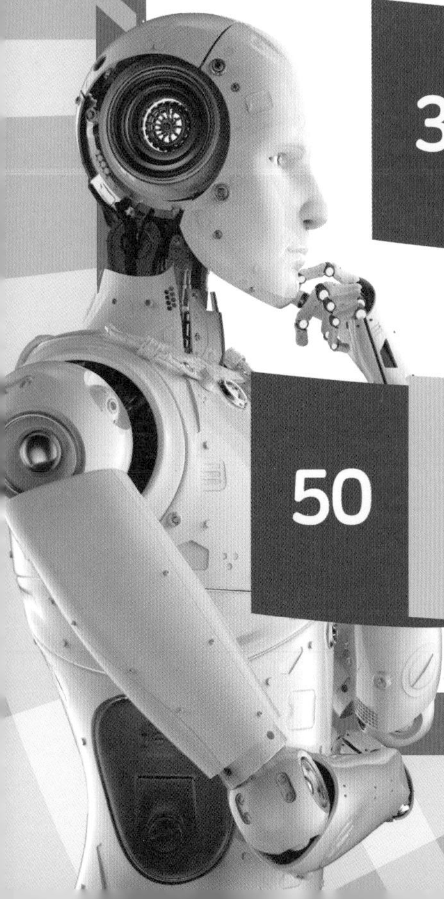

직업 탐험 워크북 | 나는 **로봇** 전문가가 될 거야!

등장인물

소윤

세계 최고의 로봇 공학자인 오 박사의 손녀로 기계에 관심이 많고 호기심이 강하다. 기계의 원리와 구조가 궁금해 분해를 해야만 직성이 풀린다. 하지만 원상 복구를 하지 못하고 고장 내기 일쑤다. 오 박사의 제자인 승민을 좋아한다.

형진

새로운 물건을 만들고 발명하는 것을 좋아해 친구들 사이에서 발명왕이라 불린다. 고장 난 기계를 수리하는 데에도 재능이 있어 소윤이가 망가뜨린 물건을 투덜거리면서도 다 고쳐 준다. 자신이 만든 드론을 가지고 소윤과 함께 로봇 공학자인 오 박사를 만나러 연구소로 향하는데….

안드

오 박사가 만든 인공지능이 탑재된 안드로이드지만 마 박사가 본체를 빼돌린다. 아직 어린아이 수준의 지능을 가지고 있지만 형진, 소윤, 승민과 함께 진짜 몸을 찾아가는 과정을 통해 점점 똑똑해진다.

오 박사

소윤이의 할아버지이자 세계 최고의 로봇 공학자다. 너그러운 성격과 뛰어난 실력에 사람들이 모두 존경하고 따른다. 안드로이드 개발이 거의 완성될 즈음, 마 박사의 배신으로 안드로이드를 빼앗긴다. 병원에 입원하게 되어 소윤과 형진에게 안드로이드를 찾아 달라고 부탁한다.

승민

오 박사가 가장 아끼는 수제자로 안드로이드 로봇 공학자다. 형진이 만든 드론에 오 박사가 개발한 인공지능 칩을 이식한다. 오 박사가 만든 안드로이드가 다른 곳에 쓰이는 것을 막으려고 소윤, 형진과 함께 진짜 안드의 본체를 찾아 나선다.

마 박사

오 박사에게 열등감을 가지고 있는 로봇 공학의 2인자로 괴팍하고 욕심이 많다. 자신이 개발한 로봇을 통해 세계 최고의 부자가 되겠다는 야망을 가지고 있다. 오 박사를 속이고 안드로이드를 빼돌려 비싼 값에 팔려고 하는데….

추천사

꿈을 찾아가는
꿈나무를 위한 길잡이

허영만 화백이 그린 만화 《식객》이 한국 음식 문화의 품격과 철학의 깊이를 더한 '음식 문화서'라고 한다면, 《job?》 시리즈는 '바라고 꿈꾸는 것을 이루기 위해 줄기차게 노력하면 반드시 꿈은 이루어진다'는 교육 철학을 담은 직업 관련 학습 만화입니다. 어린이와 청소년들이 만화를 통해 각 분야의 직업을 이해하고, 스스로 장래 희망을 설정하는 데 도움을 주는 진로 교육서이기도 합니다.

꿈과 희망은 사람을 움직이는 가장 강력한 에너지입니다. 꿈과 희망이 있는 사람은 밝고 활기찹니다. 그리고 호기심과 열정이 가득해서 지루할 틈이 없이 부지런합니다. 특히 어린이와 청소년들에게 꿈과 희망은 삶을 긍정적으로 바라보게 하는 가장 강력한 버팀목 역할을 합니다.

어른이 되어 이루는 성공과 성취는 어린 시절부터 바랐던 꿈과 희망이 이뤄 낸 결과입니다. 링컨과 케네디, 빌 게이츠와 오바마, 이들은 어린 시절에 꾸었던 꿈과 희망을 실현하기 위해 노력한 사람들입니다. 삼성을 일류 기업으로 이끈 고(故) 이병철 회장이나 우리나라 경제 발전에 초석을 다진 현대그룹의 고(故) 정주영 회장도 어린 시절의 꿈을 실현한 대표적인 사람입니다. 꿈과 희망 안에는 미래를 변하게 하는 놀라운 능력이 숨어 있습니다. 꿈과 희망을 품고 노력하면 바라던 것이 이루어집니다.

어린이와 청소년들이 스스로 미래를 준비할 수 있도록 도움을 주고자 기획한《job?》시리즈는 우리 사회 각 분야의 직업을 다루고 있습니다. 어떤 분야의 직업을 갖고 사는 것이 좋으며 가치 있을지를 만화 형식을 빌려서 설명하여 이해뿐 아니라 재미까지 더하였습니다.

그동안 직업을 소개하는 책은 많았지만, 어린이 눈높이에 맞춘 직업 관련 안내서는 드물었습니다. 이 책의 차별성은 바로 여기에 있습니다. 단순히 각각의 직업이 무슨 일을 하는지를 소개하는 데 그치지 않고 사회적 측면에서 바라본 직업의 존재 이유와 작용 원리를 적절한 용어를 사용하여 어린 독자들의 이해를 돕습니다. 자칫 딱딱할 수 있는 직업 이야기를 맛깔스러운 대화와 재미있는 전개로 설명하여 효과적인 진로 안내서 역할도 합니다.

이 책이 어린이와 청소년들에게 세상의 여러 직업을 깊이 이해하고 자신의 미래를 여는 데 도움을 줄 것이라 기대합니다. 아울러 장차 세계를 이끌 주인공이 될 어린이와 청소년들이 직업과 관련해서 멋진 꿈과 희망을 얻길 바랍니다.

문용린(서울대학교 교육학과 명예교수)

작가의 말

로봇을 좋아하나요?

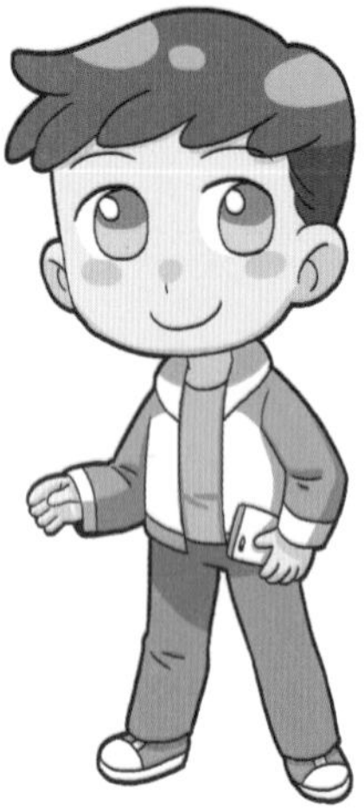

저는 어렸을 때는 물론 어른이 되고 나서도 만화책이나 애니메이션, 영화에 로봇이 등장하면 눈을 떼지 못하고 재미있게 보고 있습니다. 볼 때마다 궁금증이 생깁니다.

"여기 나왔던 로봇들을 실제로 볼 수 있을까?"

이러한 상상력과 열망을 바탕으로 로봇 공학자를 비롯한 로봇 전문가가 힘을 모아 로봇을 만들었답니다. 지금도 알게 모르게 많은 로봇이 우리의 일상생활을 더욱 편안하게 만들어 주고 있지요. 하지만 현재 로봇은 우리가 생각하는 로봇의 모습과는 달리 주로 거대하고 단순한 기계 형태로 병원이나 공장에서 사용되고 있어요. 그래서 로봇 공학자를 비롯한 로봇 전문가가 좀 더 인간의 모습과 비슷한 외형을 지닌 로봇, 우리가 더욱 친근하게 느낄 수 있는 로봇을 만들기 위해 열심히 노력하고 있지요.

로봇 전문가의 노력 덕분에 로봇은 앞으로 다양한 분야에 활용될 거예요. 그리고 로봇이 여러 곳에 활용됨에 따라 로봇 전문가도 다양한 분야로 진출할 것으로 기대하고 있지요.

《job? 나는 로봇 전문가가 될 거야!》는 상상을 현실로 바꾸고 미래를 현재로 앞당기는 로봇 공학자 외에도 로봇 관련 직업을 폭넓게 소개하고 있어요. 머지않은 미래에 로봇에 인공지능이 더해지면서 로봇이 우리의 친구가 되는 세상이 올 거예요.

여러분은 로봇을 좋아하나요? 어떤 로봇이 등장하길 바라나요? 그리고 로봇을 만든다면 어떤 로봇을 만들고 싶은가요?

이 책을 읽고 로봇에 관심이 많아지고 로봇 전문가가 되어 세상과 사람을 이롭게 하는 로봇을 만드는 꿈나무로 자라기를 기대합니다.

글쓴이 **스튜디오 아이레**

1화 로봇 공학 연구소로 가자!

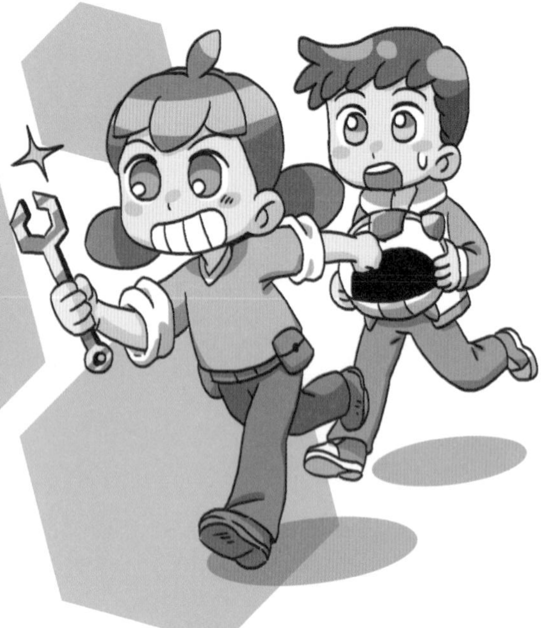

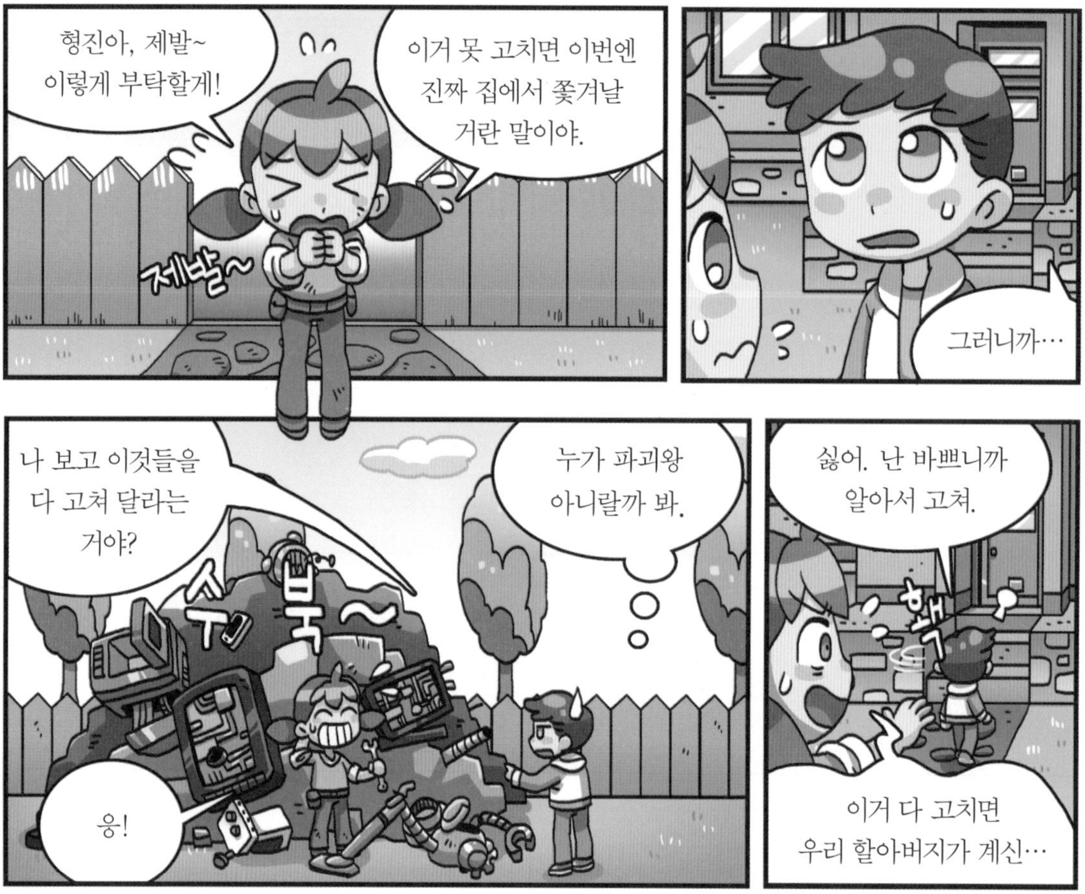
형진아, 제발~
이렇게 부탁할게!
이거 못 고치면 이번엔
진짜 집에서 쫓겨날
거란 말이야.
제발~
그러니까…
나 보고 이것들을
다 고쳐 달라는
거야?
누가 파괴왕
아니랄까 봐.
응!
싫어. 난 바쁘니까
알아서 고쳐.
홱
이거 다 고치면
우리 할아버지가 계신…

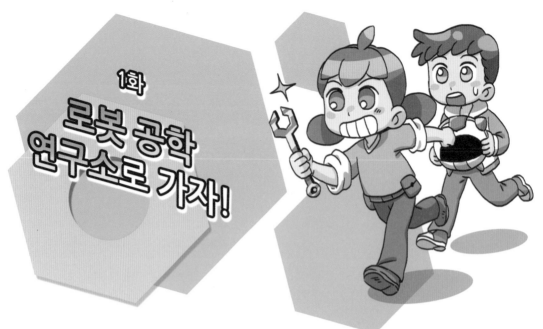

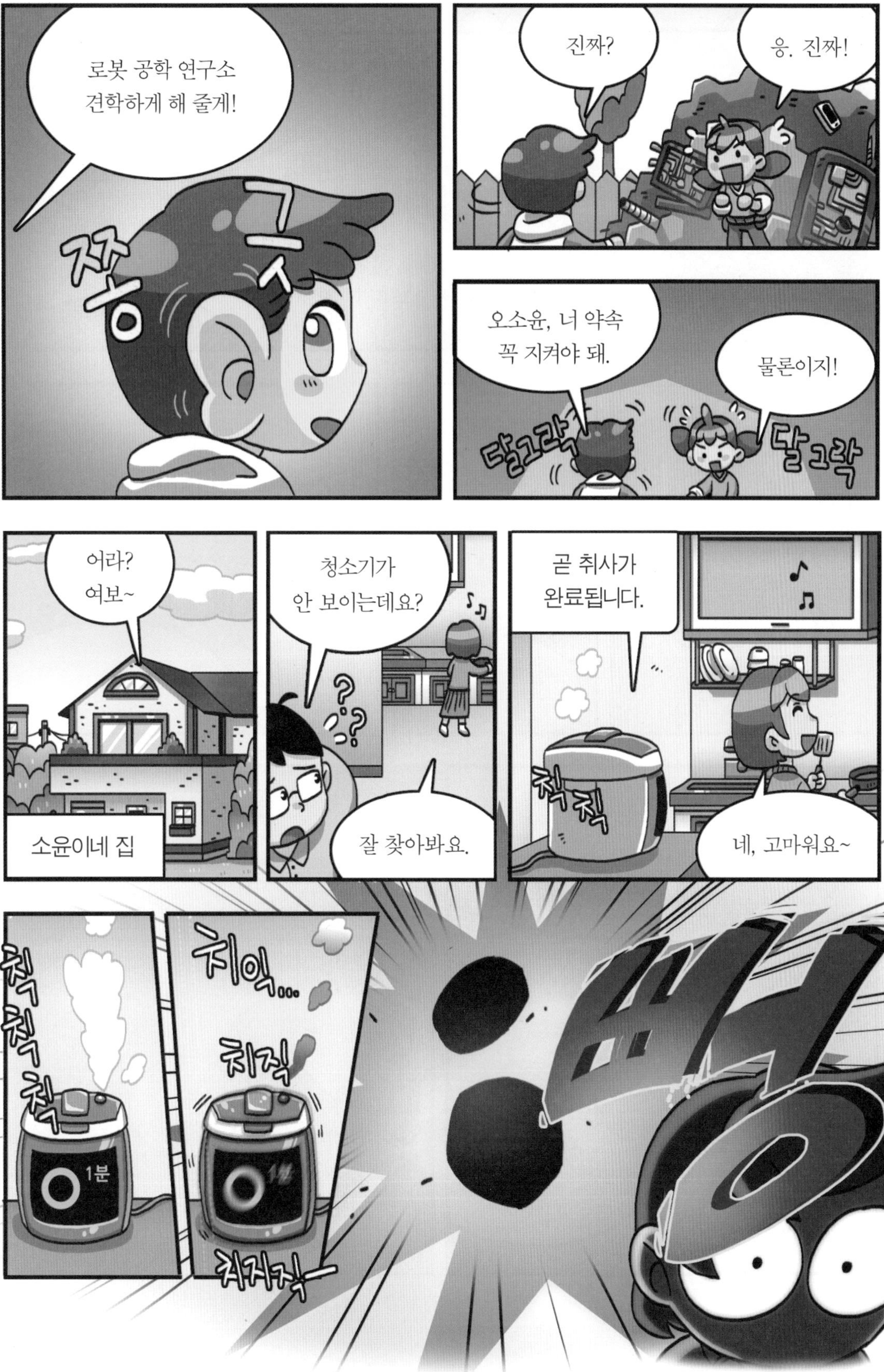

로봇 공학 연구소
견학하게 해 줄게!
쫑긋
진짜?
응. 진짜!
오소윤, 너 약속
꼭 지켜야 돼.
물론이지!
달그락
달그락
어라?
여보~
소윤이네 집
청소기가
안 보이는데요?
잘 찾아봐요.
곧 취사가
완료됩니다.
칙칙
네, 고마워요~
칙칙칙
1분
치익...
치직
치지직—
뻥

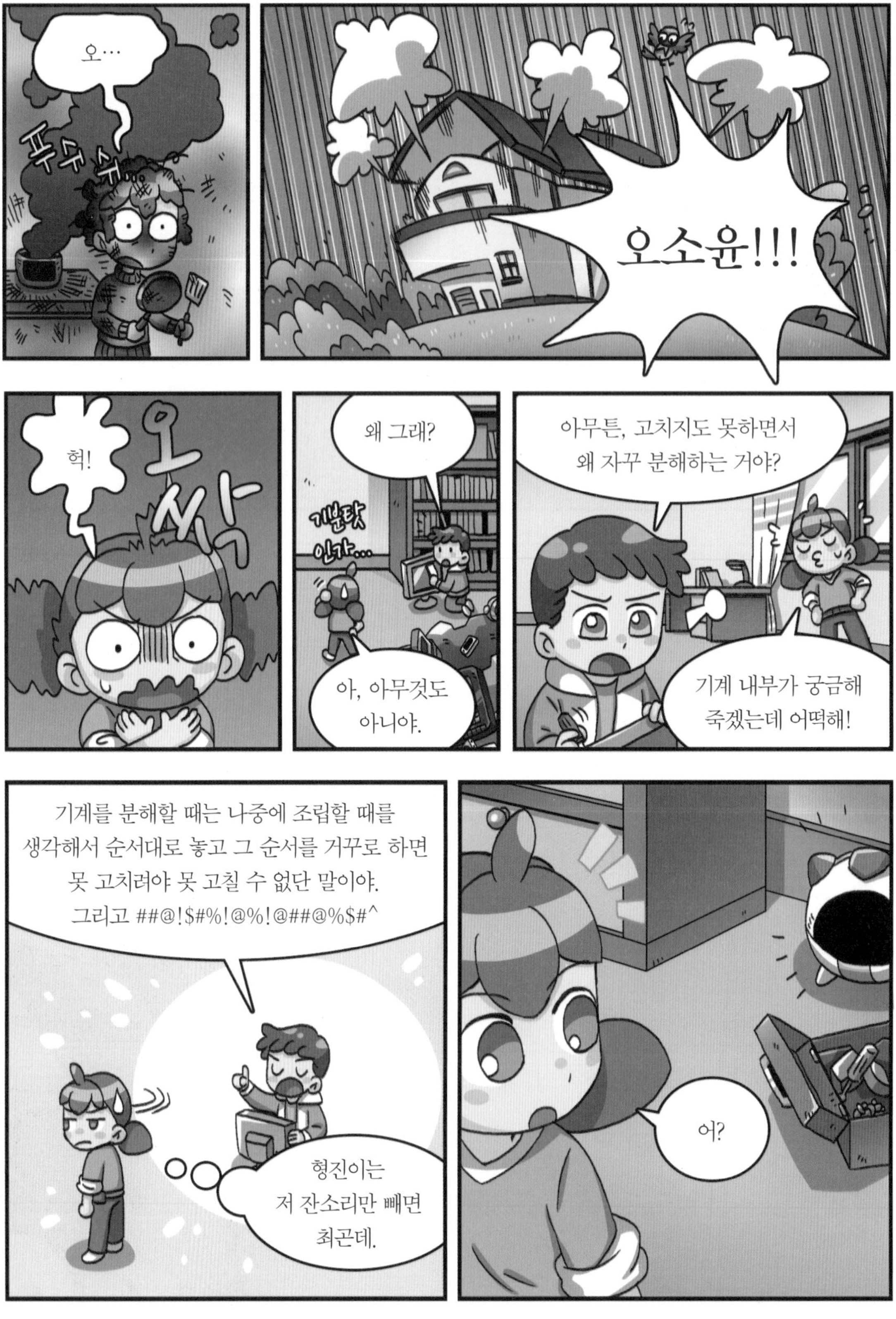
오…
푸수슈…
오소윤!!!
헉!
오싹
왜 그래?
기분탓인가…
아, 아무것도 아니야.
아무튼, 고치지도 못하면서 왜 자꾸 분해하는 거야?
기계 내부가 궁금해 죽겠는데 어떡해!
기계를 분해할 때는 나중에 조립할 때를 생각해서 순서대로 놓고 그 순서를 거꾸로 하면 못 고치려야 못 고칠 수 없단 말이야. 그리고 ##@!$#%!@%!@##@%$#^
형진이는 저 잔소리만 빼면 최곤데.
어?

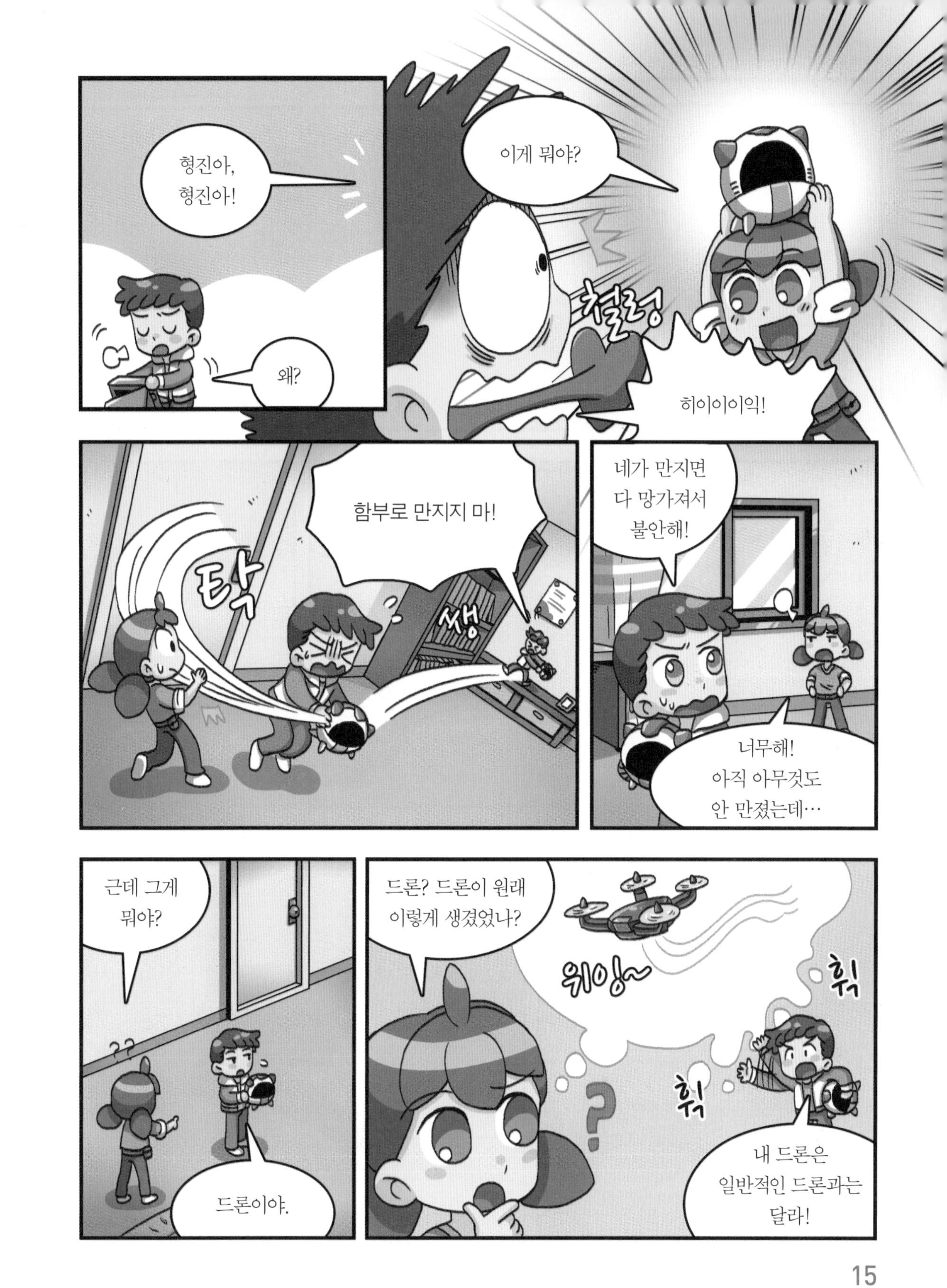
형진아,
형진아!
왜?
이게 뭐야?
철렁
히이이이익!
함부로 만지지 마!
탁
쌩
네가 만지면 다 망가져서 불안해!
너무해! 아직 아무것도 안 만졌는데…
근데 그게 뭐야?
드론이야.
드론? 드론이 원래 이렇게 생겼었나?
위잉~
휙
휙
내 드론은 일반적인 드론과는 달라!

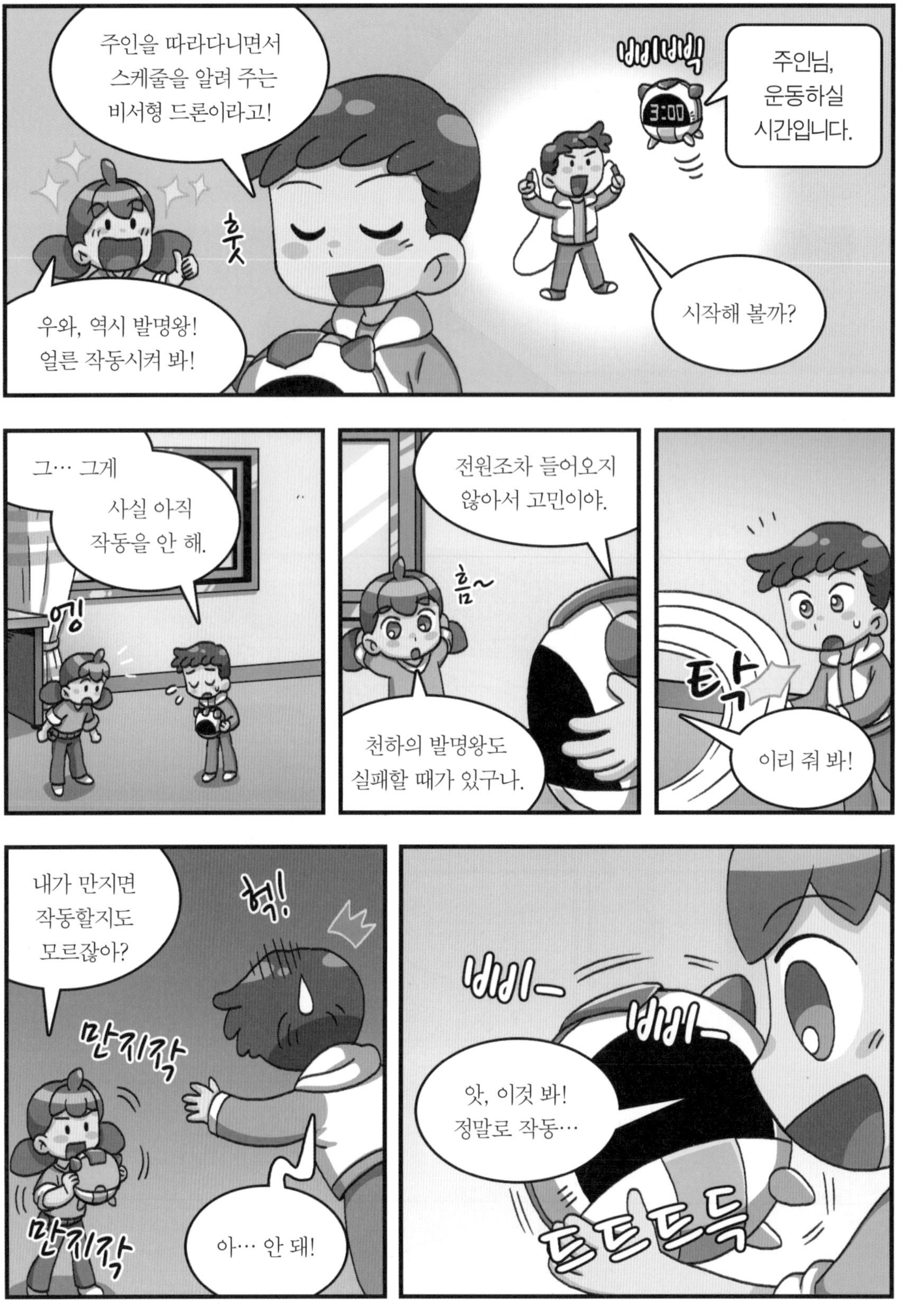

주인을 따라다니면서 스케줄을 알려 주는 비서형 드론이라고!
훗
우와, 역시 발명왕! 얼른 작동시켜 봐!
삐비삐빅
주인님, 운동하실 시간입니다.
시작해 볼까?
그… 그게
사실 아직 작동을 안 해.
엥
전원조차 들어오지 않아서 고민이야.
흠~
천하의 발명왕도 실패할 때가 있구나.
탁
이리 줘 봐!
내가 만지면 작동할지도 모르잖아?
헉!
만지작
만지작
아… 안 돼!
삐ㅣ-
삐ㅣ-
앗, 이것 봐! 정말로 작동…
드드드득

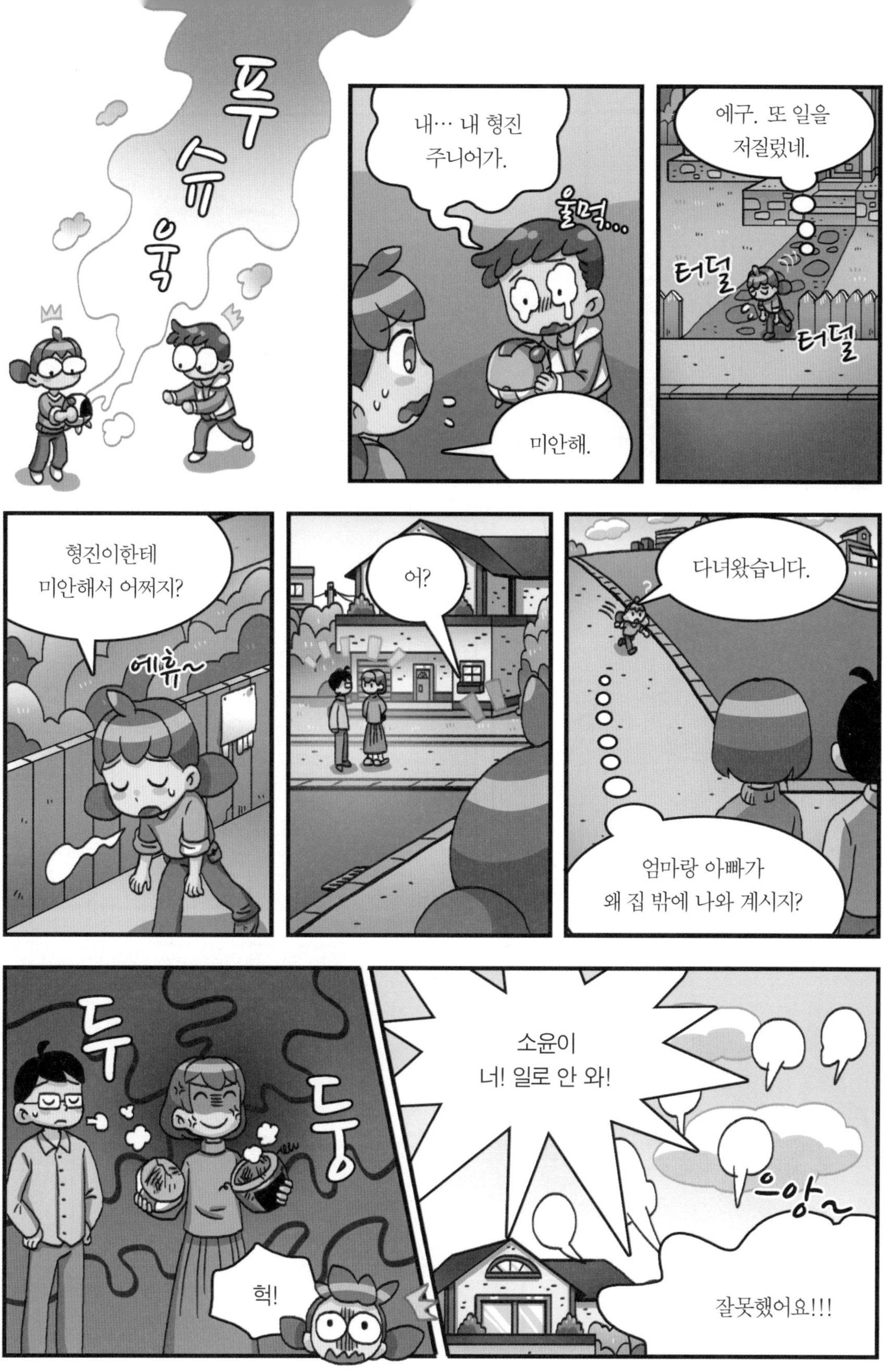
푸슈욱
내… 내 형진 주니어가.
울먹…
미안해.
에구. 또 일을 저질렀네.
터덜
터덜
형진이한테 미안해서 어쩌지?
에휴~
어?
다녀왔습니다.
엄마랑 아빠가 왜 집 밖에 나와 계시지?
두둥
헉!
소윤이 너! 일로 안 와!
으앙~
잘못했어요!!!

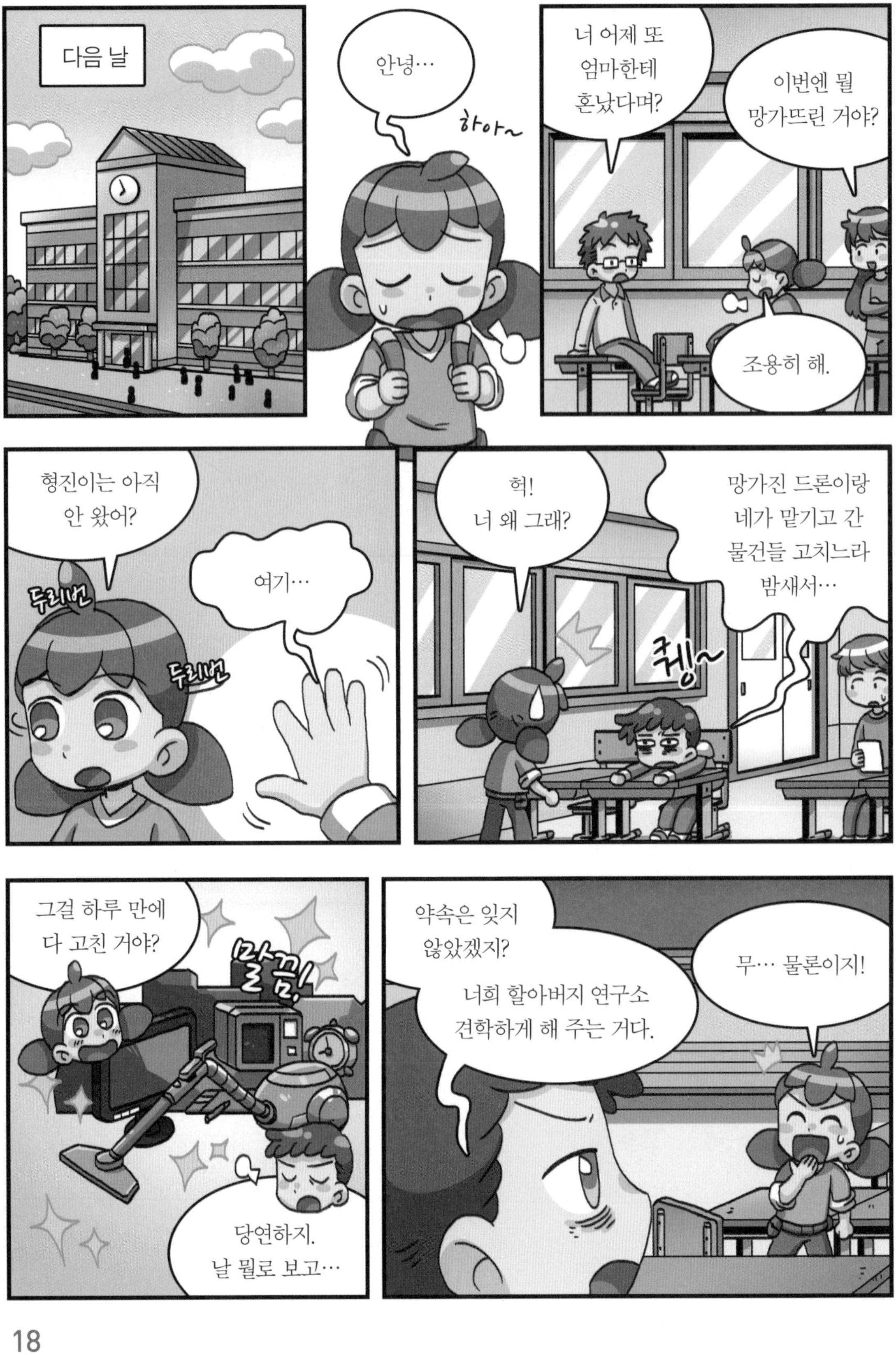
다음 날
안녕…
하아~
너 어제 또 엄마한테 혼났다며?
이번엔 뭘 망가뜨린 거야?
조용히 해.
형진이는 아직 안 왔어?
두리번
두리번
여기…
헉! 너 왜 그래?
망가진 드론이랑 네가 맡기고 간 물건들 고치느라 밤새서…
퀭~
그걸 하루 만에 다 고친 거야?
말끔!
당연하지. 날 뭘로 보고…
약속은 잊지 않았겠지?
너희 할아버지 연구소 견학하게 해 주는 거다.
무… 물론이지!

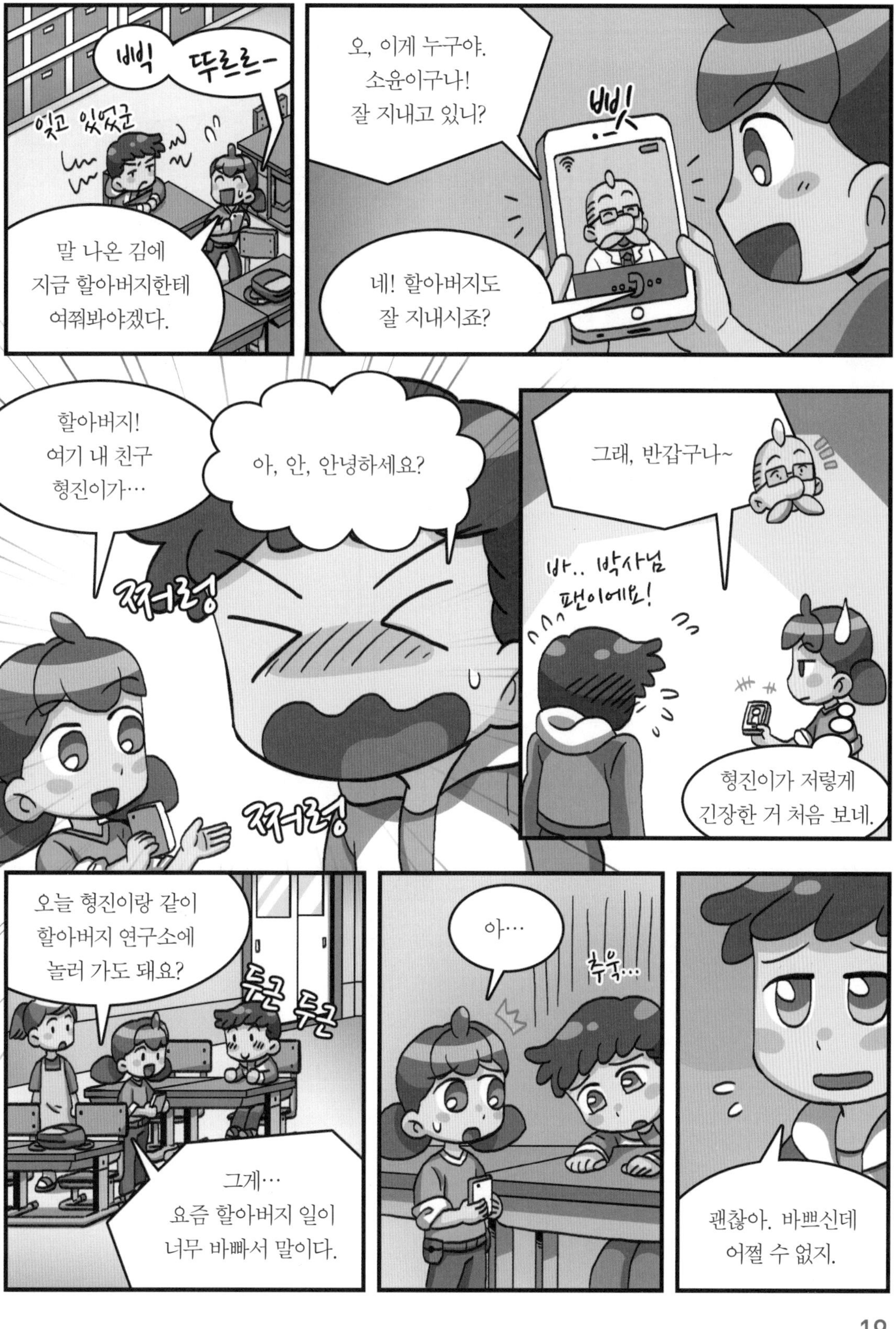

삑!
뚜르르~
잊고 있었군
말 나온 김에
지금 할아버지한테
여쭤봐야겠다.
오, 이게 누구야.
소윤이구나!
잘 지내고 있니?
삑!
네! 할아버지도
잘 지내시죠?
할아버지!
여기 내 친구
형진이가…
아, 안, 안녕하세요?
쩌렁
쩌렁
그래, 반갑구나~
바.. 박사님
팬이에요!
형진이가 저렇게
긴장한 거 처음 보네.
오늘 형진이랑 같이
할아버지 연구소에
놀러 가도 돼요?
두근 두근
그게…
요즘 할아버지 일이
너무 바빠서 말이다.
아…
추욱…
괜찮아. 바쁘신데
어쩔 수 없지.

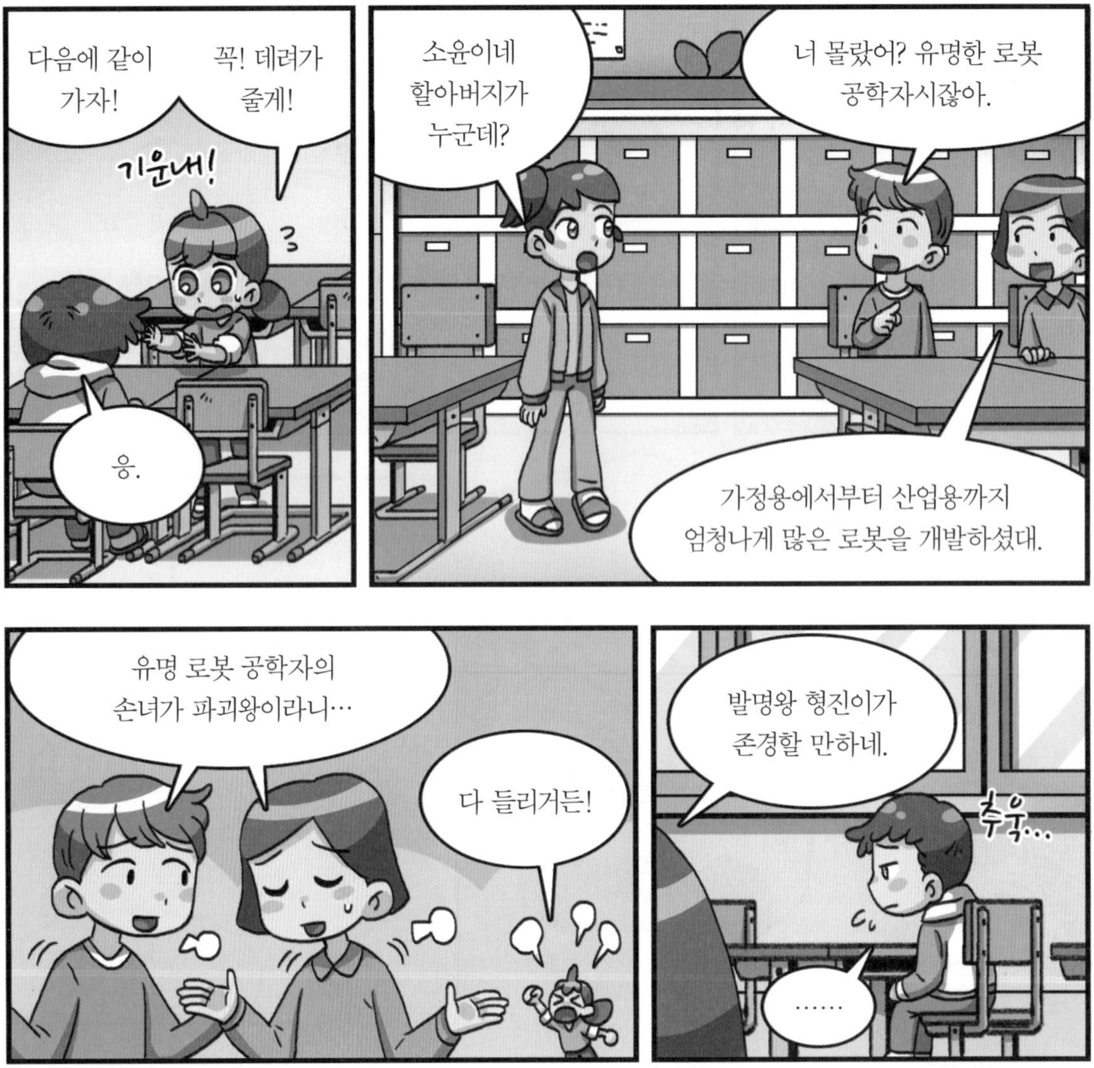
다음에 같이 가자!
꼭! 데려가 줄게!
기운내!
응.
소윤이네 할아버지가 누군데?
너 몰랐어? 유명한 로봇 공학자시잖아.
가정용에서부터 산업용까지 엄청나게 많은 로봇을 개발하셨대.
유명 로봇 공학자의 손녀가 파괴왕이라니…
다 들리거든!
발명왕 형진이가 존경할 만하네.
추욱…
……

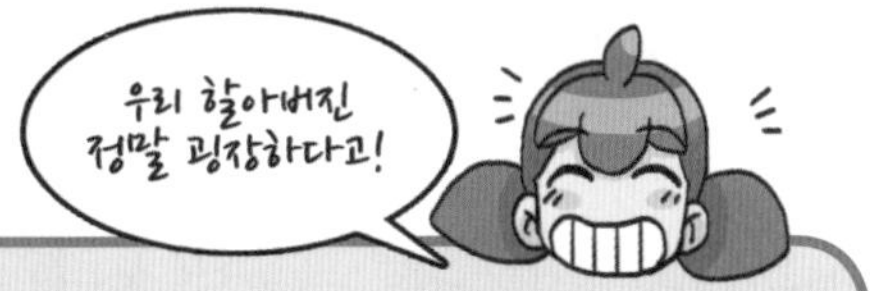
우리 할아버진 정말 굉장하다고!

로봇 공학자

로봇 공학자는 로봇의 구성 요소와 주변 장치, 툴 등을 설계·제작하고 시험 평가 결과를 반영하여 로봇을 개발해요. 로봇의 하드웨어, 소프트웨어를 통합하고 조립하여 시제품을 생산하고, 기능, 성능, 신뢰성 시험 및 필드 테스트를 수행하지요.
로봇 공학자가 되는 길은 다양해요. 로봇은 다양한 학문의 결합으로 구현되므로 이공 계열 학과의 학문을 전공한다면 로봇 공학자가 될 수 있어요. 대학교에서 전기, 전자, 기계, 전산 분야나 로봇 관련 학과에 진학하여 로봇의 설계, 운영에 관한 전문적인 지식과 기술을 배우면 돼요. 다양한 학문적 지식과 함께 로봇을 직접 만들어 보거나 로봇 경진 대회 등에 참가하여 경험을 쌓으면 도움이 된답니다.

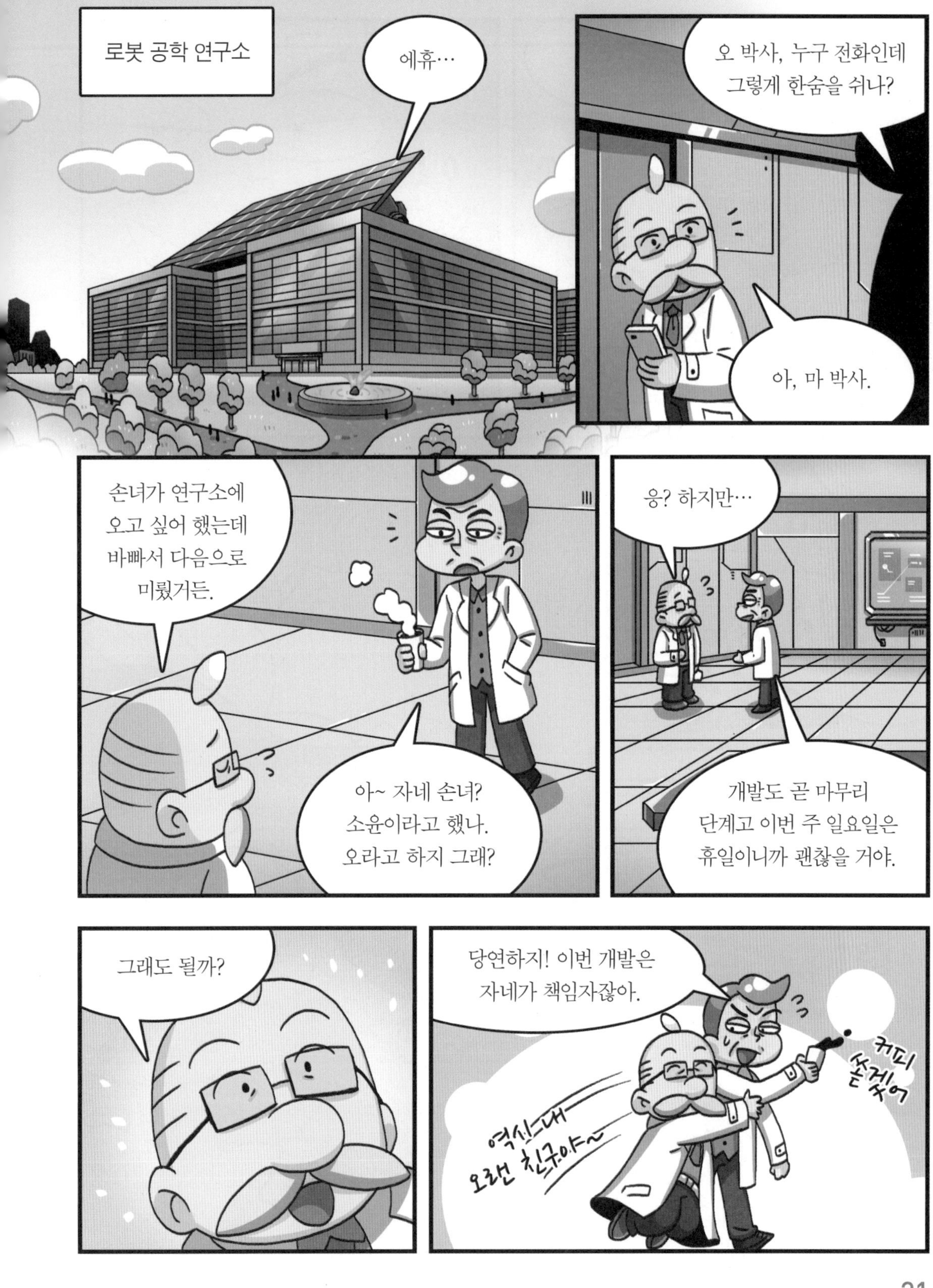

로봇 공학 연구소
에휴…
오 박사, 누구 전화인데 그렇게 한숨을 쉬나?
아, 마 박사.
손녀가 연구소에 오고 싶어 했는데 바빠서 다음으로 미뤘거든.
아~ 자네 손녀? 소윤이라고 했나. 오라고 하지 그래?
응? 하지만…
개발도 곧 마무리 단계고 이번 주 일요일은 휴일이니까 괜찮을 거야.
그래도 될까?
당연하지! 이번 개발은 자네가 책임자잖아.
역시 오랜 친구야~
커피 쏟겠어

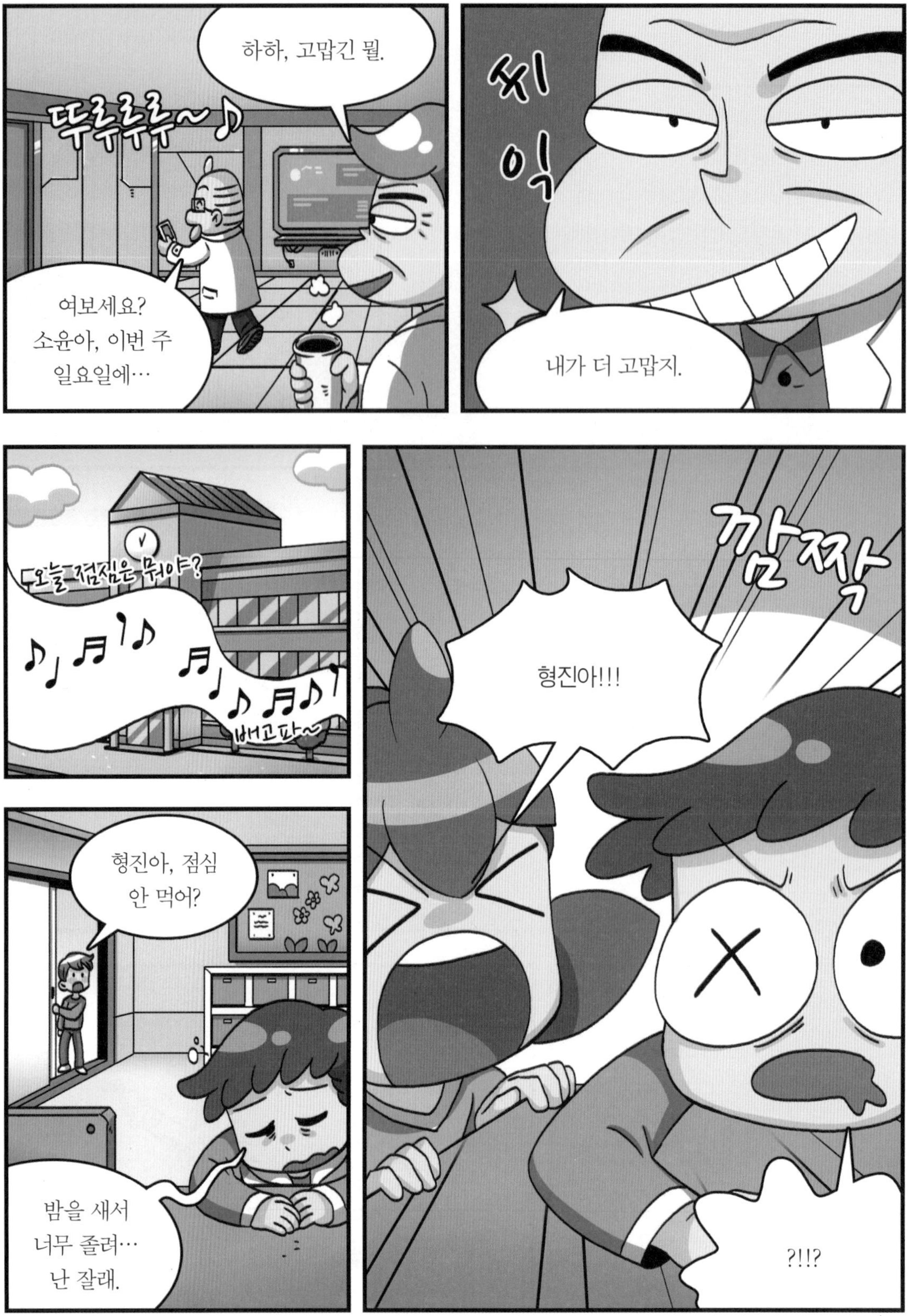
하하, 고맙긴 뭘.
뚜루루루루~♪
여보세요?
소윤아, 이번 주
일요일에…
쉬
익
내가 더 고맙지.
오늘 점심은 뭐야?
배고파~
형진아, 점심
안 먹어?
밤을 새서
너무 졸려…
난 잘래.
깜짝
형진아!!!
?!!?

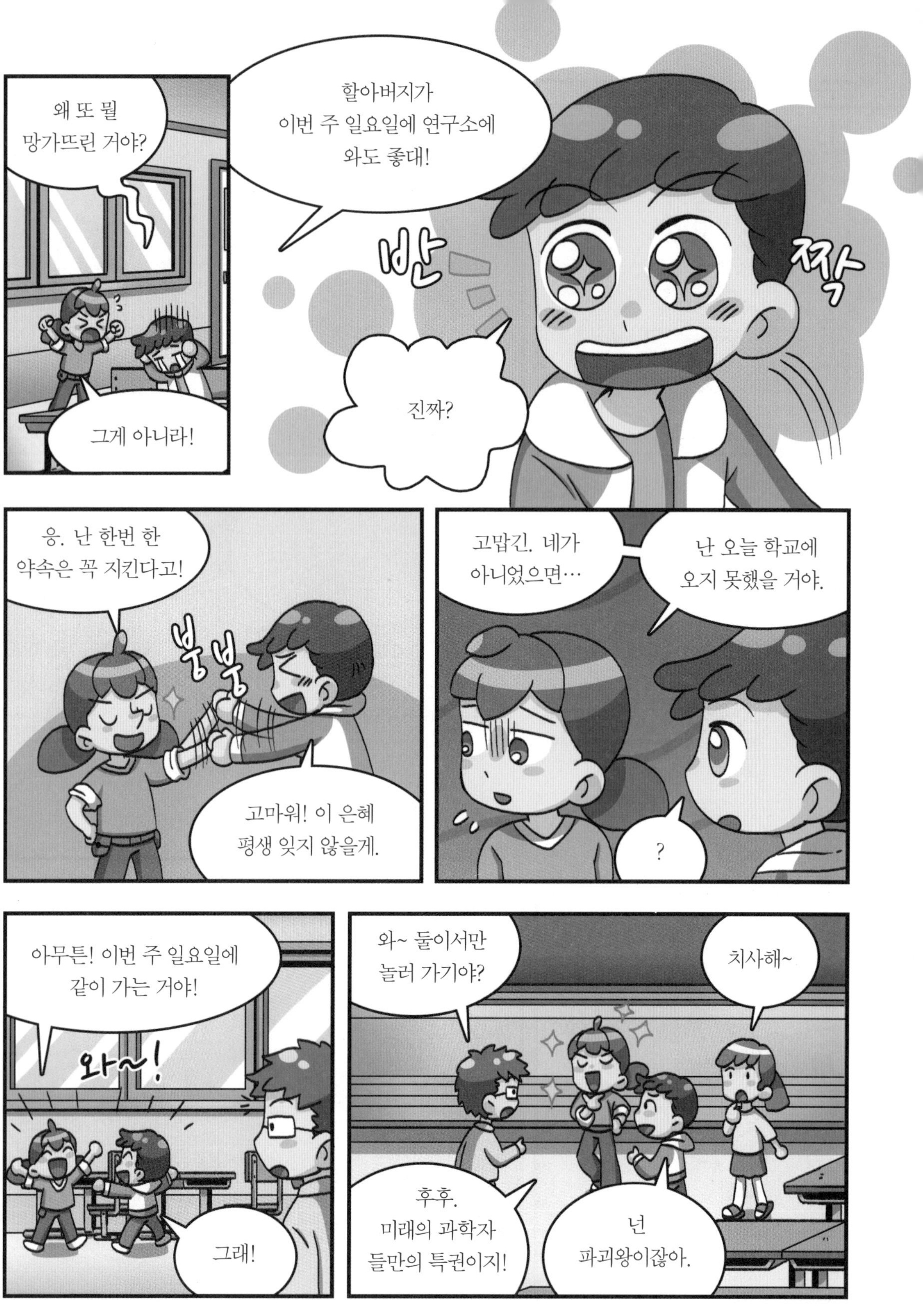

왜 또 뭘 망가뜨린 거야?
그게 아니라!
할아버지가 이번 주 일요일에 연구소에 와도 좋대!
반
짝
진짜?
응. 난 한번 한 약속은 꼭 지킨다고!
붕붕
고마워! 이 은혜 평생 잊지 않을게.
고맙긴. 네가 아니었으면…
난 오늘 학교에 오지 못했을 거야.
?
아무튼! 이번 주 일요일에 같이 가는 거야!
와~!
그래!
와~ 둘이서만 놀러 가기야?
치사해~
후후. 미래의 과학자 들만의 특권이지!
넌 파괴왕이잖아.

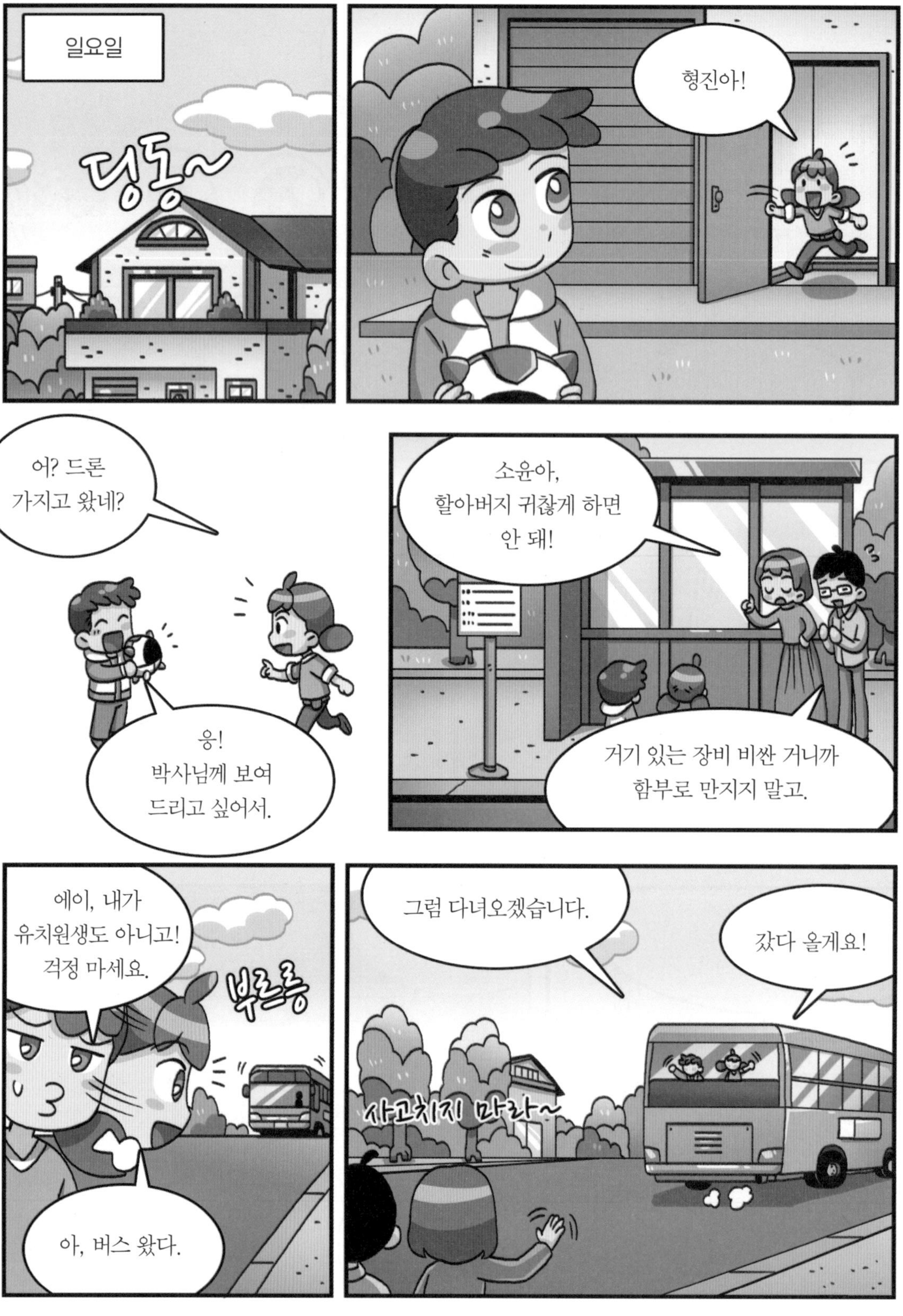
일요일
딩동~
형진아!
어? 드론 가지고 왔네?
응! 박사님께 보여 드리고 싶어서.
소윤아, 할아버지 귀찮게 하면 안 돼!
거기 있는 장비 비싼 거니까 함부로 만지지 말고.
에이, 내가 유치원생도 아니고! 걱정 마세요.
부르릉
아, 버스 왔다.
그럼 다녀오겠습니다.
갔다 올게요!
사고치지 마라~

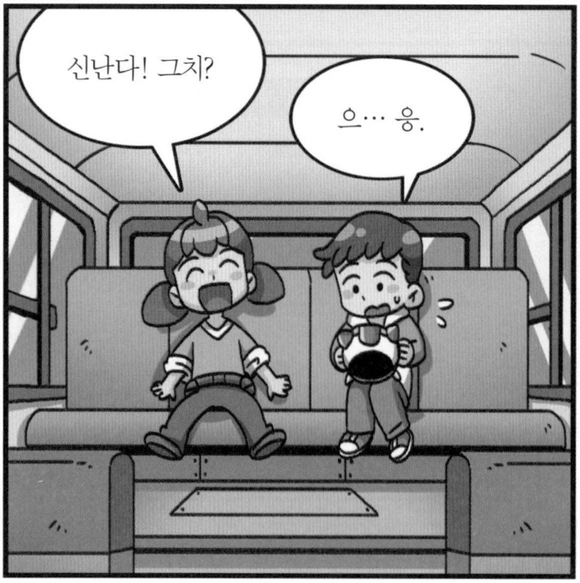
신난다! 그치?
으… 응.

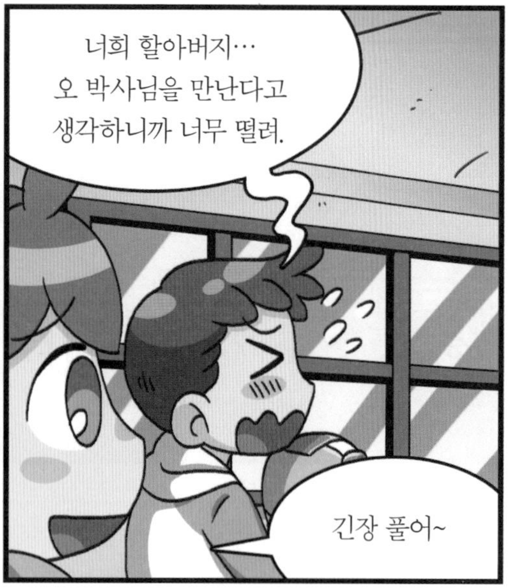
너희 할아버지…
오 박사님을 만난다고
생각하니까 너무 떨려.
긴장 풀어~

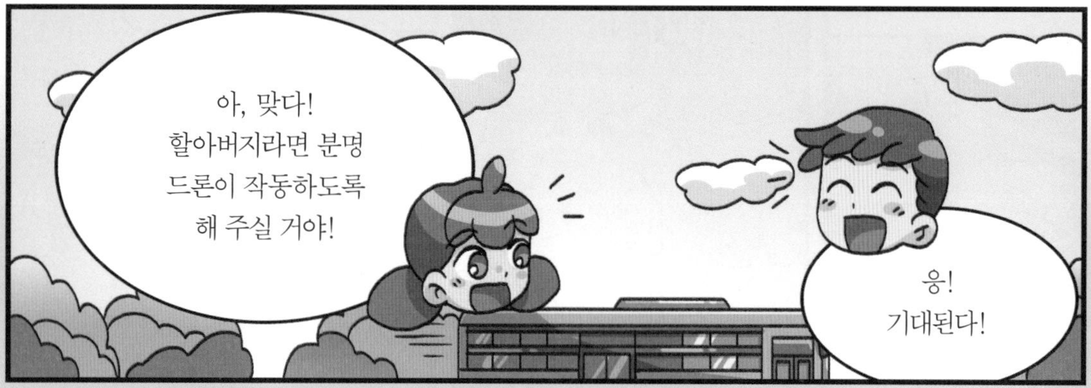
아, 맞다!
할아버지라면 분명
드론이 작동하도록
해 주실 거야!
응!
기대된다!

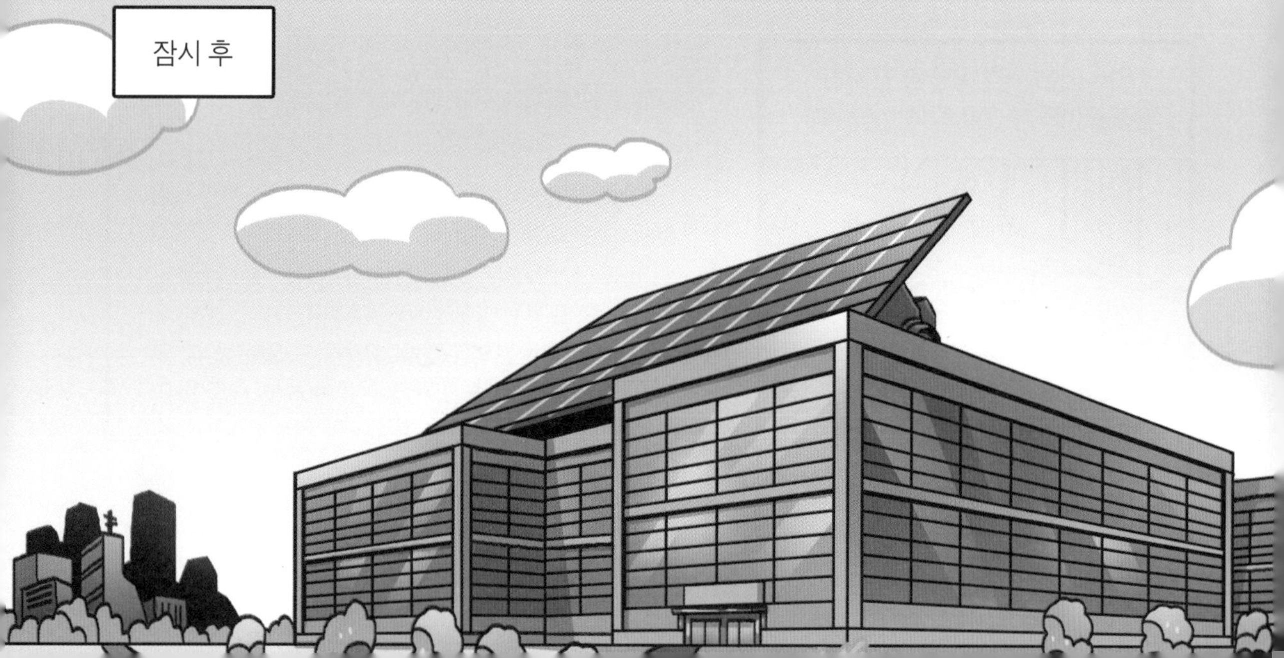
잠시 후

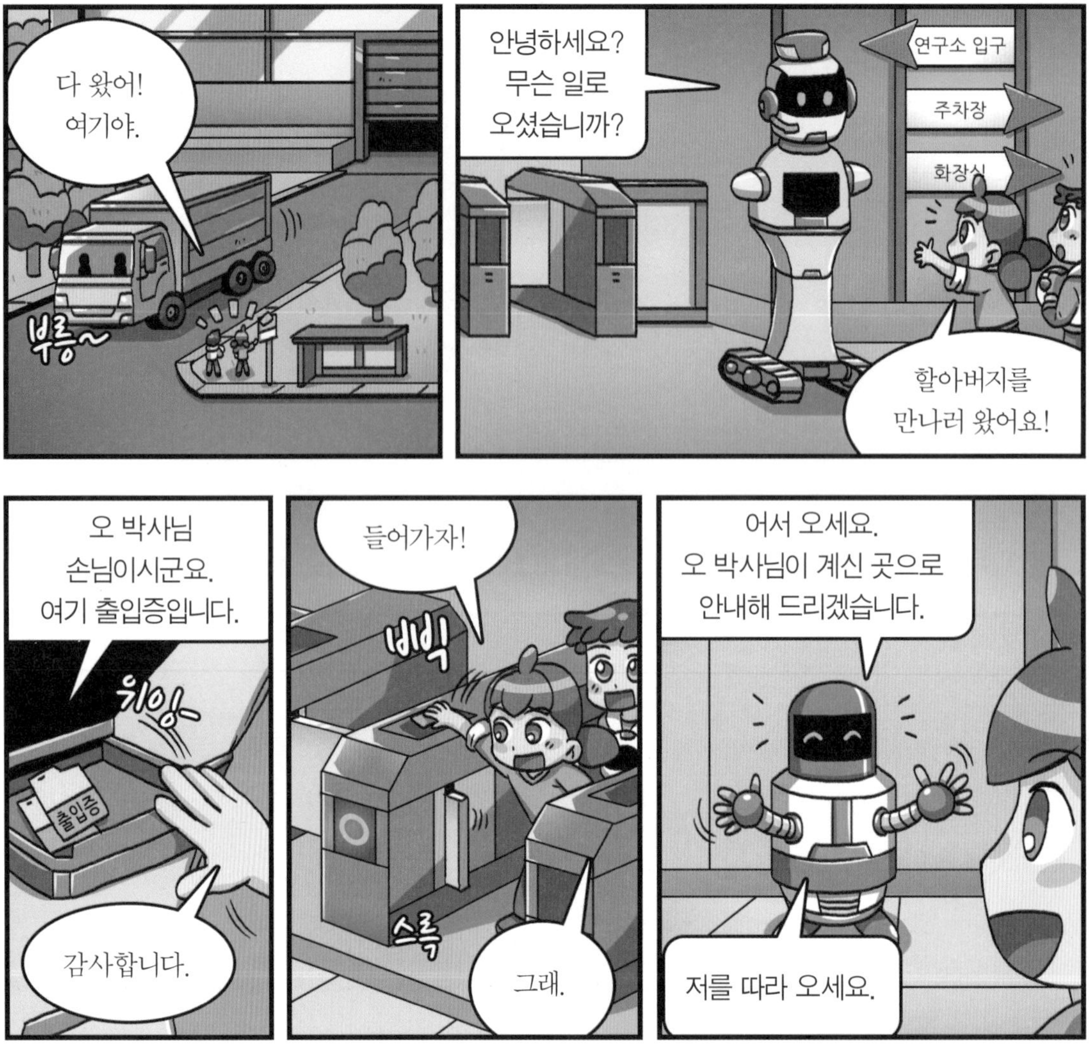
다 왔어! 여기야.
부릉~
안녕하세요? 무슨 일로 오셨습니까?
연구소 입구
주차장
화장실
할아버지를 만나러 왔어요!
오 박사님 손님이시군요. 여기 출입증입니다.
위잉~
출입증
감사합니다.
들어가자!
삐빅
스륵
그래.
어서 오세요. 오 박사님이 계신 곳으로 안내해 드리겠습니다.
저를 따라 오세요.

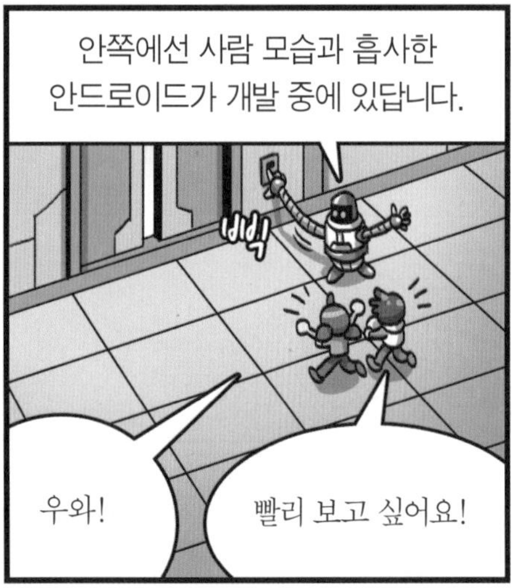
안쪽에선 사람 모습과 흡사한 안드로이드가 개발 중에 있답니다.
삐빅
우와!
빨리 보고 싶어요!

안드로이드란 무엇인가요?

안드로이드는 사람의 모습과 유사하고 사람처럼 행동하는 로봇을 말해요. 인간형 로봇이란 뜻에서 안드로이드라고 부르지요. 우리나라의 대표적인 안드로이드 로봇은 '에버'예요. 에버는 여러 가지 표정을 조합해 인간의 감정을 표현하고 얼굴 인식 및 추적 기술을 적용해 표현력이 세계 최고 수준에 이른다는 평가를 받고 있지요.

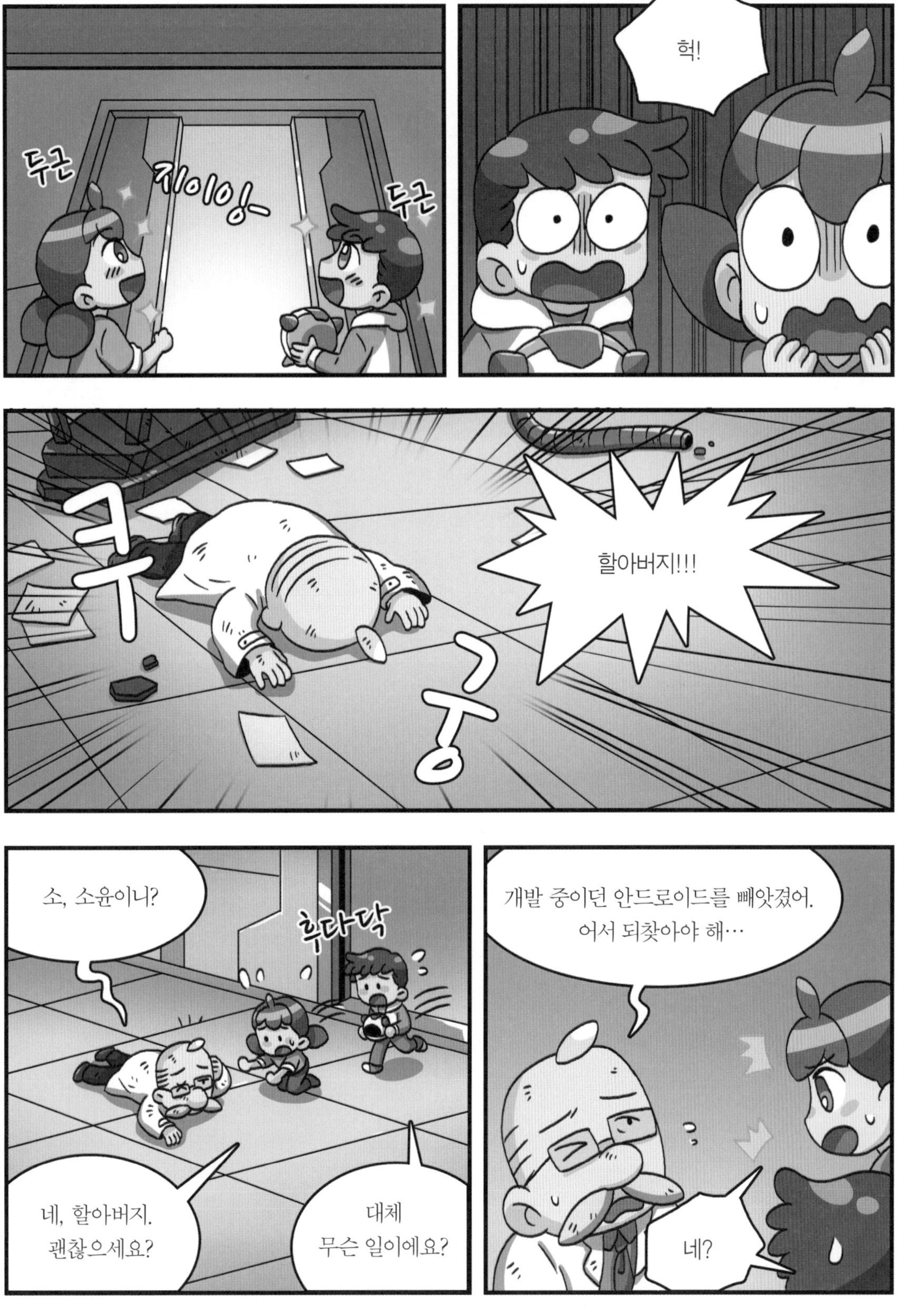
두근
지이잉~
두근
헉!
쿠궁
할아버지!!!
소, 소윤이니?
후다닥
네, 할아버지.
괜찮으세요?
대체
무슨 일이에요?
개발 중이던 안드로이드를 빼앗겼어.
어서 되찾아야 해…
네?

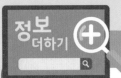

로봇의 어원, 원칙, 분류 알아보기

★ 로봇이라는 말은 언제 처음 사용하였을까요?

'로봇'이라는 말은 1920년에 체코슬로바키아 극작가인 카렐 차펙(Karel Čapek)이 〈로섬의 만능 로봇Rossum's Universal Robots, R.U.R.〉이란 희곡에서 처음 사용했어요.

로봇의 어원은 체코어로 천한 노동, 중노동, 강제 노동 등을 뜻하는 '로보타(robota)'예요.

★ 로봇의 3원칙을 알아봐요!

미국의 유명한 SF 작가이자 생화학자인 아이작 아시모프(Isaac Asimov)는 1950년에 발표한 《아이 로봇I Robot》이라는 작품에서 로봇의 3원칙을 제안했어요.

제1원칙 로봇은 인간에게 해를 끼쳐서는 안 되며, 위험에 처한 인간을 모른 체해서도 안 된다.

제2원칙 로봇은 인간의 명령에 반드시 복종해야 된다. 단, 제1원칙에 어긋나는 명령은 따르지 않아도 된다.

제3원칙 제1원칙과 제2원칙에 위배되지 않는 한 자기 자신을 보호해야 한다.

★ 로봇을 분류해 봐요!

　로봇은 사람과 유사한 모습과 기능을 가진 기계, 또
는 스스로 작업하는 능력을 가진 기계로 정의해요. 로
봇은 크게 '휴머노이드, 사이보그, 안드로이드'로 구분할
수 있어요.

휴머노이드

　휴머노이드는 인간의 신체와 유사한 모습의 로봇을
가리키는 말이에요. 사람의 행동을 가장 잘 모방하여
만든 로봇으로 인간형 로봇이라고도 부르지요.

사이보그

　사이보그는 생물과 기계 장치를 결합한 것
을 말해요. 우주나 바닷속을 탐험하는 로봇에
대해 들어 본 적이 있나요? 특수한 환경에서 초
인적인 능력을 발휘할 수 있도록 연구한 로봇
을 사이보그라고 불러요.

안드로이드

　안드로이드는 사람과 닮은 모습뿐만 아니
라 사람과 비슷한 지능을 지니고 사람처럼 행
동하는 로봇을 말해요. 손발과 관절도 사람처
럼 자유롭게 움직일 수 있어요.

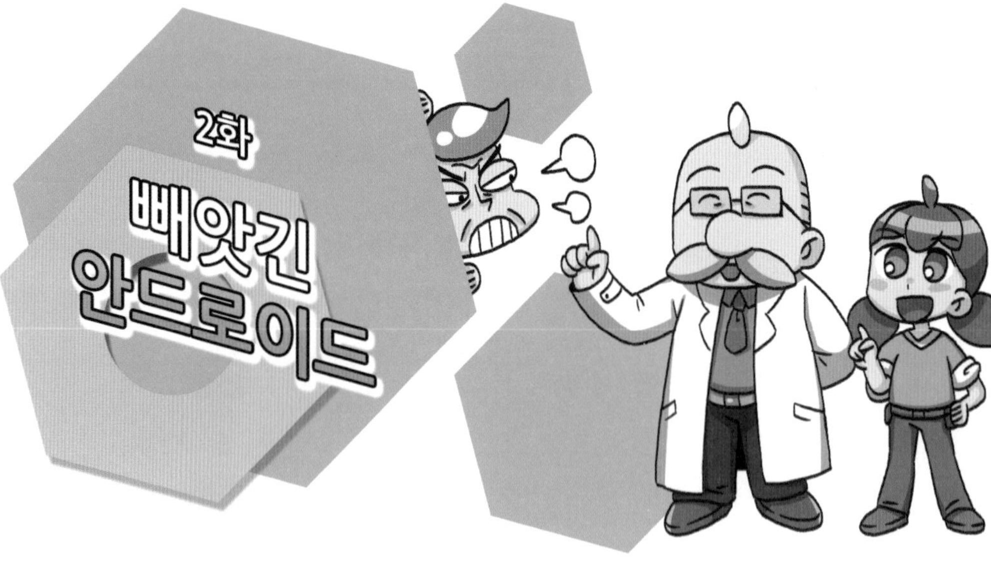
2화
빼앗긴 안드로이드

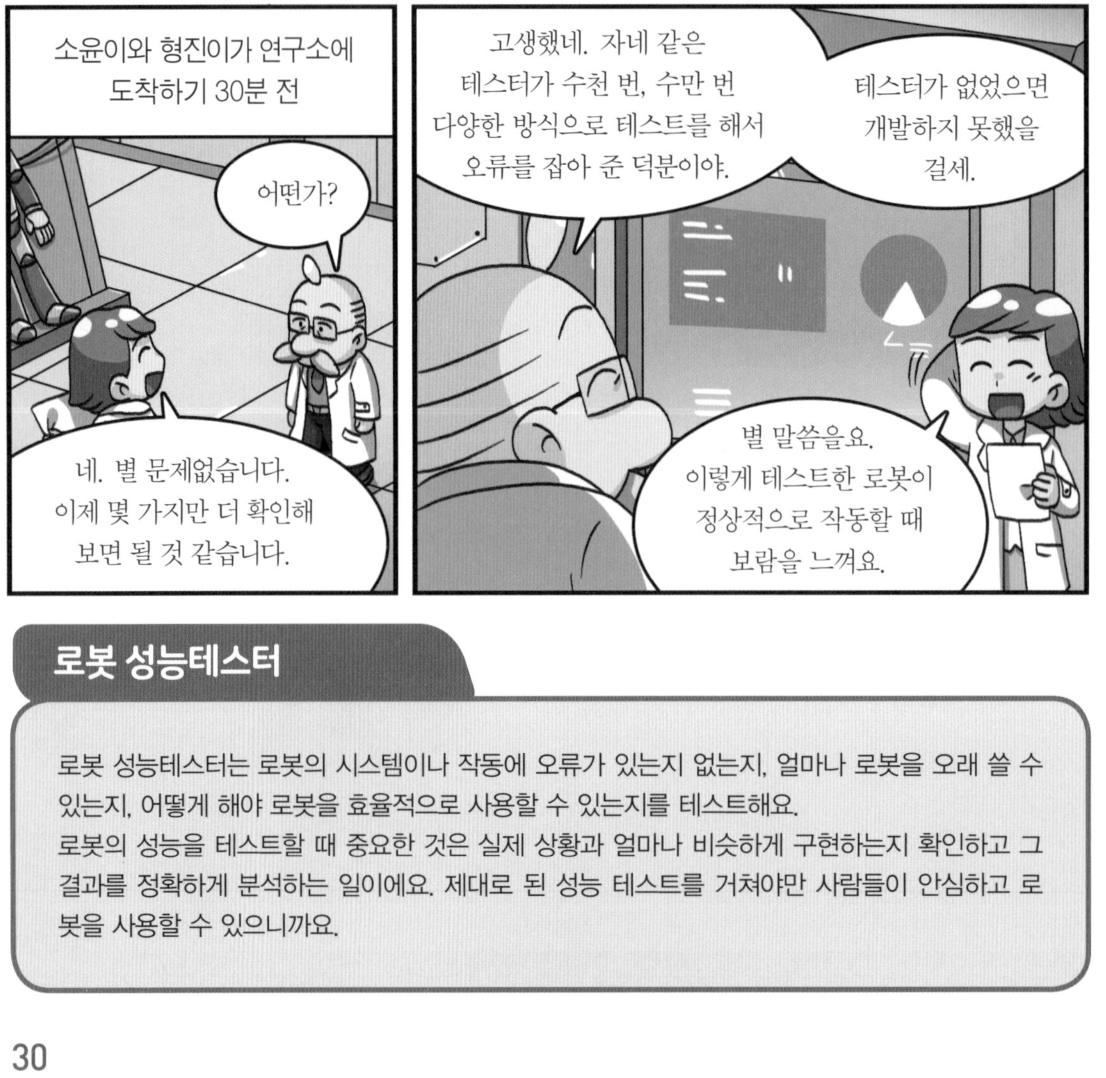
소윤이와 형진이가 연구소에 도착하기 30분 전
어떤가?
네. 별 문제없습니다. 이제 몇 가지만 더 확인해 보면 될 것 같습니다.
고생했네. 자네 같은 테스터가 수천 번, 수만 번 다양한 방식으로 테스트를 해서 오류를 잡아 준 덕분이야.
테스터가 없었으면 개발하지 못했을 걸세.
별 말씀을요. 이렇게 테스트한 로봇이 정상적으로 작동할 때 보람을 느껴요.

로봇 성능테스터

로봇 성능테스터는 로봇의 시스템이나 작동에 오류가 있는지 없는지, 얼마나 로봇을 오래 쓸 수 있는지, 어떻게 해야 로봇을 효율적으로 사용할 수 있는지를 테스트해요.
로봇의 성능을 테스트할 때 중요한 것은 실제 상황과 얼마나 비슷하게 구현하는지 확인하고 그 결과를 정확하게 분석하는 일이에요. 제대로 된 성능 테스트를 거쳐야만 사람들이 안심하고 로봇을 사용할 수 있으니까요.

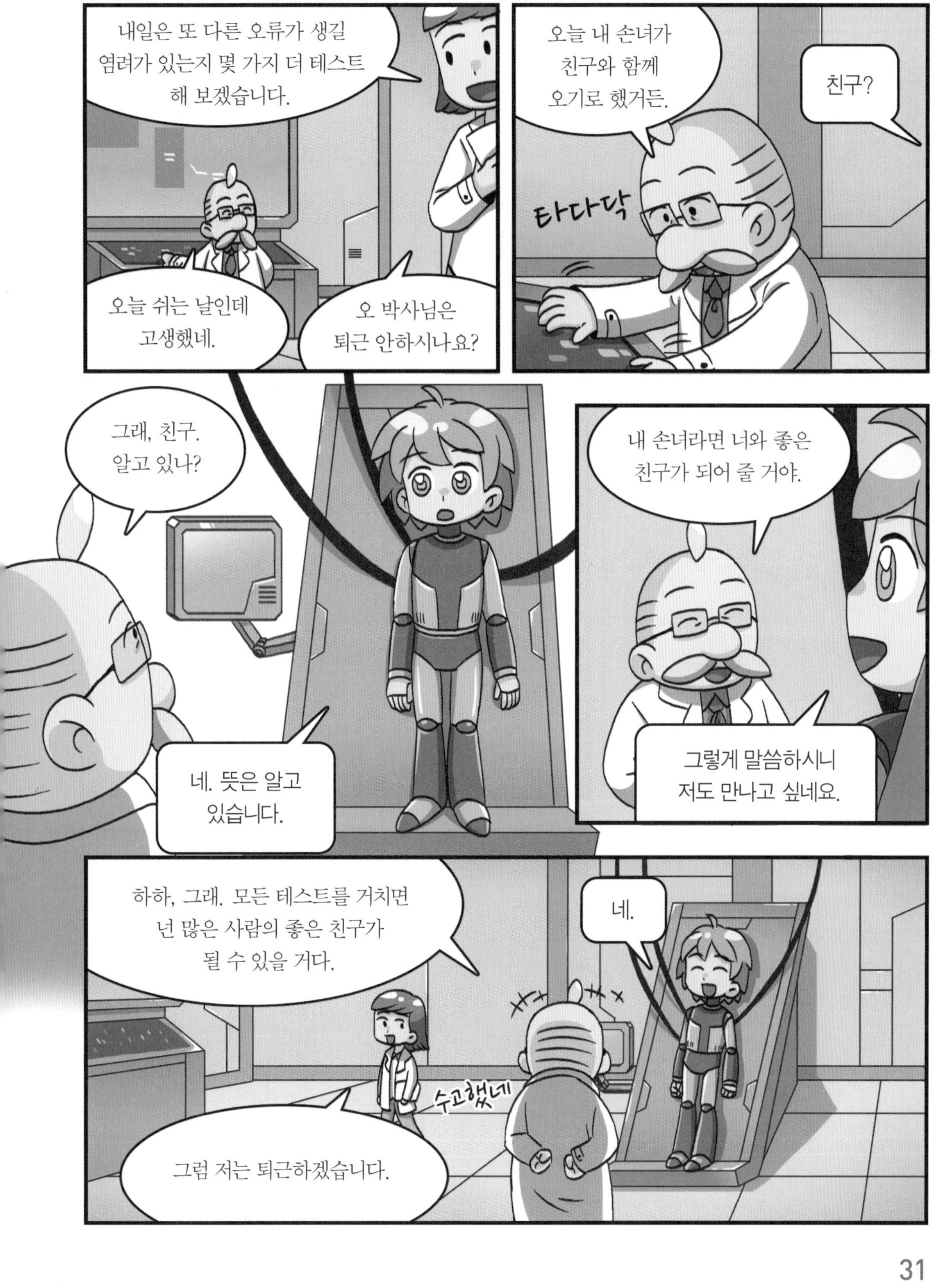

내일은 또 다른 오류가 생길 염려가 있는지 몇 가지 더 테스트 해 보겠습니다.
오늘 쉬는 날인데 고생했네.
오 박사님은 퇴근 안하시나요?
오늘 내 손녀가 친구와 함께 오기로 했거든.
타다닥
친구?
그래, 친구. 알고 있나?
네. 뜻은 알고 있습니다.
내 손녀라면 너와 좋은 친구가 되어 줄 거야.
그렇게 말씀하시니 저도 만나고 싶네요.
하하, 그래. 모든 테스트를 거치면 넌 많은 사람의 좋은 친구가 될 수 있을 거다.
네.
수고했네
그럼 저는 퇴근하겠습니다.

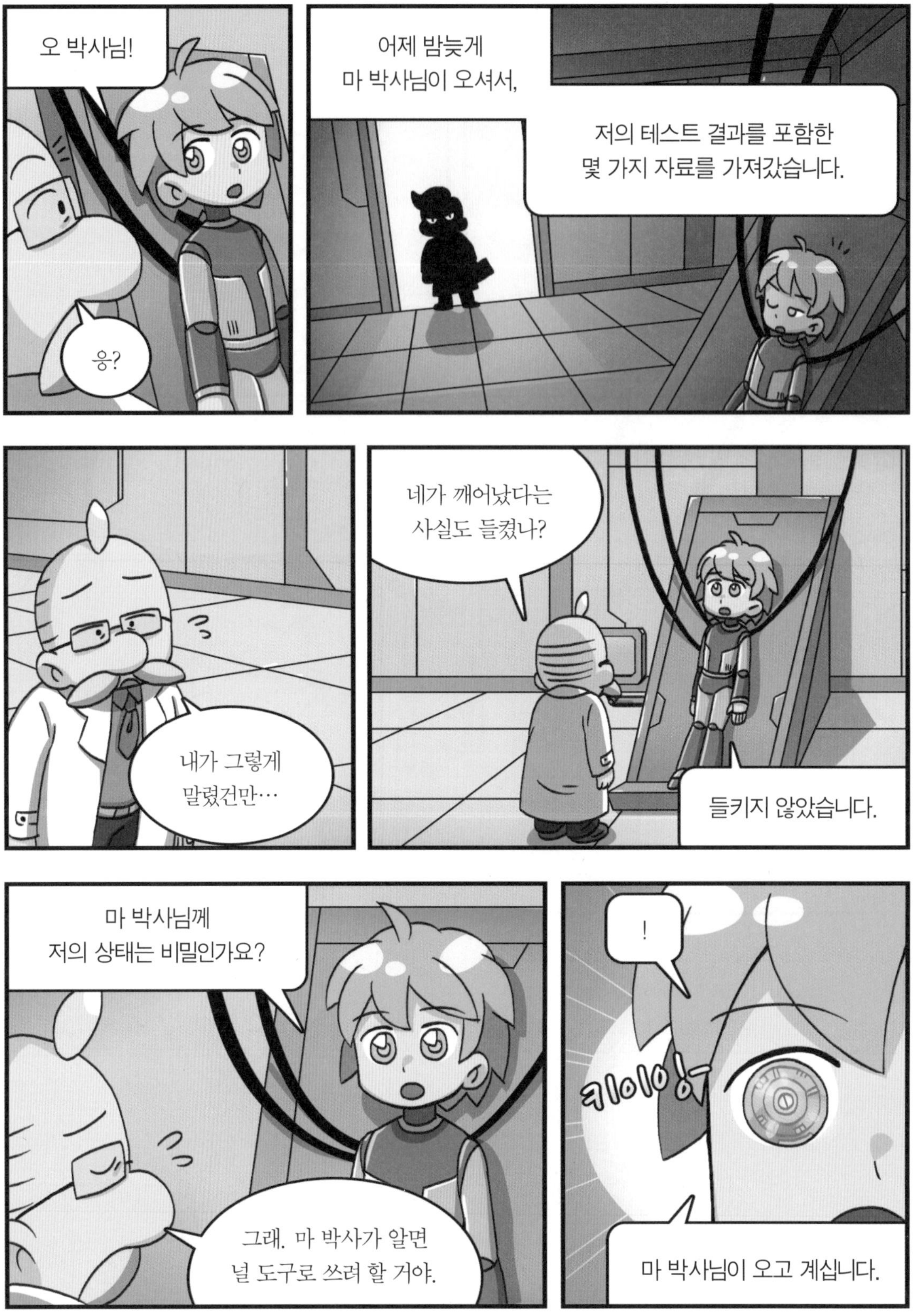
오 박사님!
응?
어제 밤늦게 마 박사님이 오셔서,
저의 테스트 결과를 포함한 몇 가지 자료를 가져갔습니다.
내가 그렇게 말렸건만…
네가 깨어났다는 사실도 들켰나?
들키지 않았습니다.
마 박사님께 저의 상태는 비밀인가요?
그래. 마 박사가 알면 널 도구로 쓰려 할 거야.
!
키이이잉~
마 박사님이 오고 계십니다.

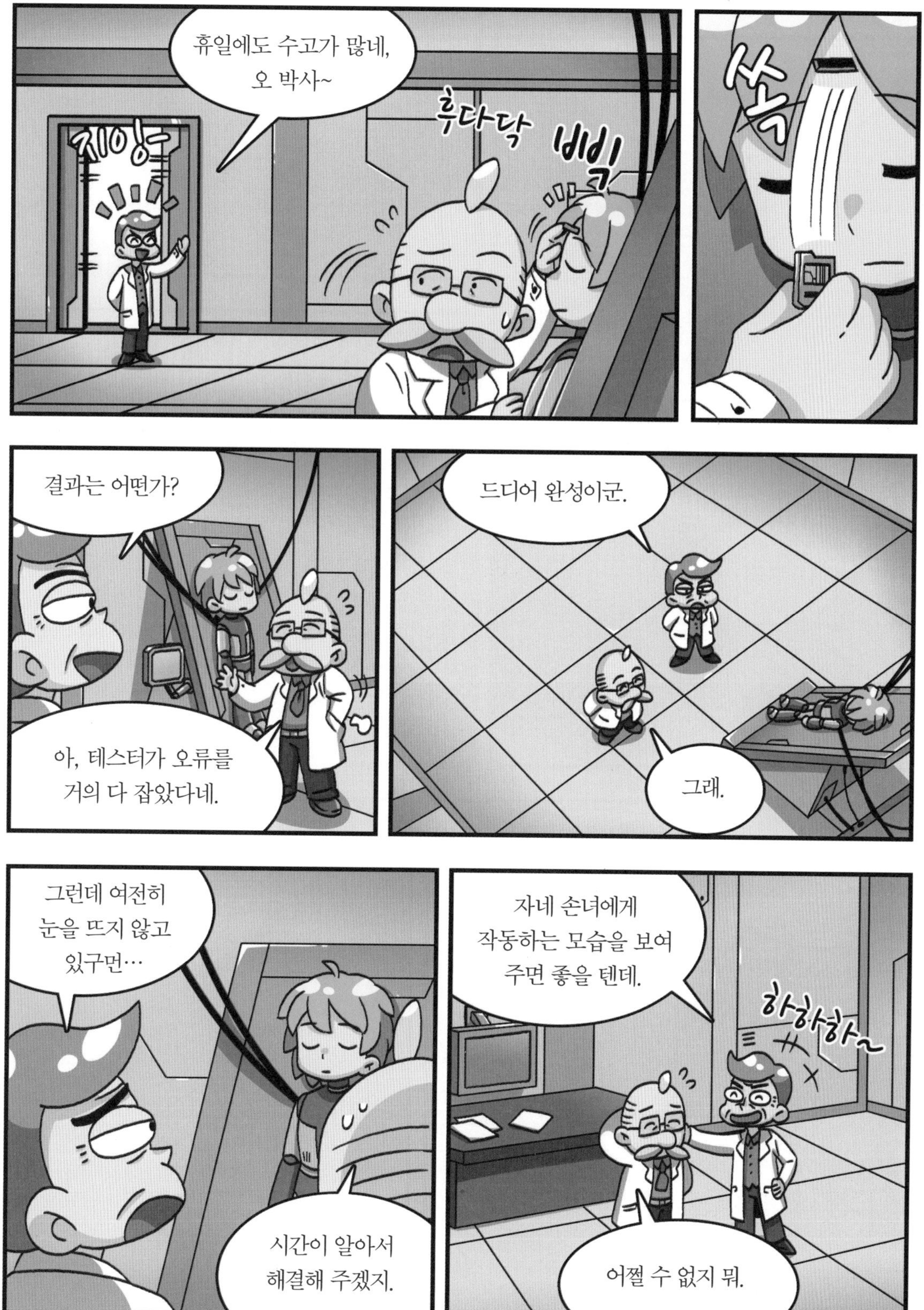
휴일에도 수고가 많네, 오 박사~
지이잉~
후다닥
삐익
쏙
결과는 어떤가?
아, 테스터가 오류를 거의 다 잡았다네.
드디어 완성이군.
그래.
그런데 여전히 눈을 뜨지 않고 있구먼…
시간이 알아서 해결해 주겠지.
자네 손녀에게 작동하는 모습을 보여 주면 좋을 텐데.
하하하~
어쩔 수 없지 뭐.

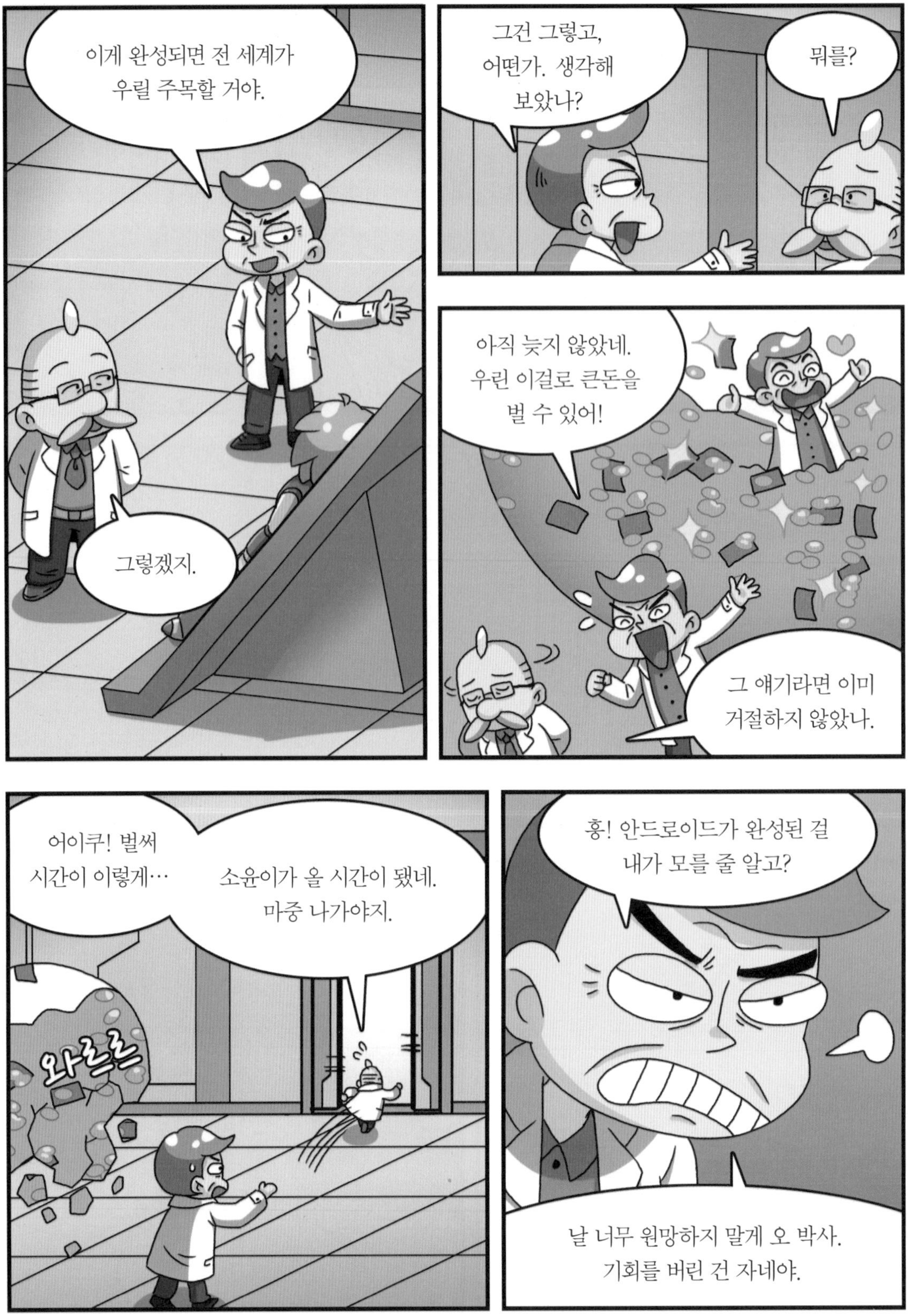
이게 완성되면 전 세계가 우릴 주목할 거야.
그렇겠지.
그건 그렇고, 어떤가. 생각해 보았나?
뭐를?
아직 늦지 않았네. 우린 이걸로 큰돈을 벌 수 있어!
그 얘기라면 이미 거절하지 않았나.
어이쿠! 벌써 시간이 이렇게…
소윤이가 올 시간이 됐네. 마중 나가야지.
와르르
흥! 안드로이드가 완성된 걸 내가 모를 줄 알고?
날 너무 원망하지 말게 오 박사. 기회를 버린 건 자네야.

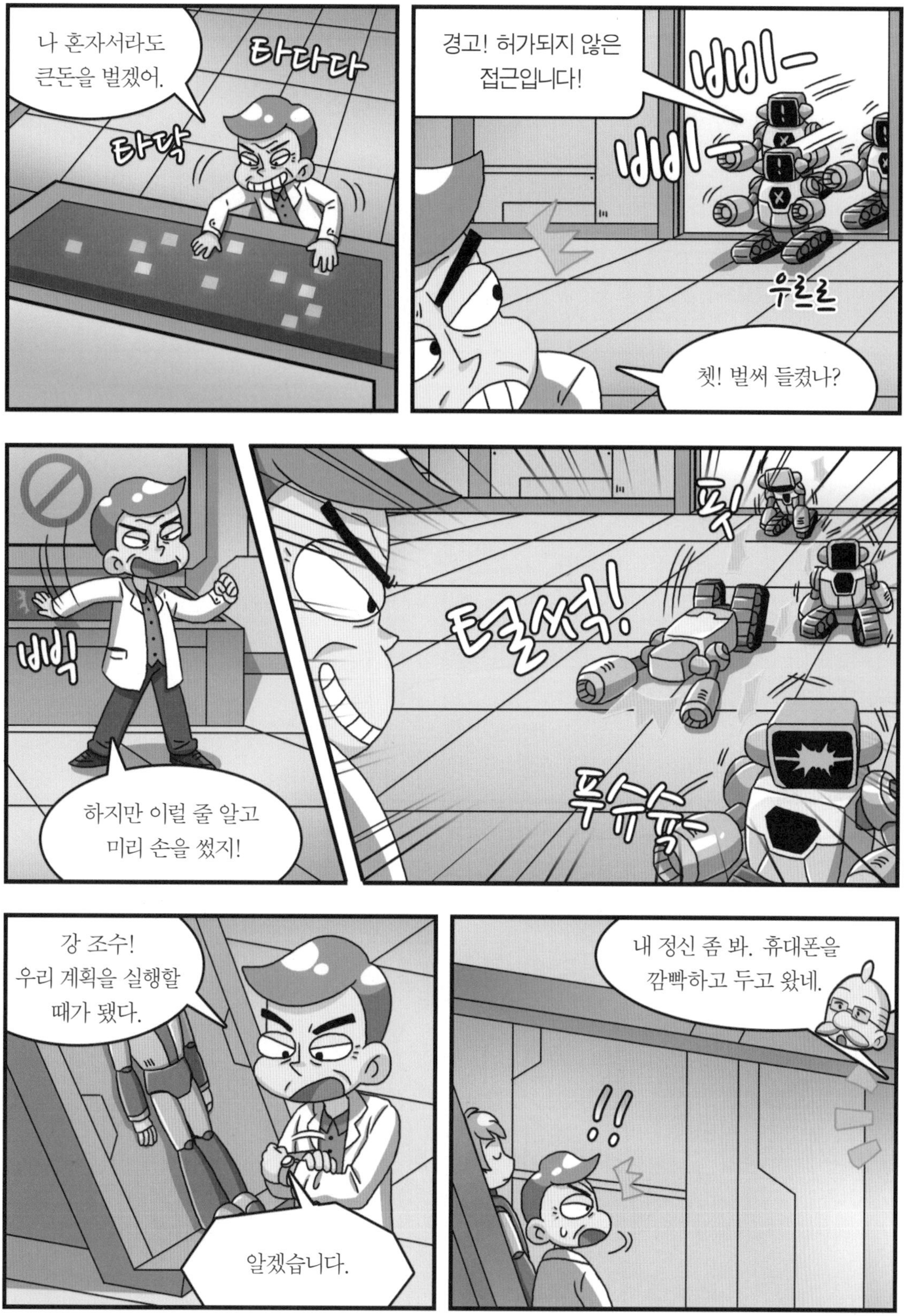

나 혼자서라도
큰돈을 벌겠어.
타다다
타닥
경고! 허가되지 않은
접근입니다!
삐이-
삐이-
우르르
쳇! 벌써 들켰나?
삐빅
하지만 이럴 줄 알고
미리 손을 썼지!
픽
털썩!
푸슈슉-
강 조수!
우리 계획을 실행할
때가 됐다.
알겠습니다.
내 정신 좀 봐. 휴대폰을
깜빡하고 두고 왔네.
!!

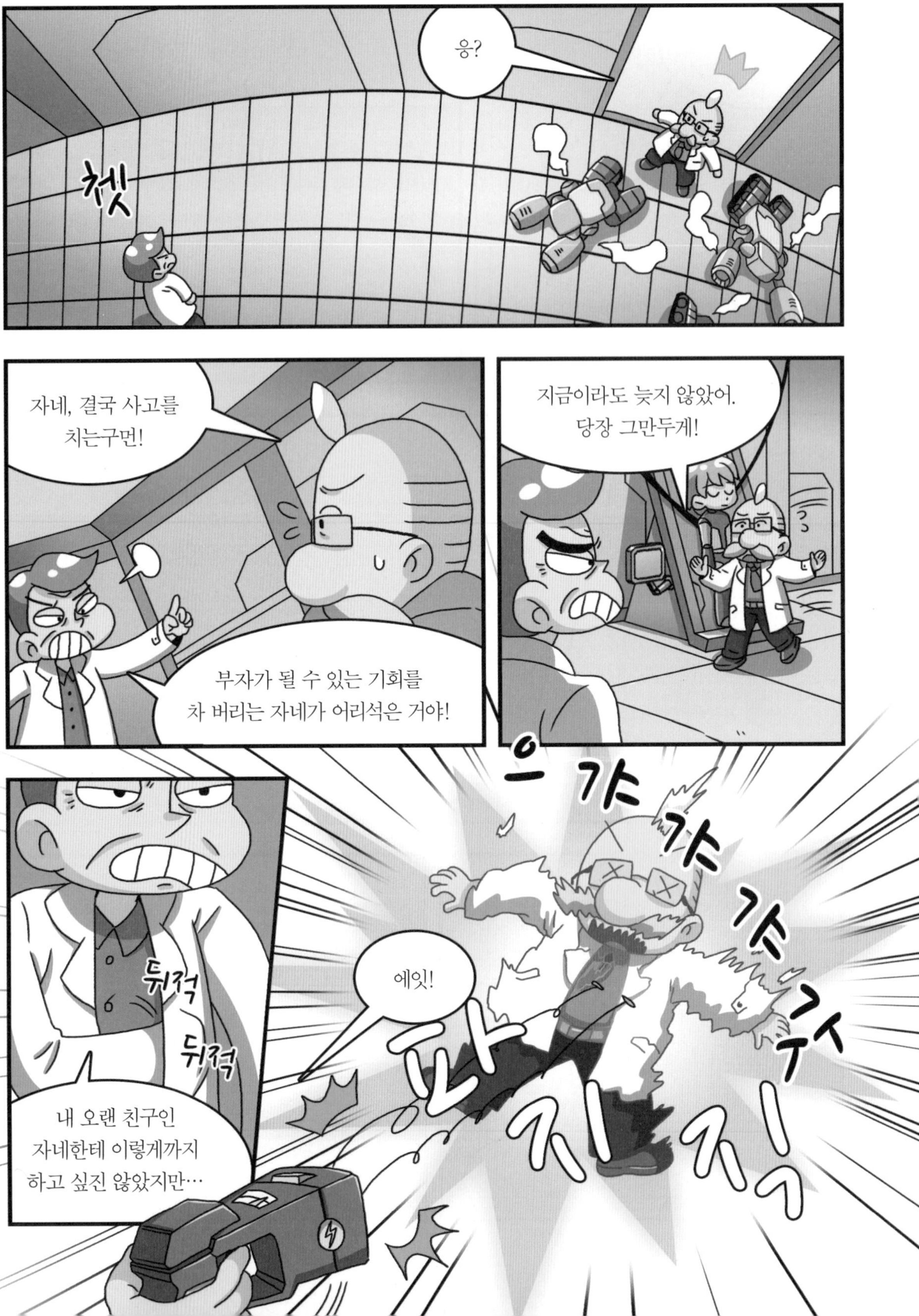
응?
쳇
자네, 결국 사고를 치는구먼!
부자가 될 수 있는 기회를 차 버리는 자네가 어리석은 거야!
지금이라도 늦지 않았어. 당장 그만두게!
뒤적
뒤적
내 오랜 친구인 자네한테 이렇게까지 하고 싶진 않았지만…
에잇!

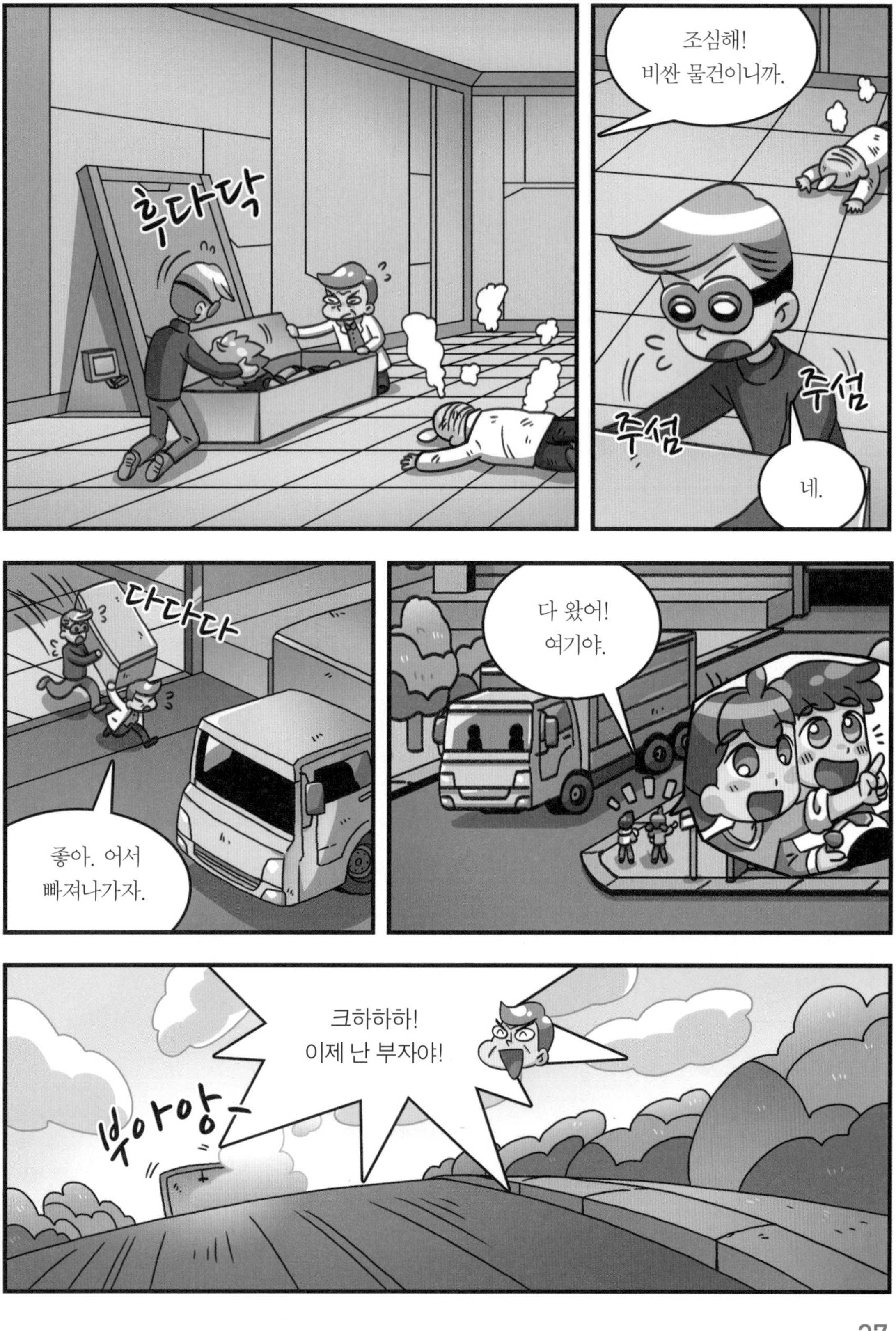
후다닥
조심해!
비싼 물건이니까.
주섬
주섬
네.
다다다
좋아. 어서
빠져나가자.
다 왔어!
여기야.
크하하하!
이제 난 부자야!
부아앙

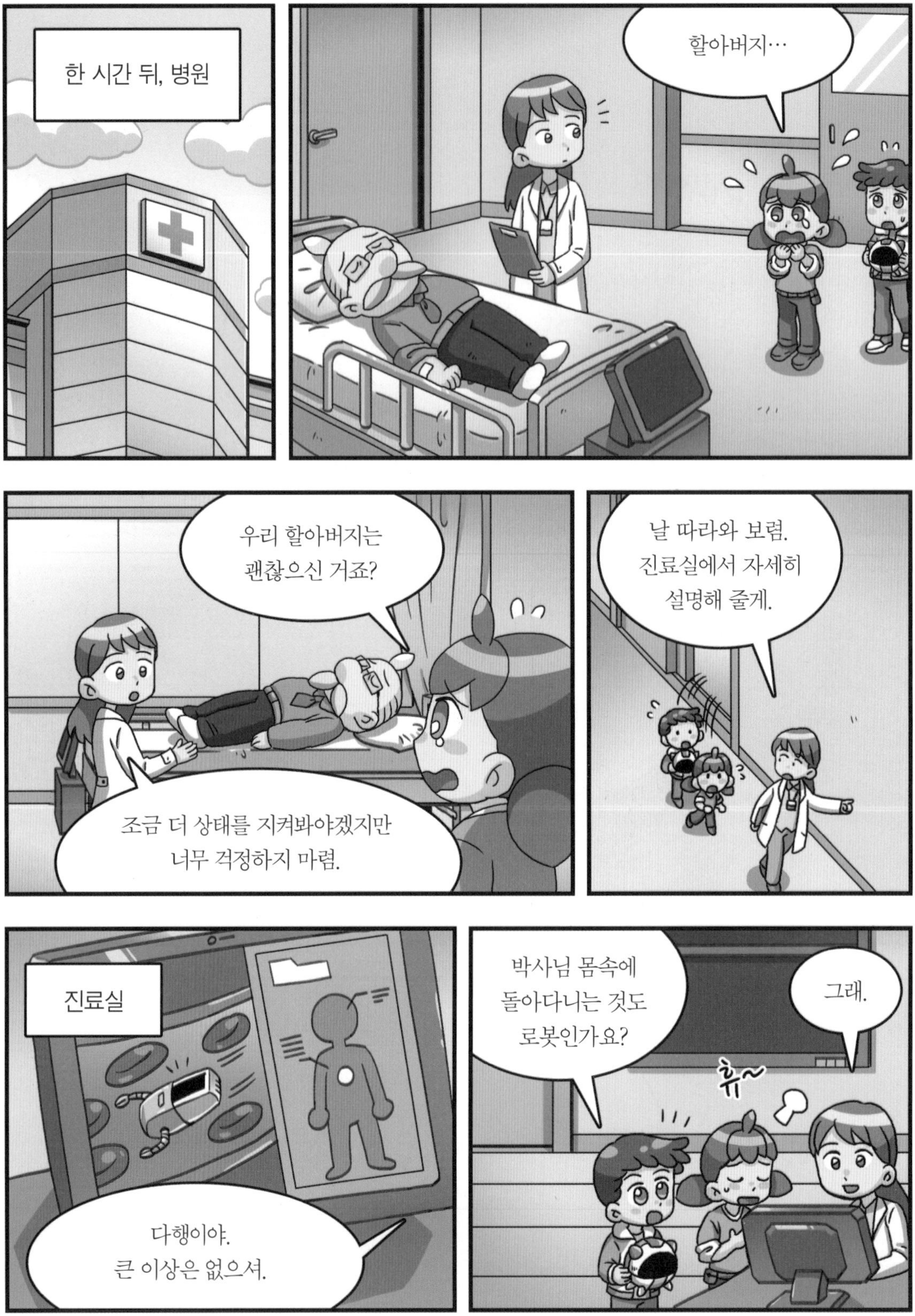
한 시간 뒤, 병원
할아버지…
우리 할아버지는 괜찮으신 거죠?
조금 더 상태를 지켜봐야겠지만 너무 걱정하지 마렴.
날 따라와 보렴. 진료실에서 자세히 설명해 줄게.
진료실
다행이야. 큰 이상은 없으셔.
박사님 몸속에 돌아다니는 것도 로봇인가요?
그래.
휴~

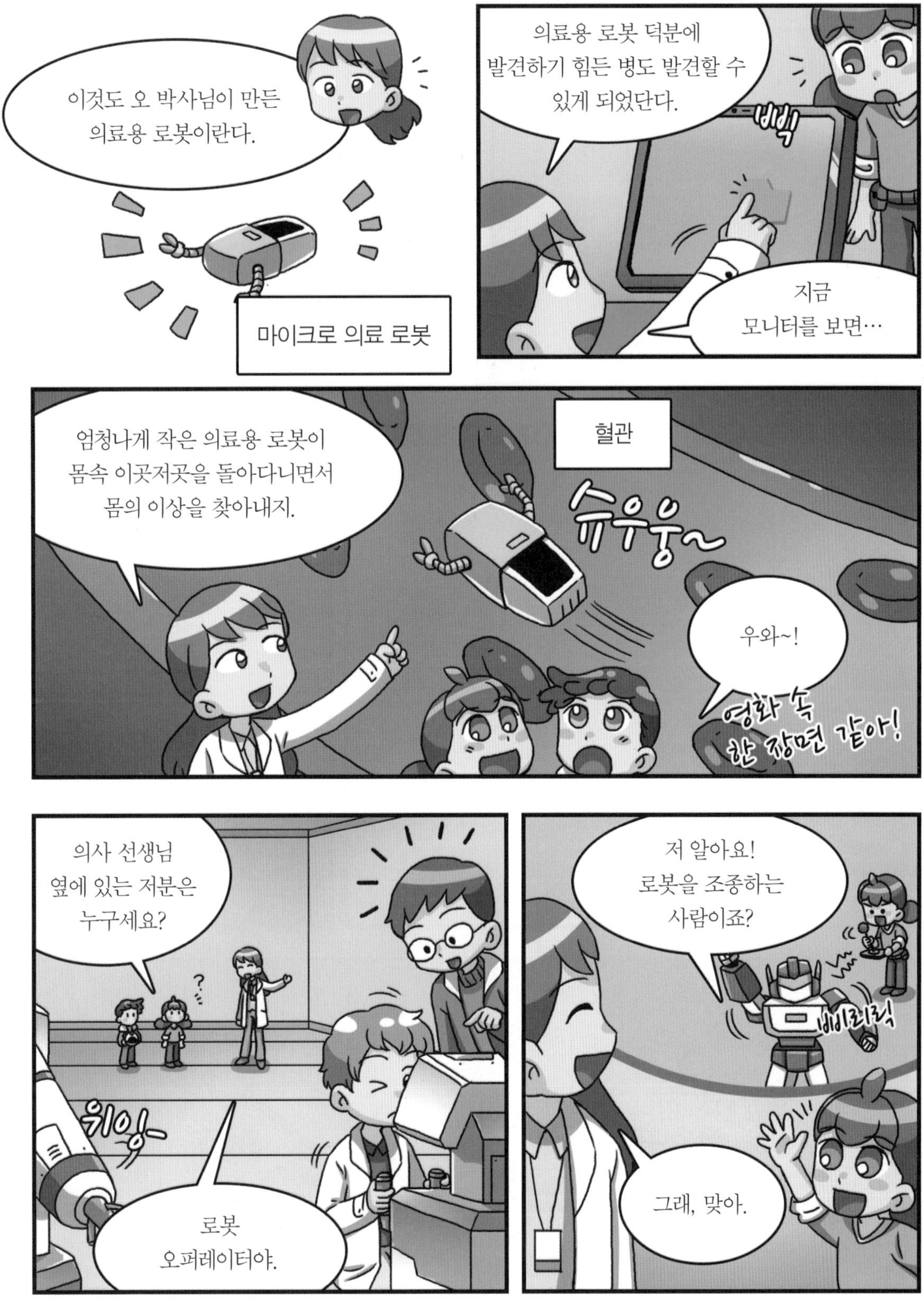

이것도 오 박사님이 만든 의료용 로봇이란다.
마이크로 의료 로봇
의료용 로봇 덕분에 발견하기 힘든 병도 발견할 수 있게 되었단다.
삐빅
지금 모니터를 보면…
엄청나게 작은 의료용 로봇이 몸속 이곳저곳을 돌아다니면서 몸의 이상을 찾아내지.
혈관
슈우웅~
우와~!
영화 속 한 장면 같아!
의사 선생님 옆에 있는 저분은 누구세요?
위잉~
로봇 오퍼레이터야.
저 알아요! 로봇을 조종하는 사람이죠?
삐리릭
그래, 맞아.

의료 로봇은 매우 작은데다가 사람 몸속을 돌아다니기 때문에 섬세한 작업이 필요해.

작아서 안 보여...

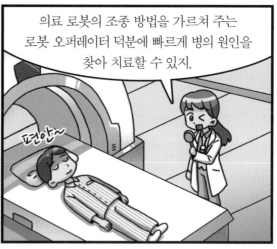

의료 로봇의 조종 방법을 가르쳐 주는 로봇 오퍼레이터 덕분에 빠르게 병의 원인을 찾아 치료할 수 있지.

편안~

오 박사님이 만들어 준 의료용 기기와 오퍼레이터 덕분에 환자의 환부를 절개하지 않고 간단하게 수술할 수 있게 되었지!

쑥스...

전 의사 선생님께 작동 방법을 가르쳐 드렸을 뿐인걸요.

오퍼레이터가 직접 조종하는 게 아니에요?

난 의사는 아니니까.

위잉

위잉

로봇 수술을 집도하는 일은 의사의 몫이지만, 오퍼레이터가 직접 조종하는 로봇도 있단다.

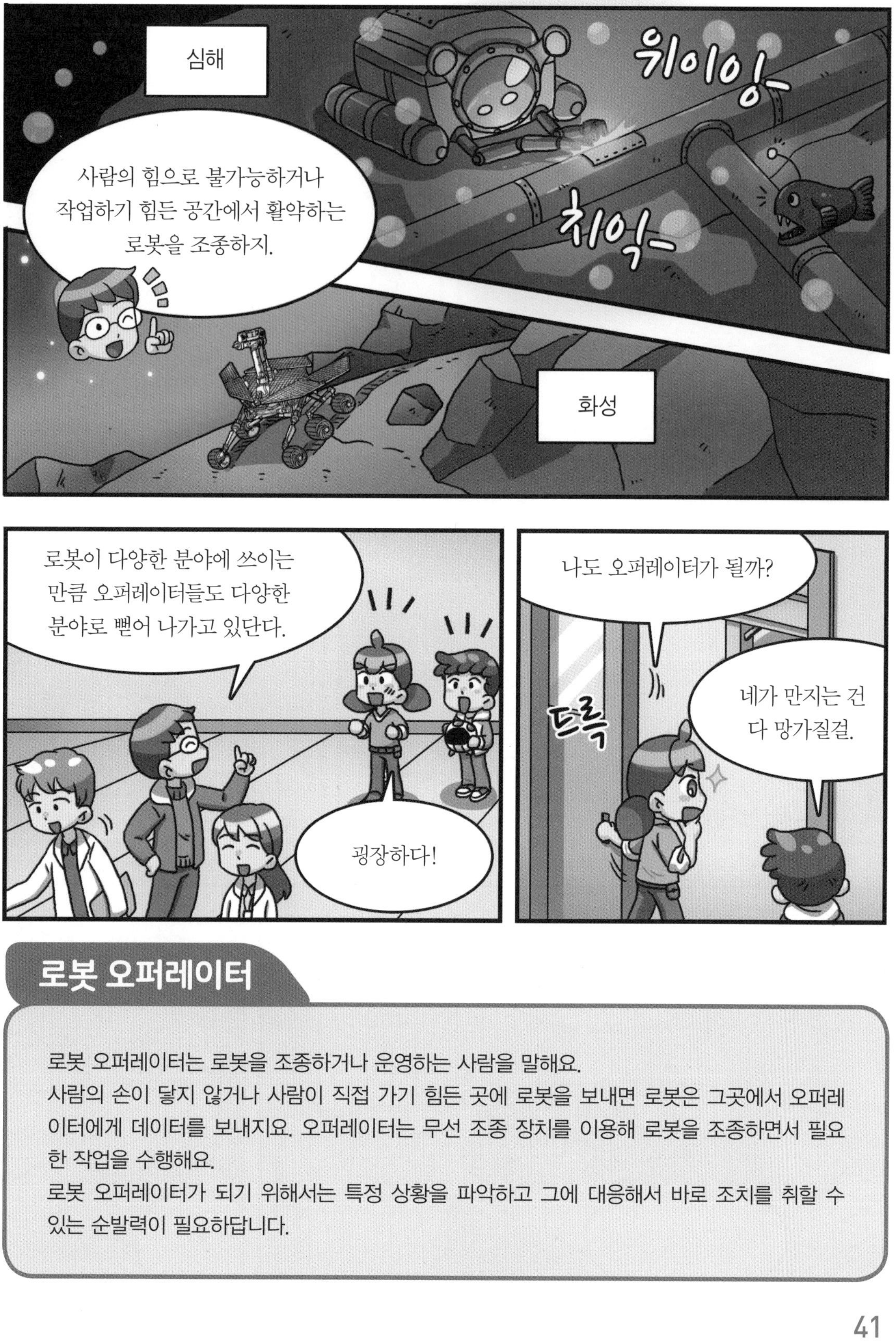
심해
위이잉
사람의 힘으로 불가능하거나 작업하기 힘든 공간에서 활약하는 로봇을 조종하지.
치익
화성
로봇이 다양한 분야에 쓰이는 만큼 오퍼레이터들도 다양한 분야로 뻗어 나가고 있단다.
굉장하다!
나도 오퍼레이터가 될까?
드륵
네가 만지는 건 다 망가질걸.

로봇 오퍼레이터

로봇 오퍼레이터는 로봇을 조종하거나 운영하는 사람을 말해요.
사람의 손이 닿지 않거나 사람이 직접 가기 힘든 곳에 로봇을 보내면 로봇은 그곳에서 오퍼레이터에게 데이터를 보내지요. 오퍼레이터는 무선 조종 장치를 이용해 로봇을 조종하면서 필요한 작업을 수행해요.
로봇 오퍼레이터가 되기 위해서는 특정 상황을 파악하고 그에 대응해서 바로 조치를 취할 수 있는 순발력이 필요하답니다.

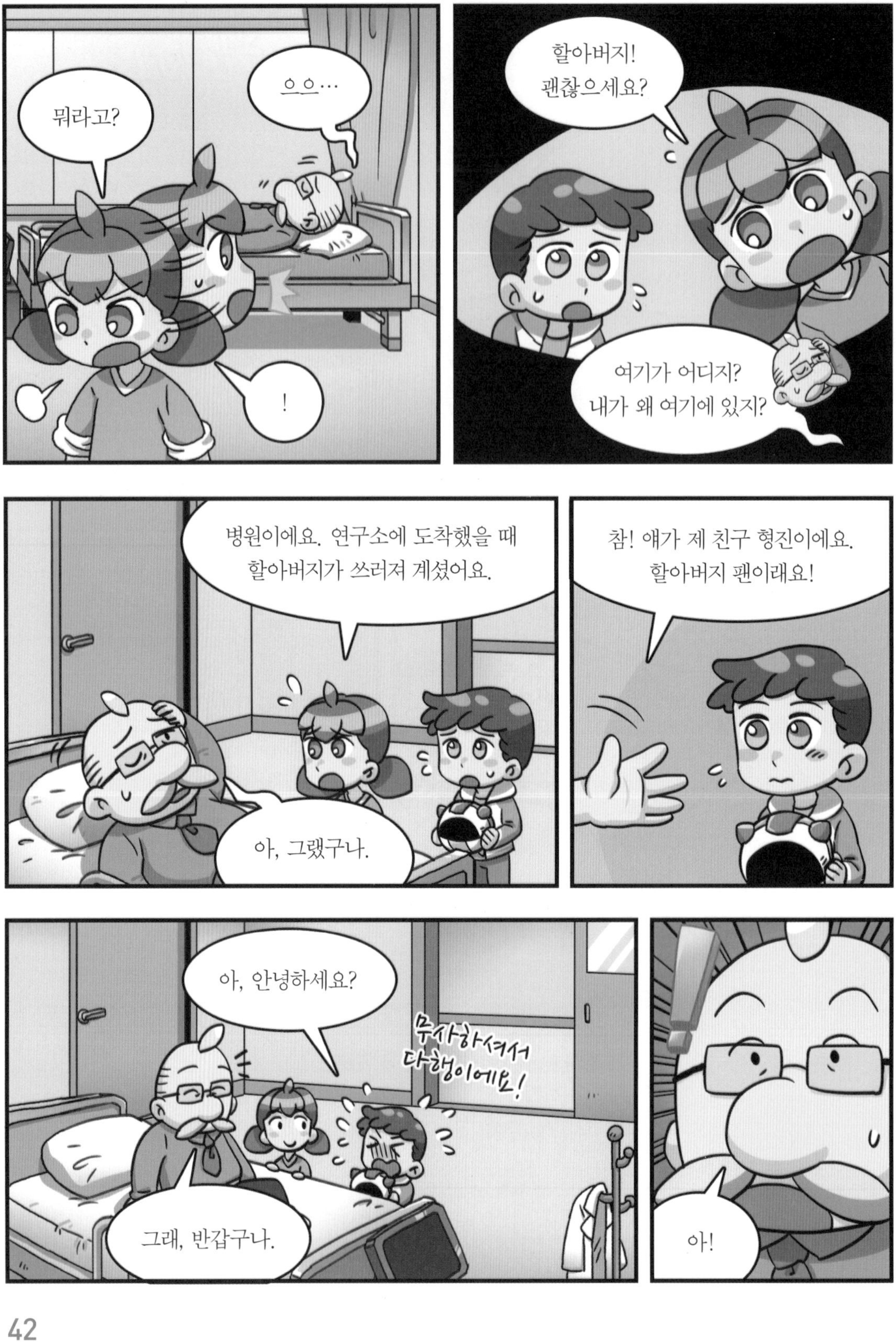
뭐라고?
으으…
!
할아버지!
괜찮으세요?
여기가 어디지?
내가 왜 여기에 있지?
병원이에요. 연구소에 도착했을 때
할아버지가 쓰러져 계셨어요.
아, 그랬구나.
참! 얘가 제 친구 형진이에요.
할아버지 팬이래요!
아, 안녕하세요?
무사하셔서
다행이에요!
그래, 반갑구나.
아!

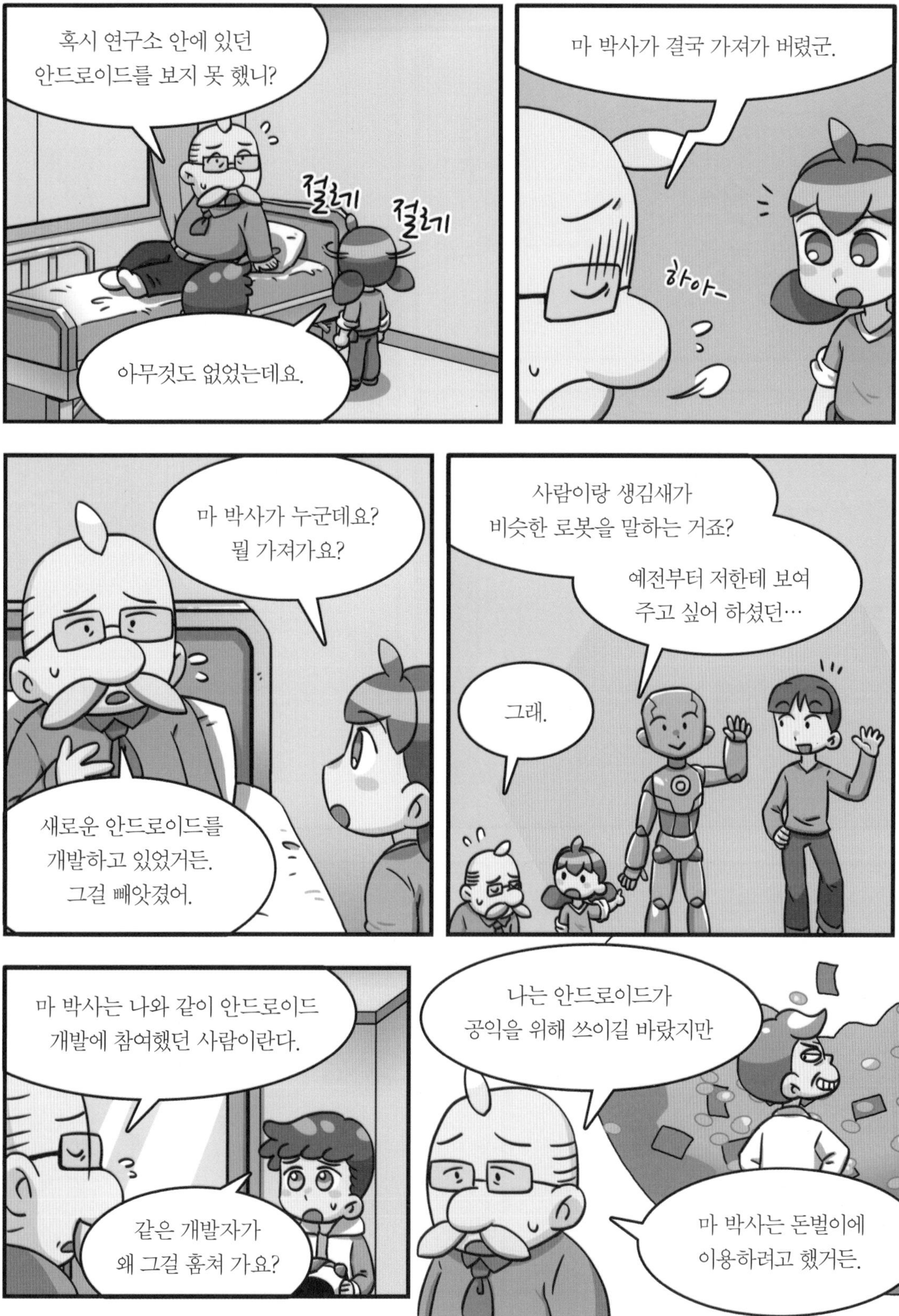
혹시 연구소 안에 있던 안드로이드를 보지 못 했니?
절레 절레
아무것도 없었는데요.
마 박사가 결국 가져가 버렸군.
하아~
마 박사가 누군데요? 뭘 가져가요?
새로운 안드로이드를 개발하고 있었거든. 그걸 빼앗겼어.
사람이랑 생김새가 비슷한 로봇을 말하는 거죠?
예전부터 저한테 보여 주고 싶어 하셨던…
그래.
마 박사는 나와 같이 안드로이드 개발에 참여했던 사람이란다.
같은 개발자가 왜 그걸 훔쳐 가요?
나는 안드로이드가 공익을 위해 쓰이길 바랐지만
마 박사는 돈벌이에 이용하려고 했거든.

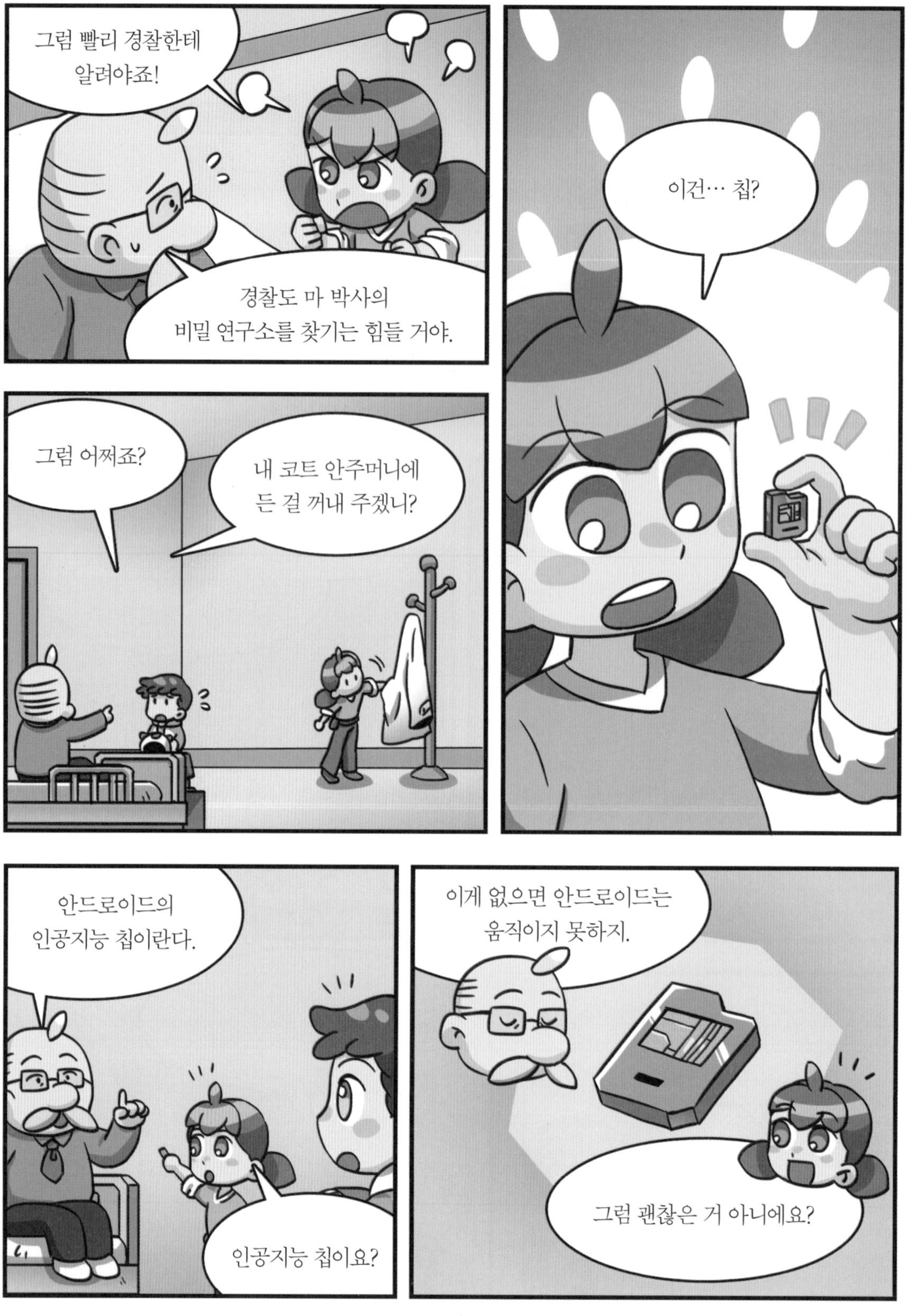

그럼 빨리 경찰한테 알려야죠!
경찰도 마 박사의 비밀 연구소를 찾기는 힘들 거야.
이건… 칩?
그럼 어쩌죠?
내 코트 안주머니에 든 걸 꺼내 주겠니?
안드로이드의 인공지능 칩이란다.
인공지능 칩이요?
이게 없으면 안드로이드는 움직이지 못하지.
그럼 괜찮은 거 아니에요?

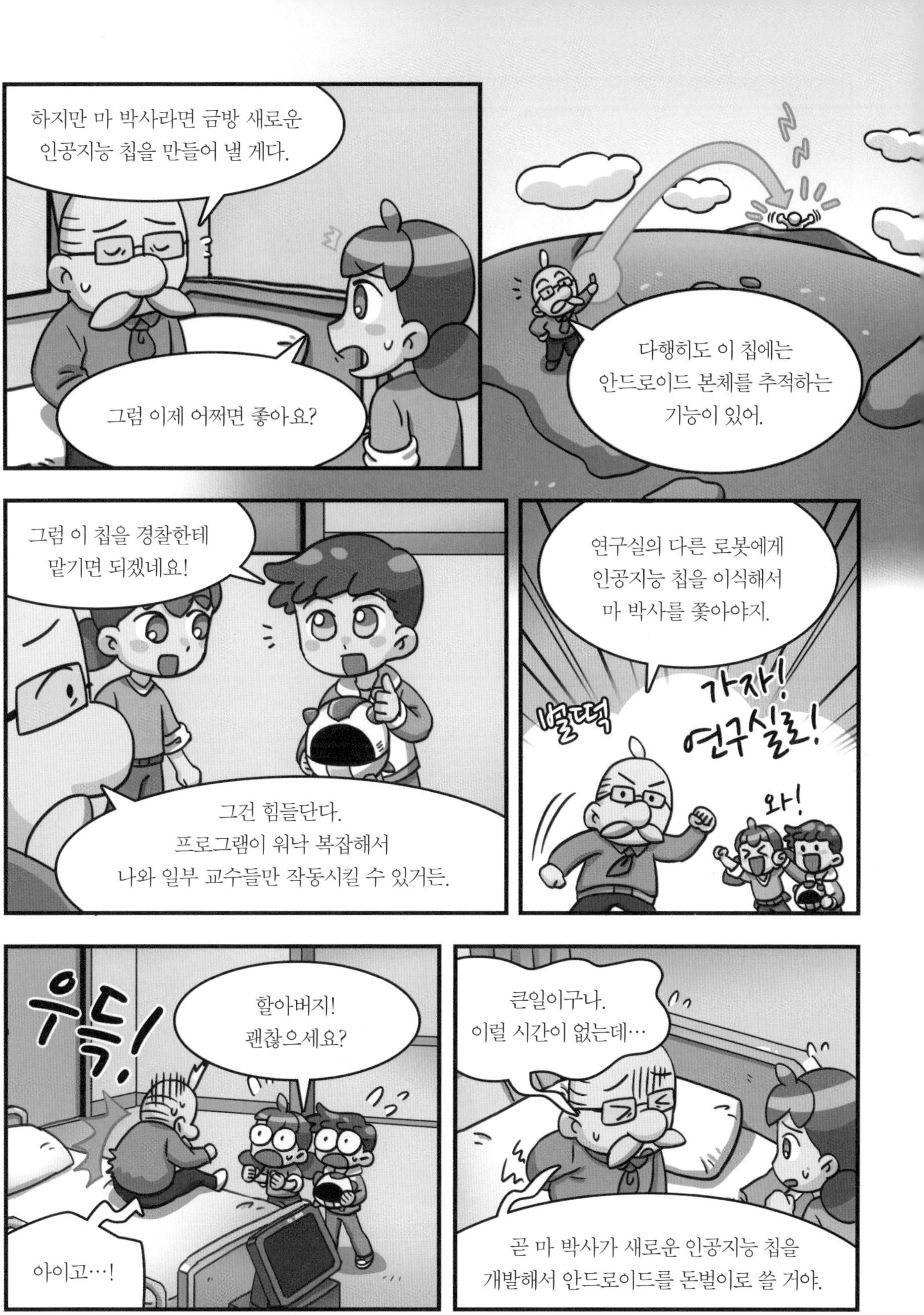
하지만 마 박사라면 금방 새로운 인공지능 칩을 만들어 낼 게다.
그럼 이제 어쩌면 좋아요?
다행히도 이 칩에는 안드로이드 본체를 추적하는 기능이 있어.
그럼 이 칩을 경찰한테 맡기면 되겠네요!
그건 힘들단다. 프로그램이 워낙 복잡해서 나와 일부 교수들만 작동시킬 수 있거든.
연구실의 다른 로봇에게 인공지능 칩을 이식해서 마 박사를 쫓아야지.
벌떡
가자! 연구실로!
와!
우득!
할아버지! 괜찮으세요?
아이고…!
큰일이구나. 이럴 시간이 없는데…
곧 마 박사가 새로운 인공지능 칩을 개발해서 안드로이드를 돈벌이로 쓸 거야.

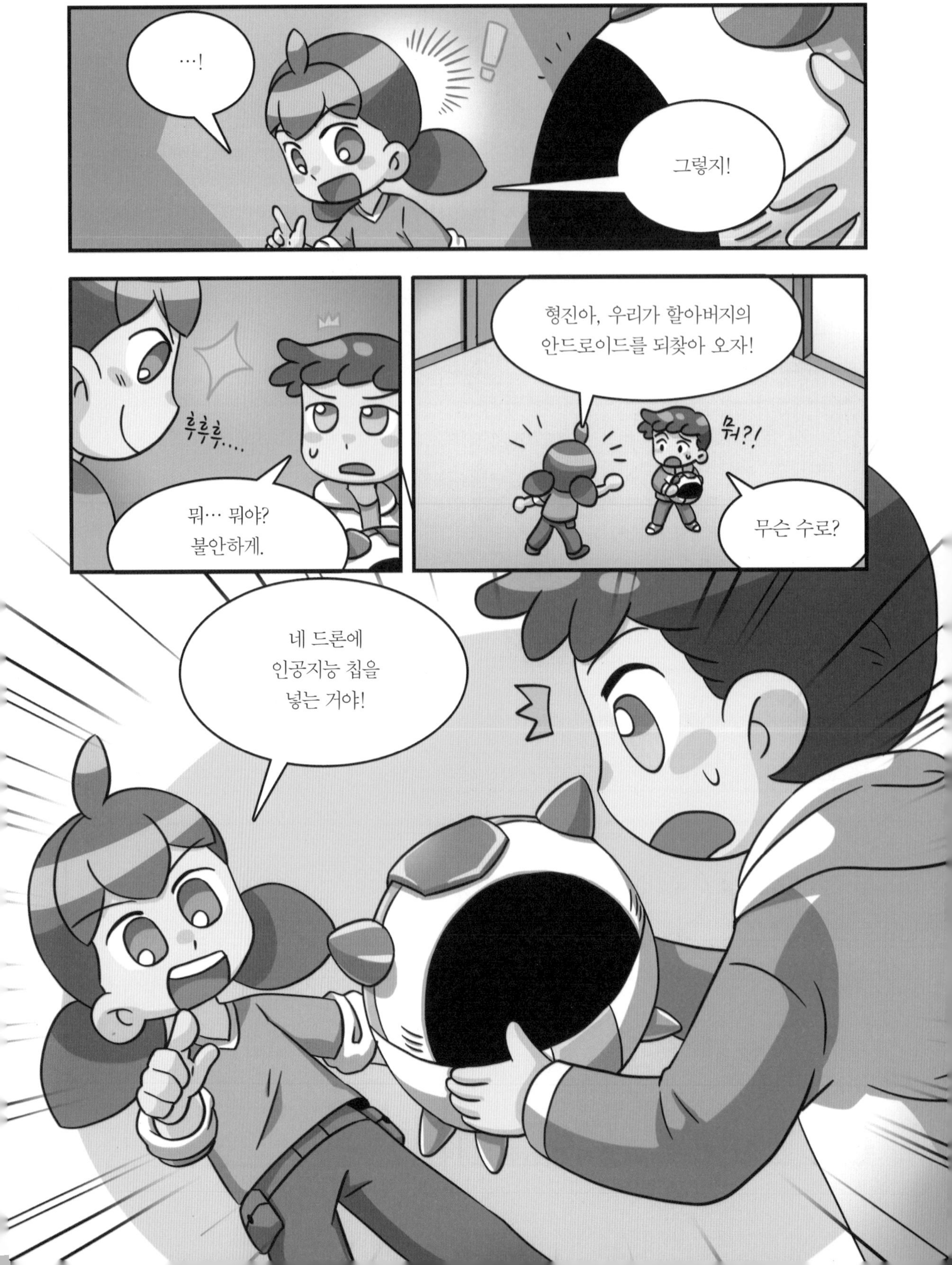
…!
그렇지!
후후후….
뭐… 뭐야? 불안하게.
형진아, 우리가 할아버지의 안드로이드를 되찾아 오자!
뭐?!
무슨 수로?
네 드론에 인공지능 칩을 넣는 거야!

정보 더하기

우리나라의 세계적인 로봇 공학자

"로봇으로 세상을 이롭게 할래요."

데니스 홍 _ 캘리포니아대학교 기계공학과 교수

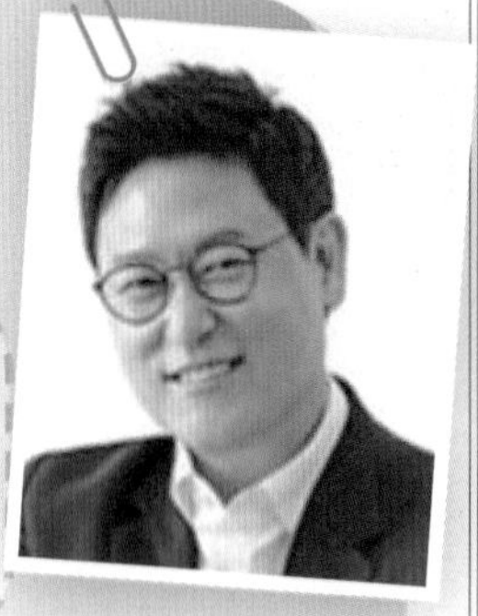

"내가 아는 성공한 사람들 중에 실패를 경험하지 않은 사람은 단 한명도 없어요. 실패해도 다시 일어나세요. 무엇을 하든 도전의 중요성을 잊지 마세요."

캘리포니아 주 로스앤젤레스에서 태어난 데니스 홍 교수는 3살 때 대한민국으로 들어와 대학교 3학년 때 다시 미국으로 돌아갔어요. 고려대학교 3학년에 재학할 당시에 위스콘신대학교에 편입하여 기계공학 학사를 취득했고, 퍼듀대학교에서 기계공학 석사와 박사 학위를 취득했어요. 그 후 캘리포니아대학교 기계공학과 교수로 임용되었고 로봇 공학 연구소인 로멜라를 설립하여 초대 소장을 지냈어요.

1977년 할리우드 영화 〈스타워즈〉를 보고 난 뒤에 멋진 로봇에 매료된 데니스 홍 교수는 그 후로 로봇을 만드는 꿈을 한 번도 잊은 적이 없다고 해요.

"인간의 삶에 꼭 필요한 로봇, 이 로봇으로 사람을 돕기 위한 노력을 많이 했어요. 기술과 테크닉도 중요하지만 직접 눈으로 보고 경험하는 게 더 중요해요."

데니스 홍 교수는 2011년 일본 후쿠시마 원자력 발전소 사고가 났을 때에도 현장으로 달려갔어요. 기술이 사용되는 장소를 직접 보지 않으면 효과적인 기술을 개발할 수 없기 때문이지요.

데니스 홍 교수는 최초의 자율주행 휴머노이드 로봇을 개발하고, 사상 처음으로 시각 장애인용 자동차를 만든 로봇 공학자랍니다.

"만화영화보다 더 재미있는 로봇의 세계"

한재권 _ 한양대학교 로봇공학과 교수

"로봇을 만드는 데에 가장 중요한 것은 창의성이에요. 물론 공부도 잘하고 이론과 기술이 좋으면 더 좋지요. 하지만 창의성을 키울 수 있도록 노력하는 게 더 중요해요."

고려대학교 기계공학과에서 학사와 석사 학위를 취득하고 대기업에서 군사용 무기를 만들던 한재권 교수. 그에게는 뇌성마비 동생이 있어요. 어렸을 적에 로봇이 사람을 들고 날아가는 만화영화를 본 뒤에 '나도 저런 로봇을 만들어야지!'라고 생각했대요. 그러면 몸이 불편해서 밖에 나가지 못하는 동생을 돌보는 일이 쉬워질 테니까요.

그런 사람이 군사용 무기를 만들고 있었으니 일이 재미가 없었겠죠. 결국 사표를 내고 버지니아 공대로 유학을 갔다가 데니스 홍 교수를 만나면서 친구 같은 로봇을 만드는 로봇 공학자가 되었어요. 사람이 조작하는 게 아니라 로봇이 스스로 움직여서 축구를 하는 세계 로보컵 대회에서 3년 연속 우승컵을 거머쥐기도 했어요.

한재권 교수는 진짜 사람을 구하고 도와주며 친구 같은 역할을 하는 로봇을 만드는 게 최종 목표라고 해요.

"로봇은 사람의 일을 빼앗는 게 아니에요. 사람이 사람다운 일에 집중할 수 있도록 돕는 거죠."

한재권 교수는 '로봇으로 세상을 이롭게 하겠다'는 꿈을 이루기 위해 지금도 최선을 다하고 있어요.

"사람이 하기 힘든 일을 대신하는 로봇!"

서태원 _ 영남대학교 기계공학부 교수

"로봇을 재미있어 하는 것이 제일 중요해요. 로봇은 공부하는 시간도 오래 걸리고 로봇을 만들면서 실패도 많이 하기 때문에 재미가 없으면 하기 힘들어요. 하지만 재미있다고 느끼면 로봇에 빠질 수밖에 없지요."

서태원 교수는 서울대학교 기계항공공학부에서 학사, 석사, 박사 학위를 취득하였어요. 미국 카네기멜론대학교 나노로보틱스 연구소에서 연구원으로 지내다가 현재는 창의로봇설계 연구실을 운영하며 대학교에서 학생들을 가르치고 있어요.

서태원 교수는 미래 로봇 산업을 이끌어 갈 대한민국의 젊은 로봇 과학자로 평가받아요. 총 220여 편의 논문과 국내외 학술 대회에서 120여 차례 연구 결과를 발표하고 15건의 특허를 출원하는 등 상당한 활동을 하고 있지요.

"사람이 하기 힘든 일을 로봇이 대신하면 일의 효율이 높아지고 삶의 질이 좋아질 거예요."

로봇보다는 설계 자체에 관심이 많아서 기계항공공학부에 들어갔다가 로봇의 활용성에 매력을 느꼈다는 서태원 교수. 그의 연구 목적은 '어렵고 힘든 일을 해 줄 수 있는 로봇'을 만드는 거예요. 원자력 사고 지역을 탐사하고, 고층 빌딩 유리창을 청소하고, 깊은 바닷속에 들어가서 작업하는 로봇이 서 교수가 연구하는 로봇들이죠.

서태원 교수는 벽을 타고 올라가는 로봇, 물 위를 달리는 로봇, 바퀴벌레 모습을 한 로봇을 만들기도 해요.

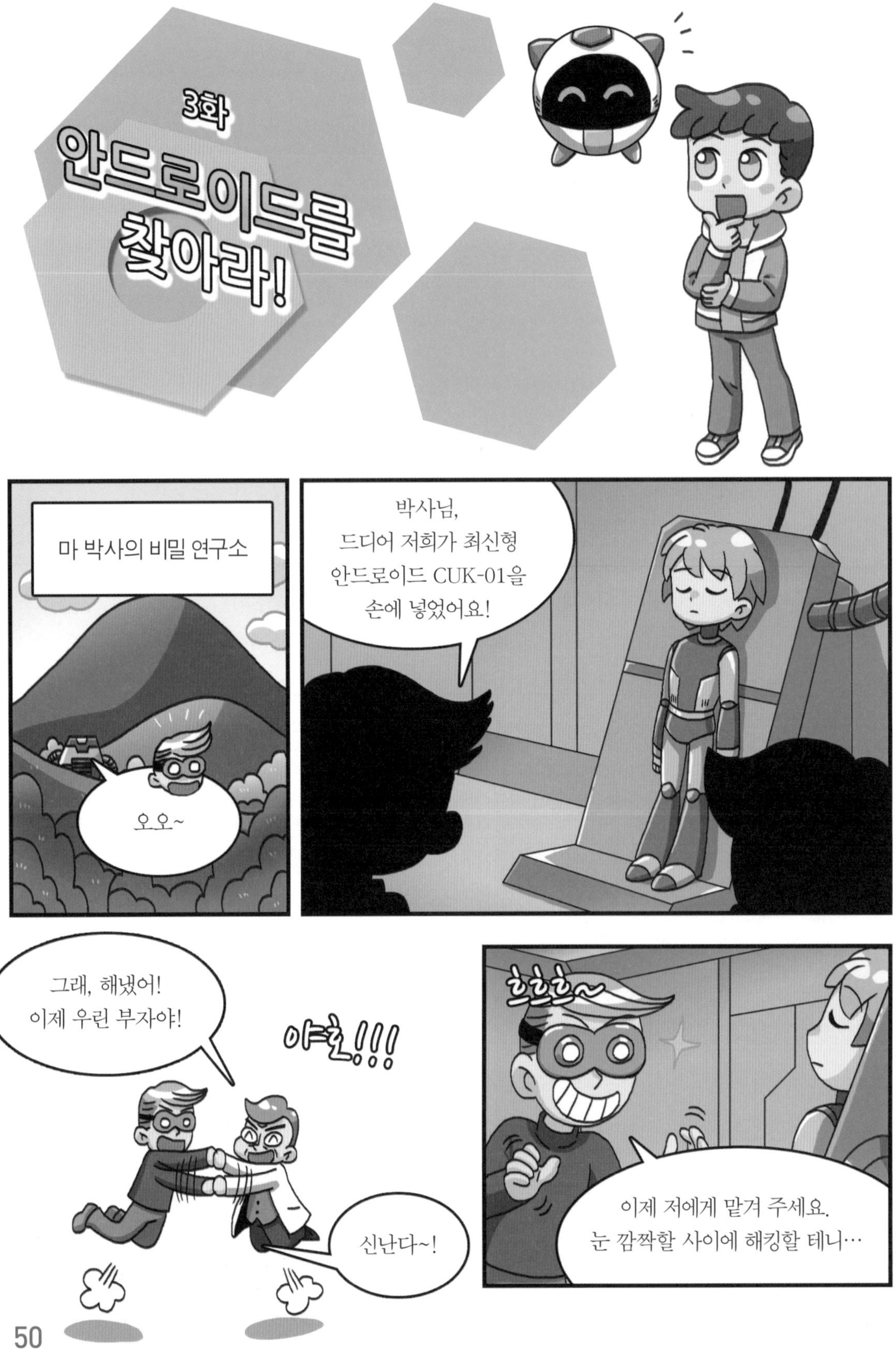
3화
안드로이드를 찾아라!
마 박사의 비밀 연구소
오오~
박사님, 드디어 저희가 최신형 안드로이드 CUK-01을 손에 넣었어요!
그래, 해냈어! 이제 우린 부자야!
야호!!!
신난다~!
흐흐흐~
이제 저에게 맡겨 주세요. 눈 깜짝할 사이에 해킹할 테니…

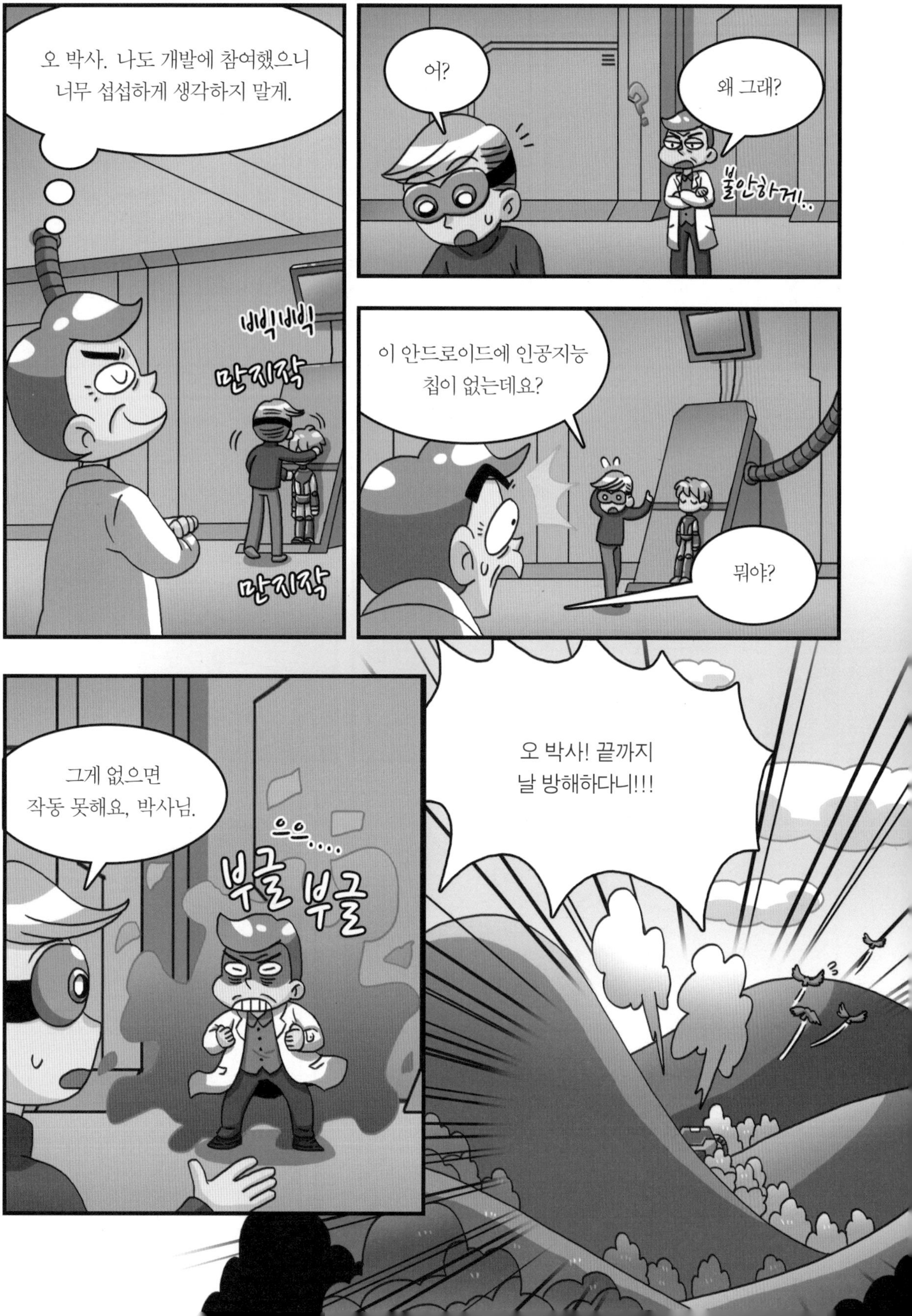

오 박사. 나도 개발에 참여했으니
너무 섭섭하게 생각하지 말게.
삐릭삐릭
만지작
만지작
어?
왜 그래?
불안하게..
이 안드로이드에 인공지능
칩이 없는데요?
뭐야?
그게 없으면
작동 못해요, 박사님.
으으....
부글 부글
오 박사! 끝까지
날 방해하다니!!!

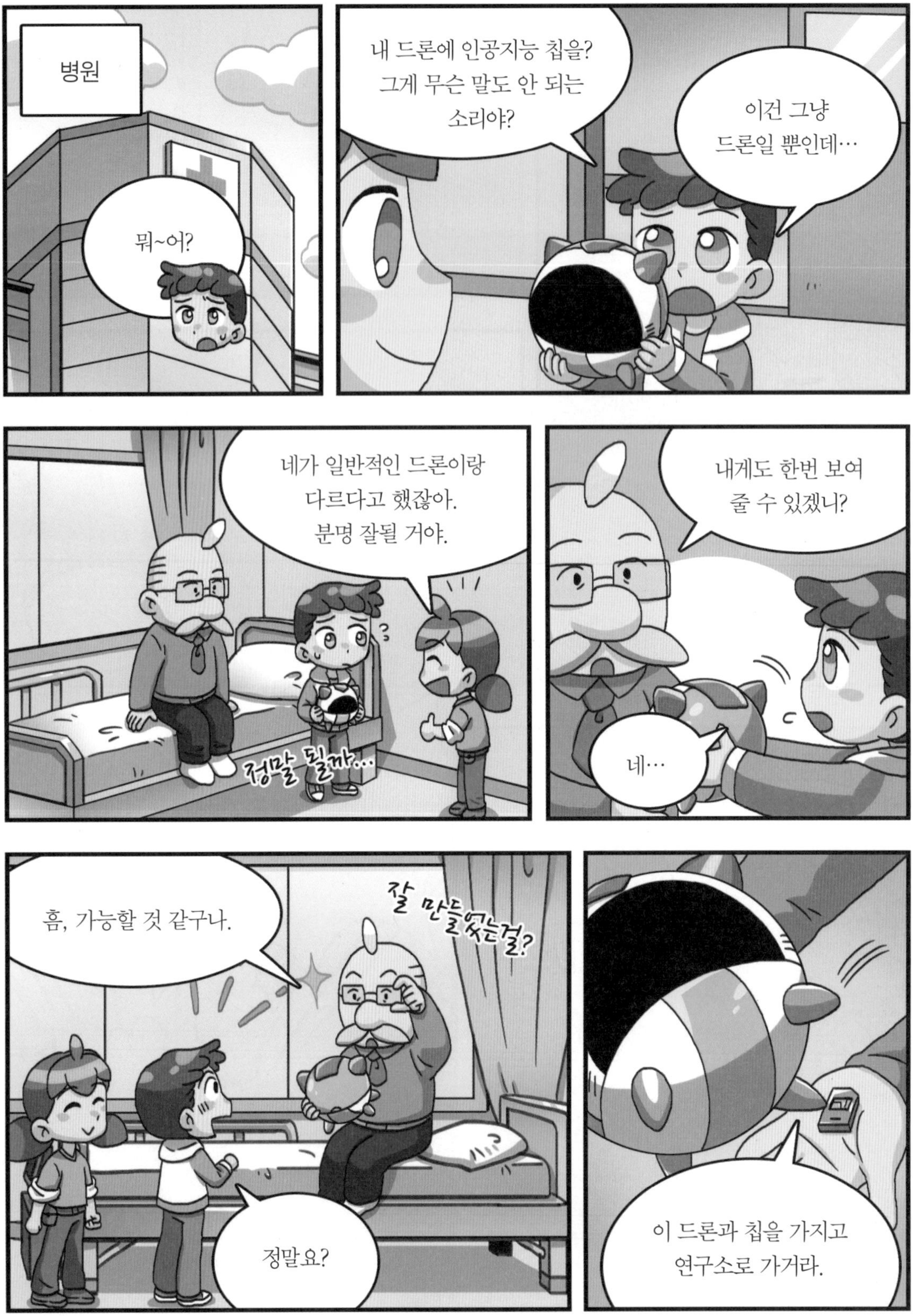
병원
뭐~어?
내 드론에 인공지능 칩을? 그게 무슨 말도 안 되는 소리야?
이건 그냥 드론일 뿐인데…
네가 일반적인 드론이랑 다르다고 했잖아. 분명 잘될 거야.
정말 될까…
내게도 한번 보여 줄 수 있겠니?
네…
흠, 가능할 것 같구나.
잘 만들었는걸?
정말요?
이 드론과 칩을 가지고 연구소로 가거라.

연구소에 있는 배 교수가
인공지능 칩을 이식시켜 줄 거다.

그분이 누군데요?

배승민 교수라고 내 제자인데,
안드로이드 로봇 공학자란다.

안드로이드 로봇 공학자

사람과 닮은 안드로이드 로봇을 연구하고 개발해요.
로봇의 활용 분야는 물건을 만드는 제조업뿐만 아니라 다양하게 확대되고 있는데요. 그 과정에서 지능형 로봇인 안드로이드 로봇 역시 점점 발달하고 있답니다.
안드로이드 로봇 공학자가 하는 일을 살펴보면 먼저, 사람의 모습과 행동을 로봇에 그대로 구현하기 위해 인간의 신체 구조를 모방하여 로봇 구조를 설계해요. 그리고 로봇을 제어하기 위한 시스템과 정보를 수집할 수 있는 인공지능, 주변 환경에 반응하는 센서까지 알고리즘과 프로그램의 구조를 설계하여 로봇에 탑재하지요.
사람과 닮은 로봇을 설계하거나 동작 알고리즘을 개발하기 위해서는 인간에 대한 이해와 지식을 바탕으로 연구 개발하는 것이 무엇보다 중요하답니다.

난 역시 안드로이드
로봇 공학자가 되는 게
좋겠어.

네가?

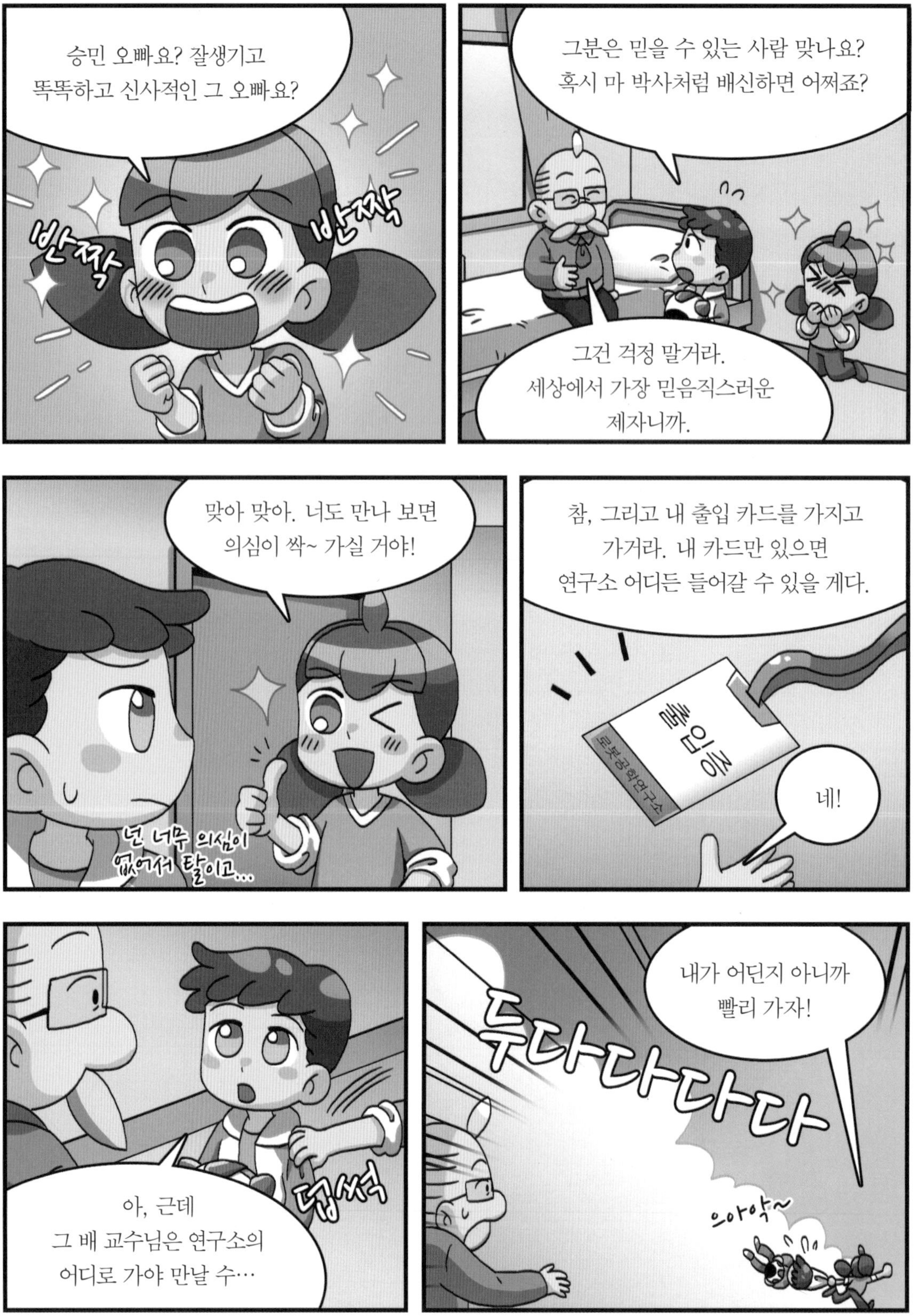
승민 오빠요? 잘생기고 똑똑하고 신사적인 그 오빠요?
반짝
반짝
그분은 믿을 수 있는 사람 맞나요? 혹시 마 박사처럼 배신하면 어쩌죠?
그건 걱정 말거라. 세상에서 가장 믿음직스러운 제자니까.
맞아 맞아. 너도 만나 보면 의심이 싹~ 가실 거야!
넌 너무 의심이 없어서 탈이고...
참, 그리고 내 출입 카드를 가지고 가거라. 내 카드만 있으면 연구소 어디든 들어갈 수 있을 게다.
출입증
로봇공학연구소
네!
아, 근데 그 배 교수님은 연구소의 어디로 가야 만날 수…
덥석
내가 어딘지 아니까 빨리 가자!
두다다다다다
으아악~

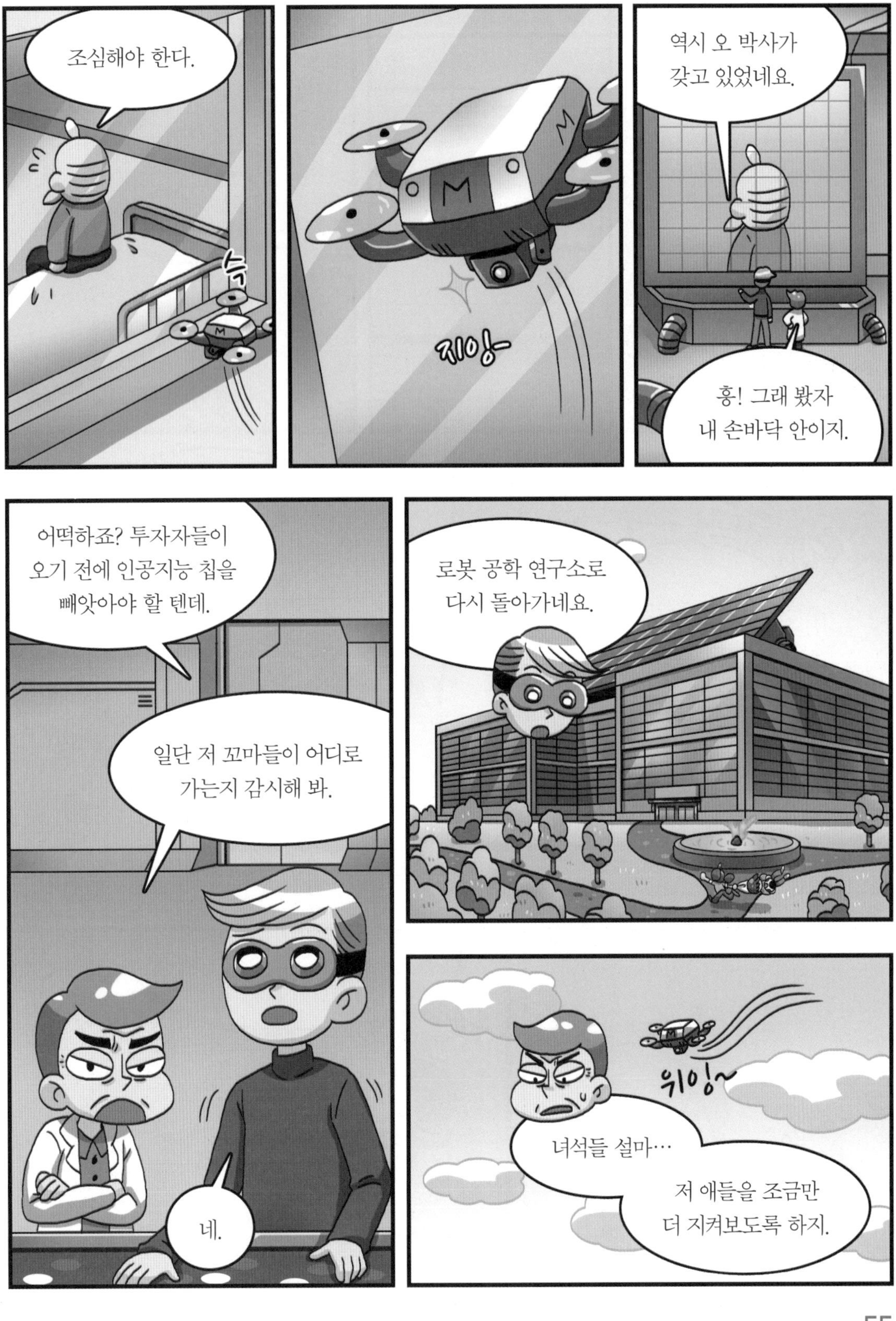

조심해야 한다.
슥
지잉~
역시 오 박사가
갖고 있었네요.
흥! 그래 봤자
내 손바닥 안이지.
어떡하죠? 투자자들이
오기 전에 인공지능 칩을
빼앗아야 할 텐데.
일단 저 꼬마들이 어디로
가는지 감시해 봐.
네.
로봇 공학 연구소로
다시 돌아가네요.
위잉~
녀석들 설마…
저 애들을 조금만
더 지켜보도록 하지.

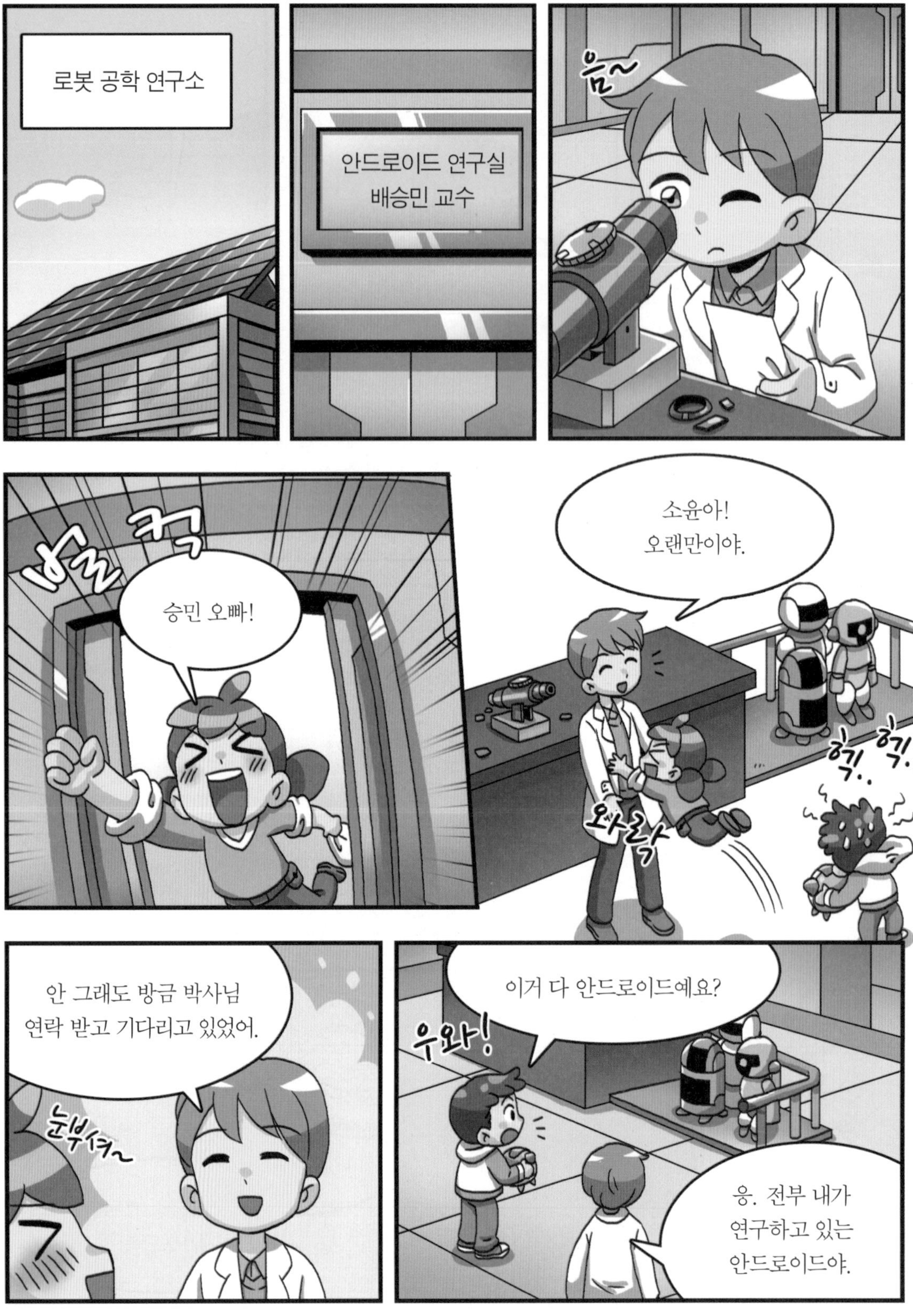
로봇 공학 연구소
안드로이드 연구실
배승민 교수
음~
벌컥
승민 오빠!
소윤아!
오랜만이야.
와락
헉.. 헉..
안 그래도 방금 박사님
연락 받고 기다리고 있었어.
눈부셔~
우와!
이거 다 안드로이드예요?
응. 전부 내가
연구하고 있는
안드로이드야.

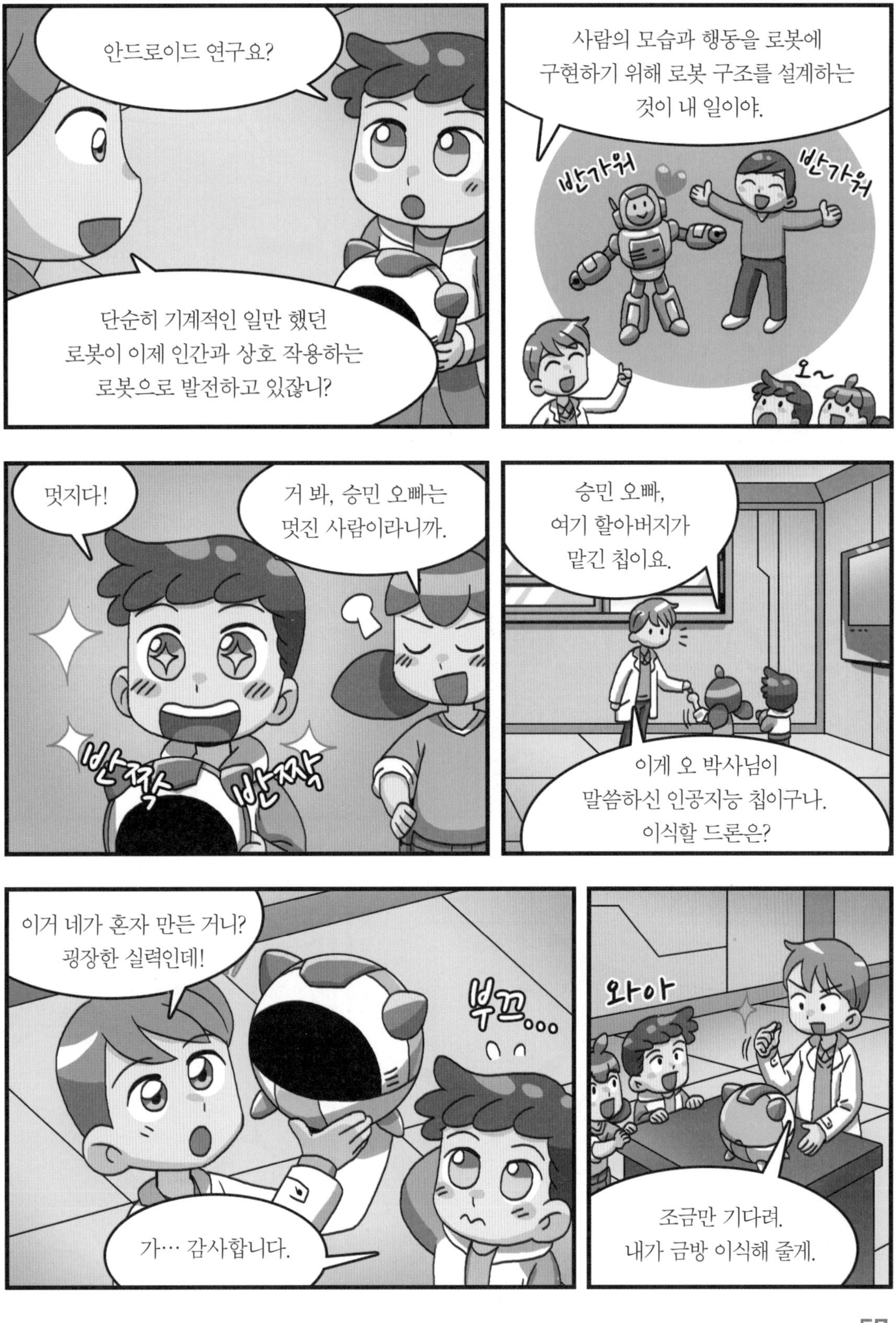
안드로이드 연구요?
단순히 기계적인 일만 했던
로봇이 이제 인간과 상호 작용하는
로봇으로 발전하고 있잖니?
사람의 모습과 행동을 로봇에
구현하기 위해 로봇 구조를 설계하는
것이 내 일이야.
반가워
반가워
오~
멋지다!
거 봐, 승민 오빠는
멋진 사람이라니까.
반짝
반짝
승민 오빠,
여기 할아버지가
맡긴 칩이요.
이게 오 박사님이
말씀하신 인공지능 칩이구나.
이식할 드론은?
이거 네가 혼자 만든 거니?
굉장한 실력인데!
부끄...
가… 감사합니다.
와아
조금만 기다려.
내가 금방 이식해 줄게.

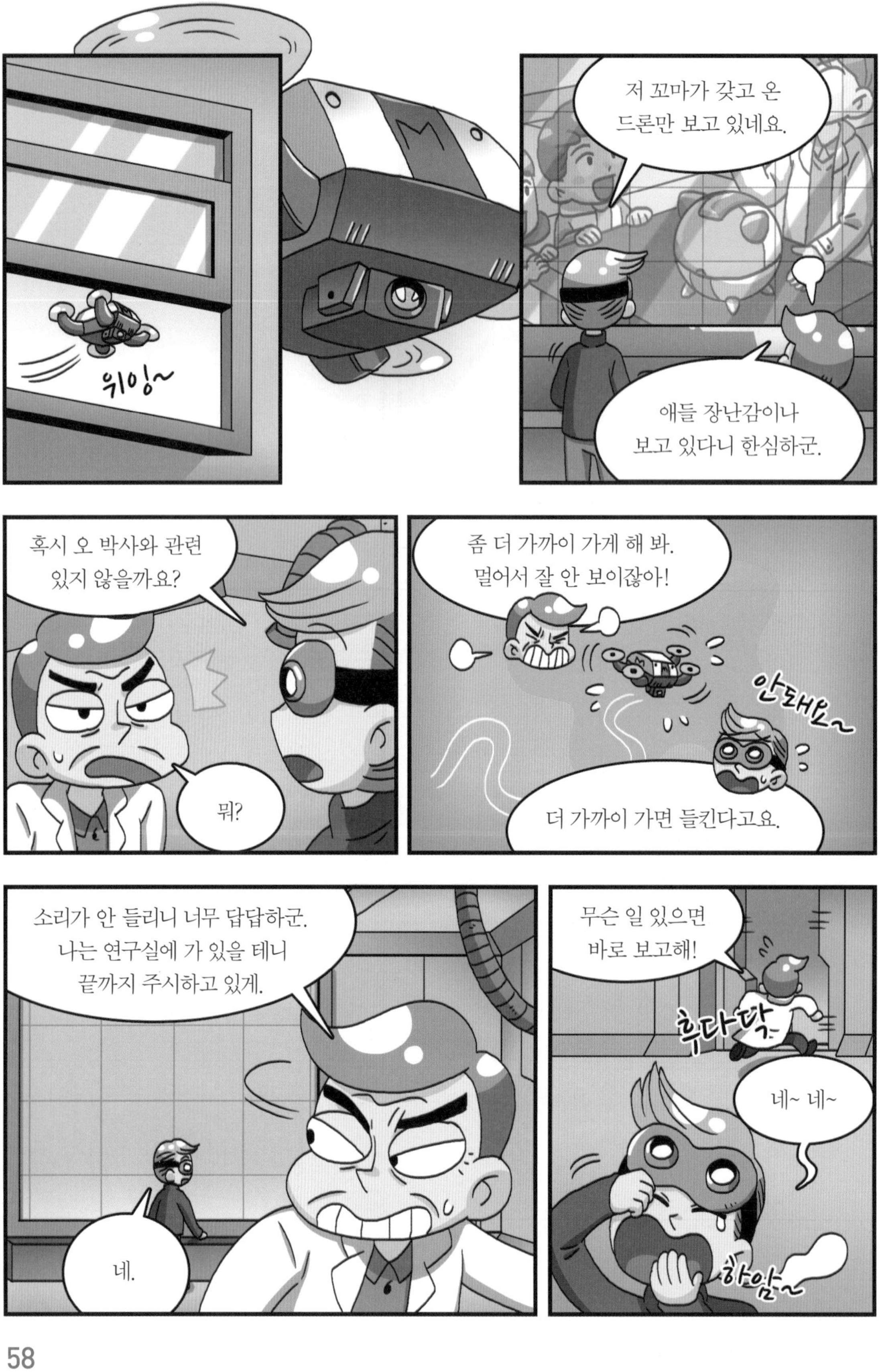
위이잉~
저 꼬마가 갖고 온
드론만 보고 있네요.
애들 장난감이나
보고 있다니 한심하군.
혹시 오 박사와 관련
있지 않을까요?
뭐?
좀 더 가까이 가게 해 봐.
멀어서 잘 안 보이잖아!
안돼요~
더 가까이 가면 들킨다고요.
소리가 안 들리니 너무 답답하군.
나는 연구실에 가 있을 테니
끝까지 주시하고 있게.
네.
무슨 일 있으면
바로 보고해!
후다닥
네~ 네~
하암~

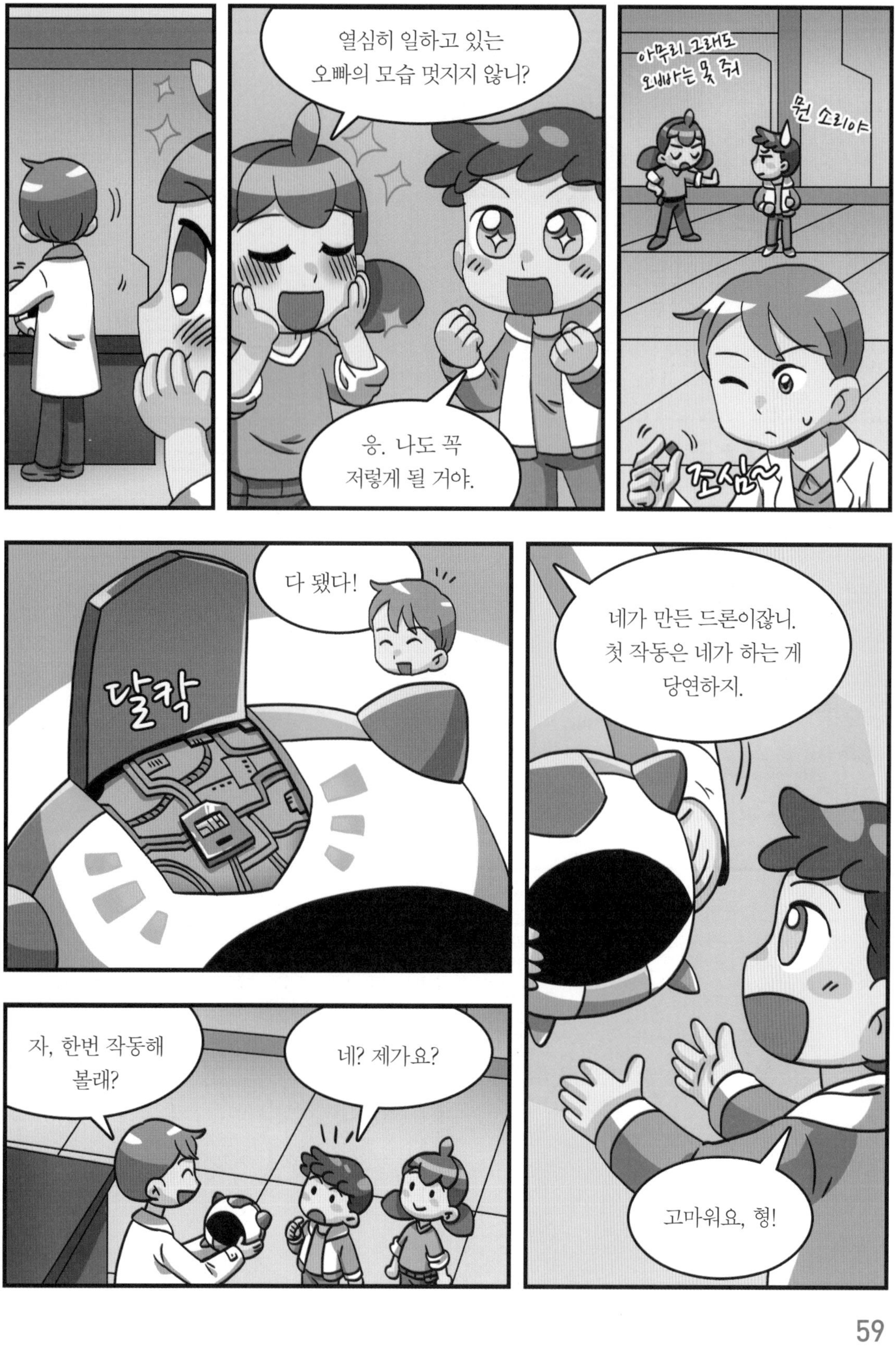
열심히 일하고 있는 오빠의 모습 멋지지 않니?
응. 나도 꼭 저렇게 될 거야.
아무리 그래도 오빠는 못 줘
뭔 소리야
조심~
다 됐다!
달칵
자, 한번 작동해 볼래?
네? 제가요?
네가 만든 드론이잖니. 첫 작동은 네가 하는 게 당연하지.
고마워요, 형!

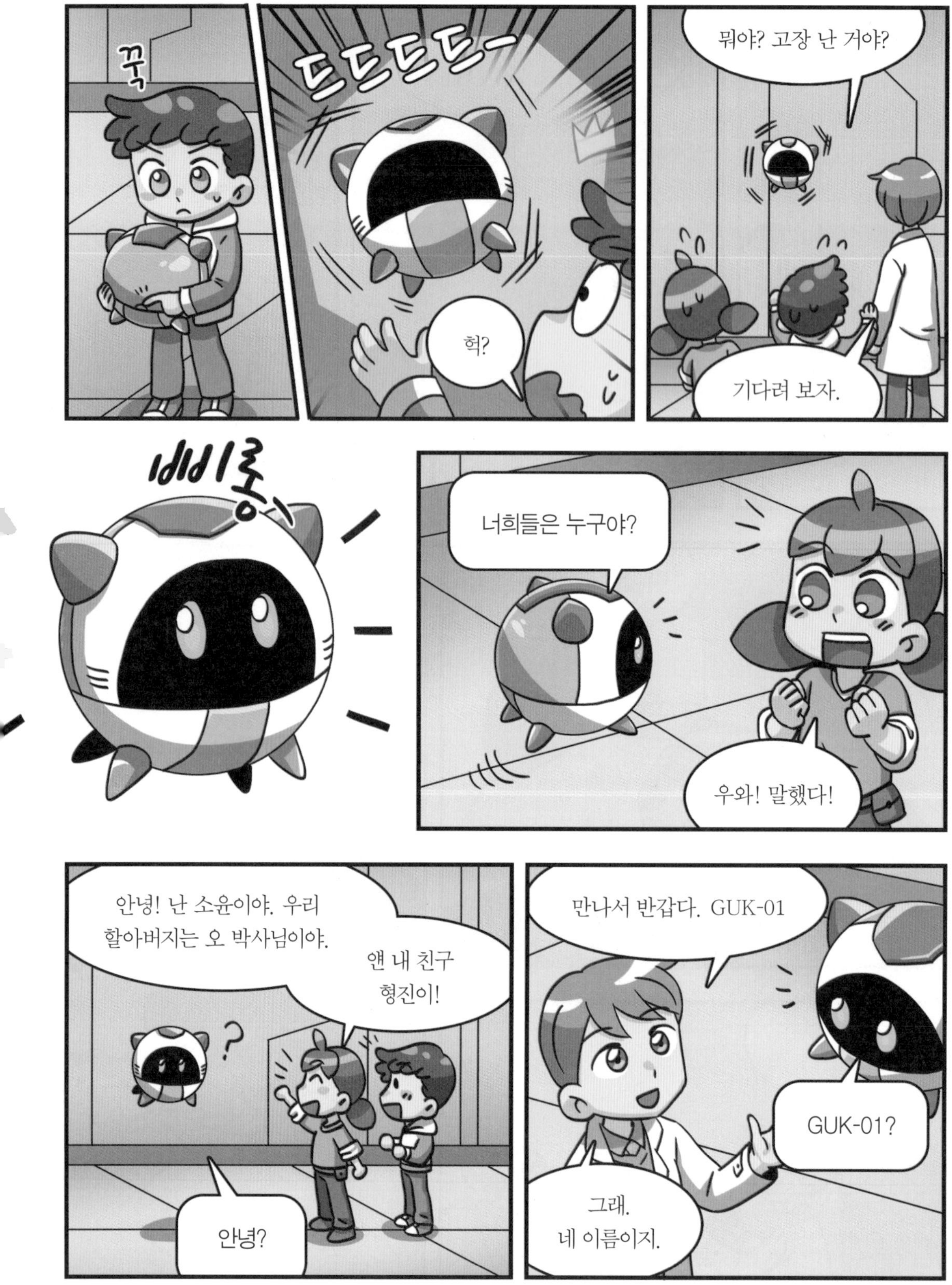
꾹
뜨뜨뜨뜨-
헉?
뭐야? 고장 난 거야?
기다려 보자.
삐리롱~
너희들은 누구야?
우와! 말했다!
안녕! 난 소윤이야. 우리 할아버지는 오 박사님이야.
앤 내 친구 형진이!
안녕?
만나서 반갑다. GUK-01
GUK-01?
그래. 네 이름이지.

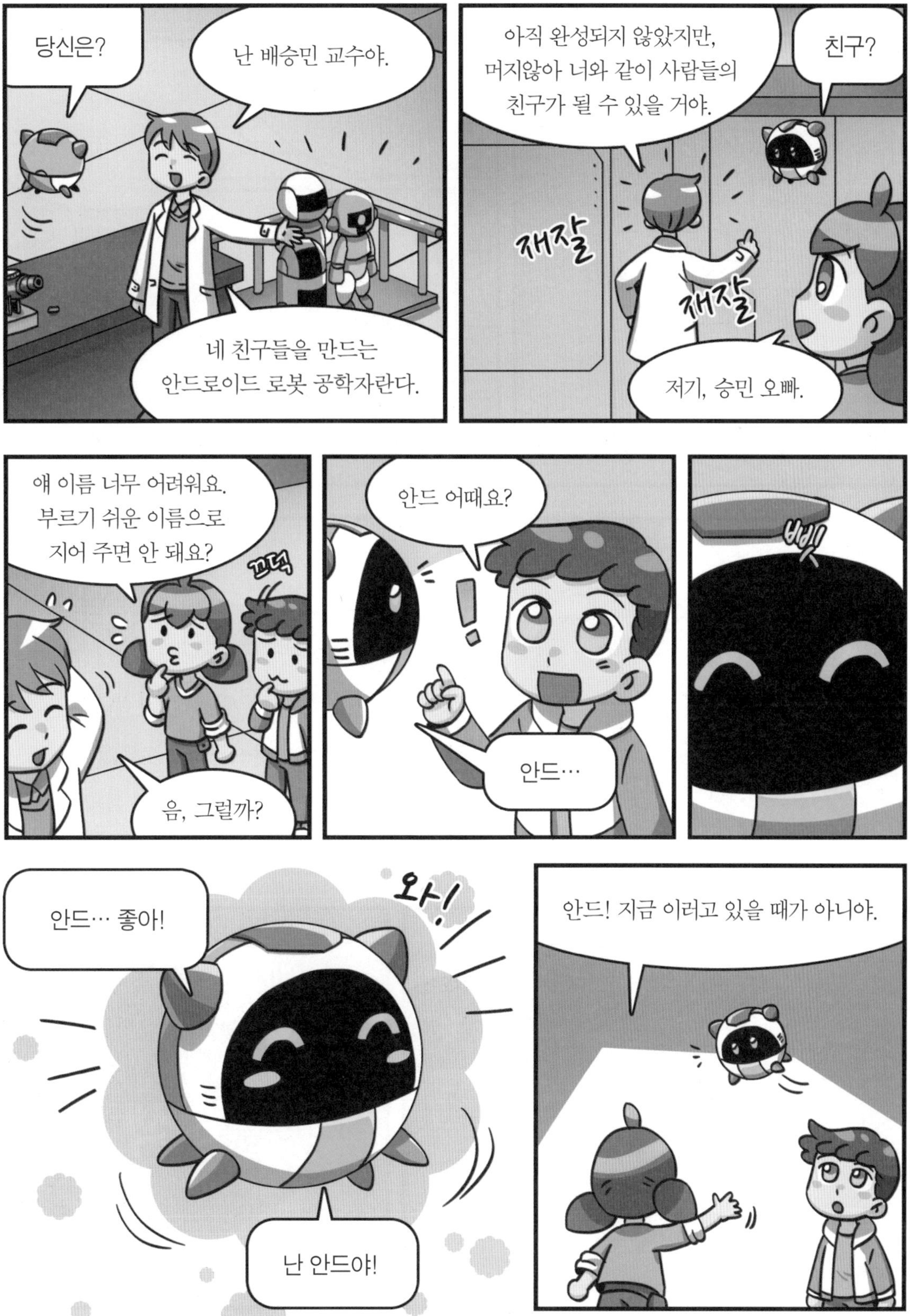
당신은?
난 배승민 교수야.
네 친구들을 만드는
안드로이드 로봇 공학자란다.
아직 완성되지 않았지만,
머지않아 너와 같이 사람들의
친구가 될 수 있을 거야.
친구?
재잘
재잘
저기, 승민 오빠.
얘 이름 너무 어려워요.
부르기 쉬운 이름으로
지어 주면 안 돼요?
끄덕
음, 그럴까?
안드 어때요?
!
안드…
빼꼿
안드… 좋아!
와!
난 안드야!
안드! 지금 이러고 있을 때가 아니야.

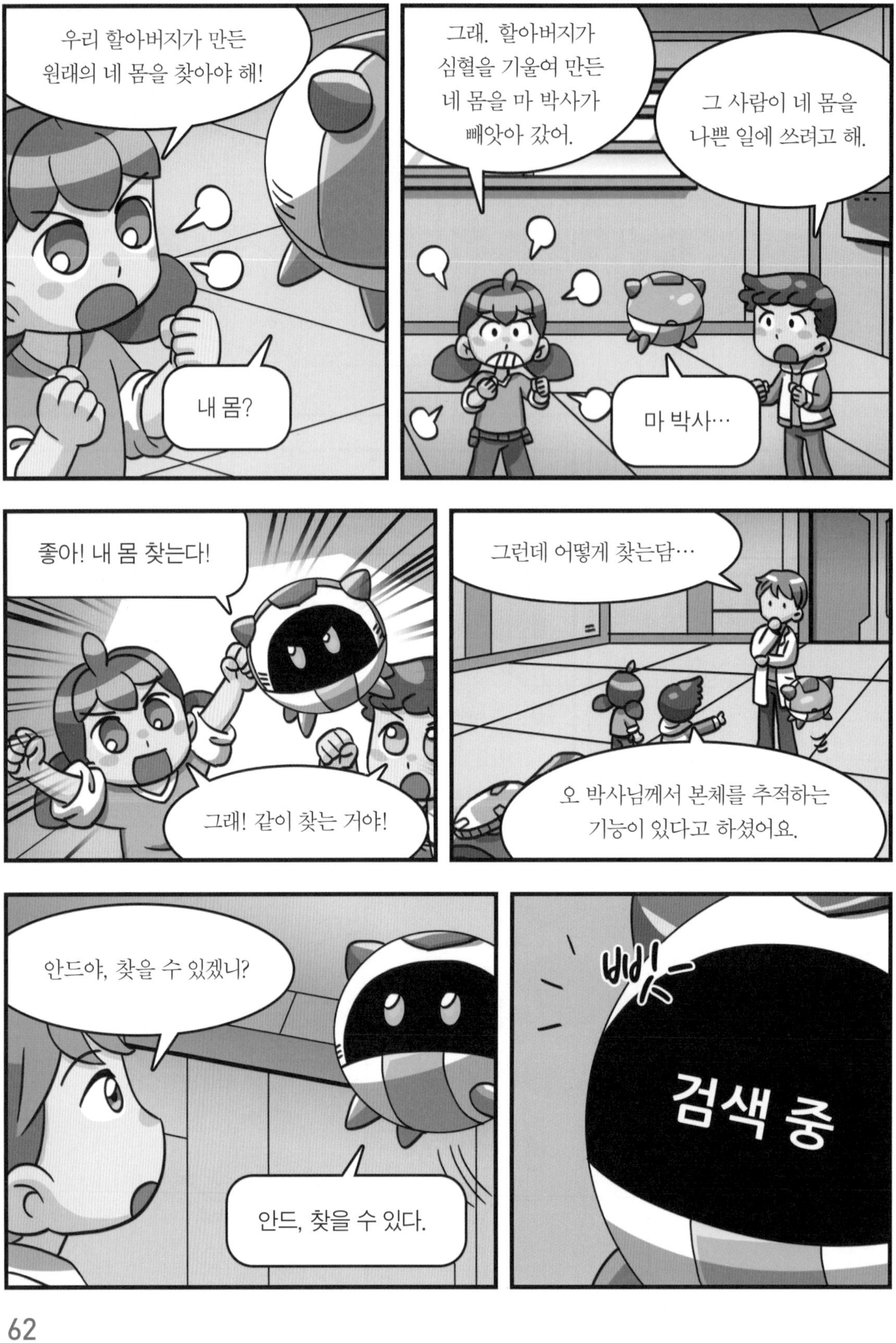

우리 할아버지가 만든 원래의 네 몸을 찾아야 해!
내 몸?
그래. 할아버지가 심혈을 기울여 만든 네 몸을 마 박사가 빼앗아 갔어.
그 사람이 네 몸을 나쁜 일에 쓰려고 해.
마 박사…
좋아! 내 몸 찾는다!
그래! 같이 찾는 거야!
그런데 어떻게 찾는담…
오 박사님께서 본체를 추적하는 기능이 있다고 하셨어요.
안드야, 찾을 수 있겠니?
안드, 찾을 수 있다.
삐익-
검색 중

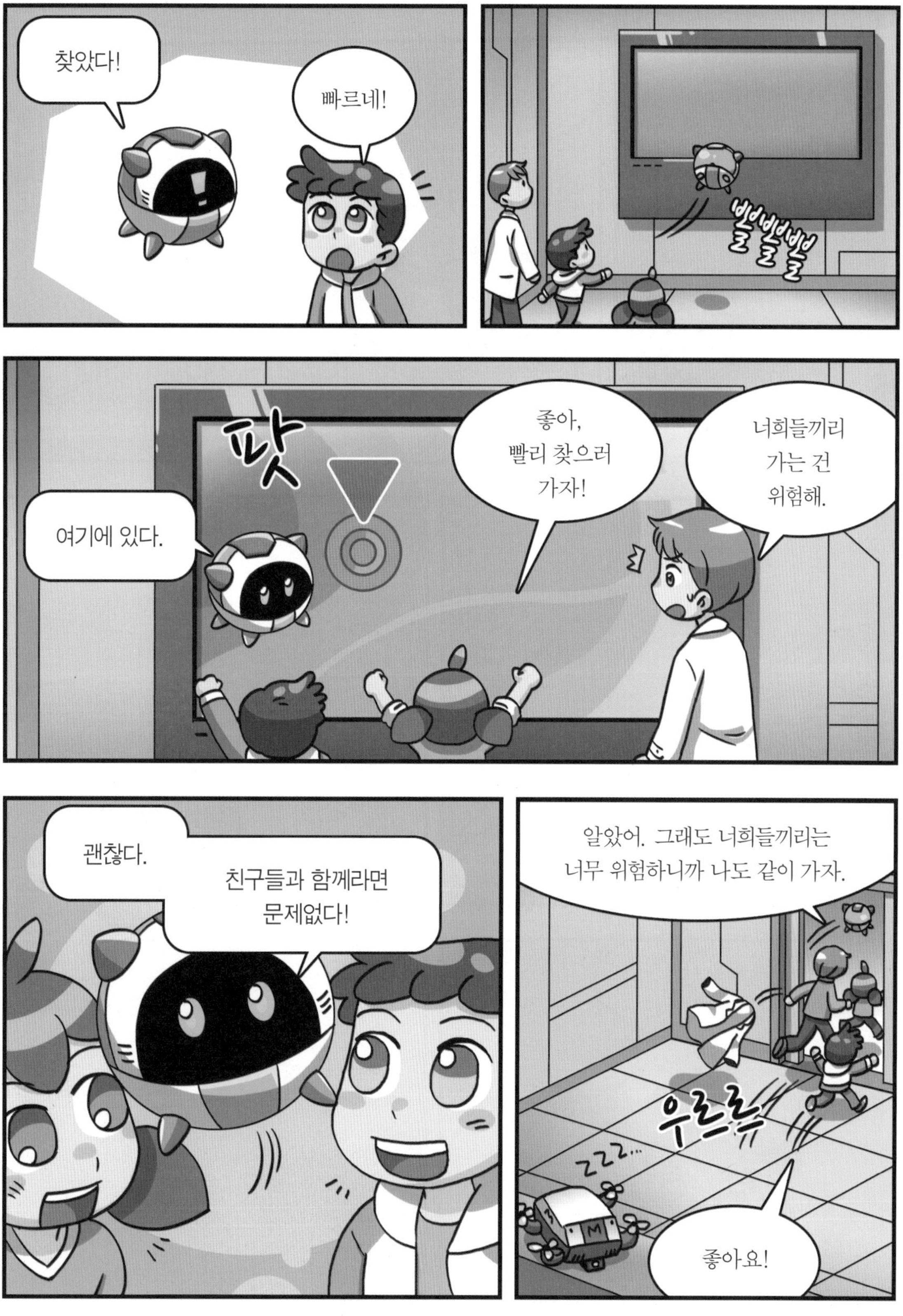
찾았다!
빠르네!
빌빌빌빌
팟
여기에 있다.
좋아, 빨리 찾으러 가자!
너희들끼리 가는 건 위험해.
괜찮다.
친구들과 함께라면 문제없다!
알았어. 그래도 너희들끼리는 너무 위험하니까 나도 같이 가자.
우르르
좋아요!

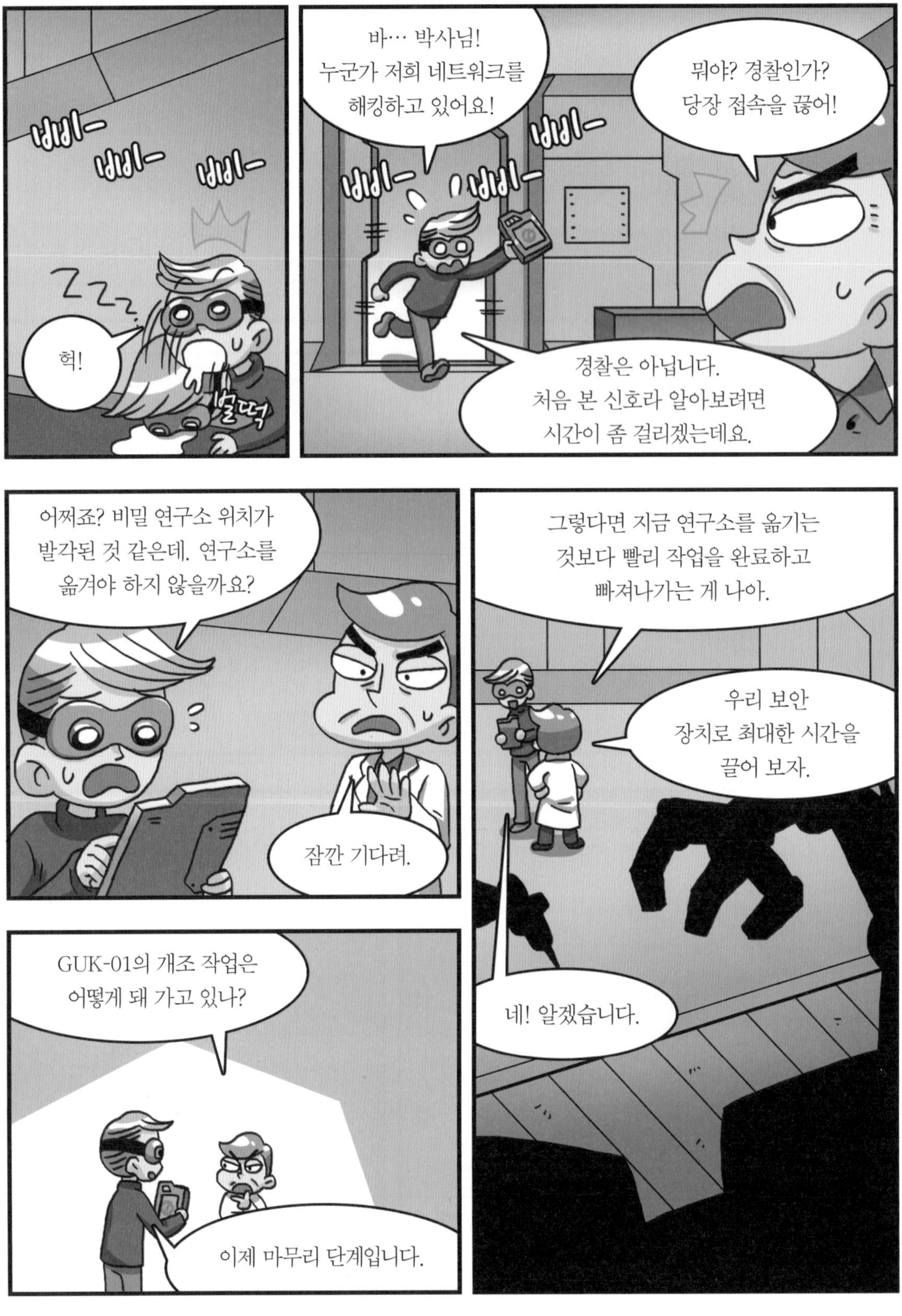

삐비—
삐비—
삐비—
헉!
벌떡
바… 박사님! 누군가 저희 네트워크를 해킹하고 있어요!
삐비—
삐비—
삐비—
뭐야? 경찰인가? 당장 접속을 끊어!
경찰은 아닙니다. 처음 본 신호라 알아보려면 시간이 좀 걸리겠는데요.
어쩌죠? 비밀 연구소 위치가 발각된 것 같은데. 연구소를 옮겨야 하지 않을까요?
잠깐 기다려.
그렇다면 지금 연구소를 옮기는 것보다 빨리 작업을 완료하고 빠져나가는 게 나아.
우리 보안 장치로 최대한 시간을 끌어 보자.
네! 알겠습니다.
GUK-01의 개조 작업은 어떻게 돼 가고 있나?
이제 마무리 단계입니다.

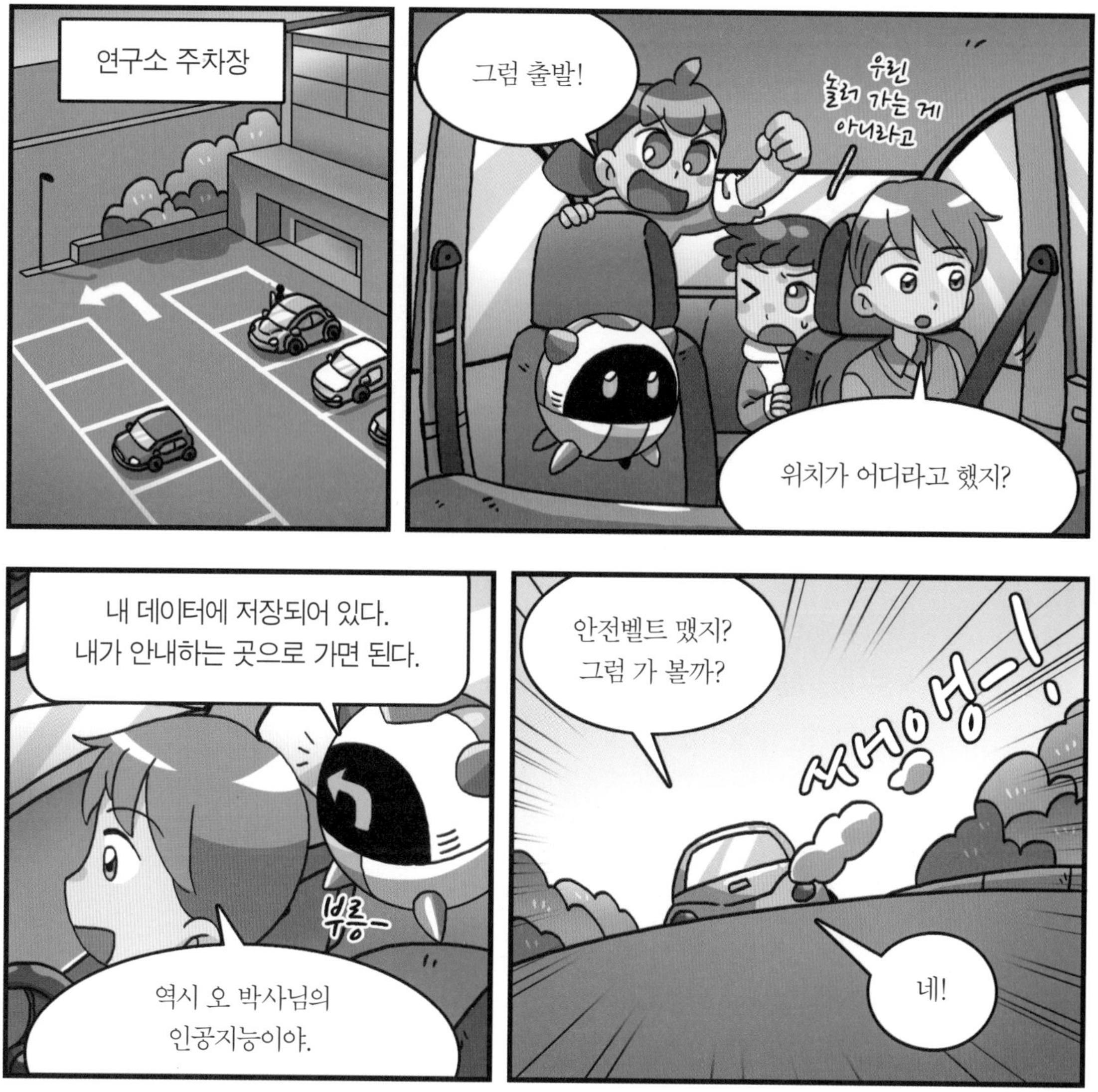

연구소 주차장
그럼 출발!
우린 놀러 가는 게 아니라고
위치가 어디라고 했지?
내 데이터에 저장되어 있다.
내가 안내하는 곳으로 가면 된다.
부릉-
역시 오 박사님의
인공지능이야.
안전벨트 맸지?
그럼 가 볼까?
네!

인공지능은 무엇인가요?

인공지능은 인간이 하는 사고, 학습, 자기 개발 등을 컴퓨터가 할 수 있도록 하는 방법을 연구하는 컴퓨터 공학 및 정보 기술의 한 분야예요. 한마디로 인간처럼 지능적으로 생각할 수 있는 기능을 컴퓨터로 구현한 것을 인공지능이라고 하지요. 1950년대에 처음으로 인공지능이라는 용어가 등장했어요. 이후 침체기를 겪고, 1990년대에 인터넷의 발전으로 기계 학습을 가능하게 하여 수많은 데이터를 분석하고 스스로 학습하는 방식으로 진화했지요. 현재 인공지능은 4차 산업 혁명의 핵심 요소로 떠오르고 있어요. 기계에 이미지와 소리를 인식하는 방법을 가르치는 심화 학습 기법이 영상인식, 음성인식, 번역 등 다양한 분야에 적용되고 있지요. 앞으로 인공지능은 우리 경제, 사회, 문화 전반에 걸쳐 대변화를 이끌 거예요.

로봇을 바라보는 나라별 다양한 생각

여러분은 '로봇'이라고 하면 어떤 것이 떠오르나요?

"저는 만화에 나오는 친구 같은 로봇이 좋아요!"
"로봇은 사람이 하지 못하는 일을 하는 천하무적이에요."
"로봇은 비싸서 우리가 살 수 없어요."

로봇에 대한 생각은 사람마다 다르고 나라마다 달라요. 그만큼 로봇의 종류도 다양하지요. 그렇다면 우리나라를 비롯해 다른 나라들은 로봇을 어떻게 생각했는지 살펴볼까요?

●한국: 우리나라는 로봇을 경제 성장에 필요한 도구라고 생각했어요.

1978년 현대 자동차에서 용접 로봇을 처음 사용한 것이 그 시작이지요. 그 후로 1984년 대우 중공업에서 로봇을 자체적으로 만드는 데에 성공했지만, 1997년 IMF를 겪으면서 대부분의 대기업이 로봇 사업을 철수하고 중소·중건기업 중심으로 재편되었어요. 현재는 생각에 변화가 생겨 로봇은 '과학 산업을 이끄는 존재'라고 여기고 각 대학교에서 로봇 교육을 활발히 하며 인재 양성에 힘쓰고 있답니다.

●일본: 일본은 로봇을 '사람과 비슷한 존재'라고 생각했어요. 일본 만화를 보면 인간과 비슷한 모습을 한 안드로이드와 휴머노이드 로봇이 많이 나오지요. 실제로 휴머노이드 로봇이 가장 발달한 국가가 일본이랍니다.

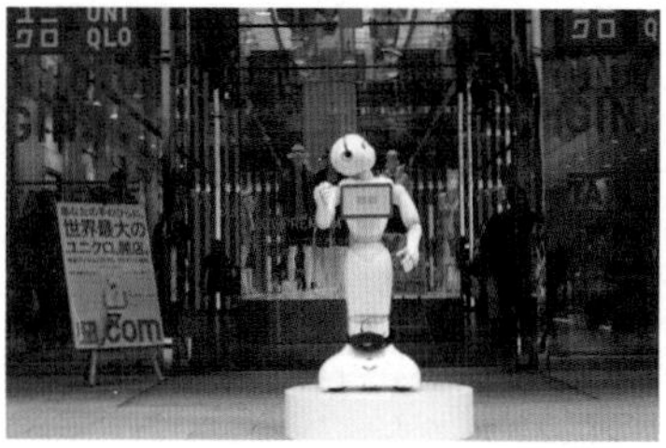
UNI QLO

●중국: 중국은 로봇을 '사람을 닮은 단순한 존재'라고 여겼어요. 중국은 노동력을 뒷받침할 인구가 많아 로봇이 일하지 않아도 되니 굳이 비싼 돈을 들여 로봇을 연구할 필요를 느끼지 못한 것이지요. 하지만 지금은 로봇의 중요성을 깨닫고 로봇 공학을 장려하고 있답니다.

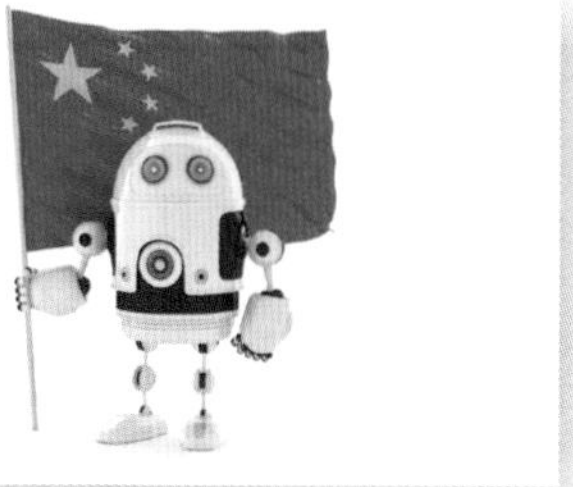

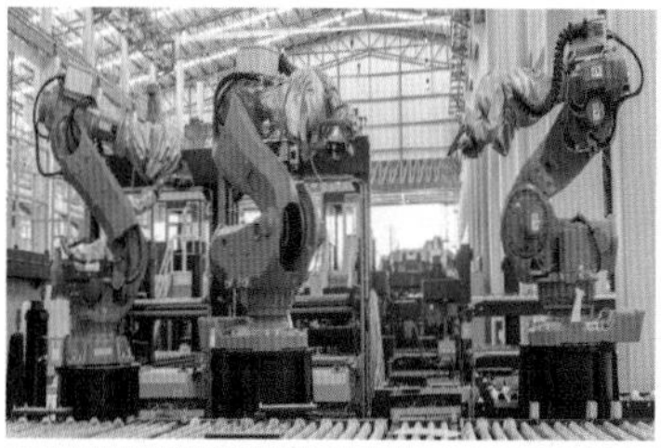

●유럽: 유럽은 로봇을 '사람 대신 어렵고 힘든 일을 해 주는 존재'라고 생각했어요. 그래서 자동차를 만드는 로봇이나 공장에서 물건을 옮기는 로봇 등 다양한 산업용 로봇을 만들었답니다.

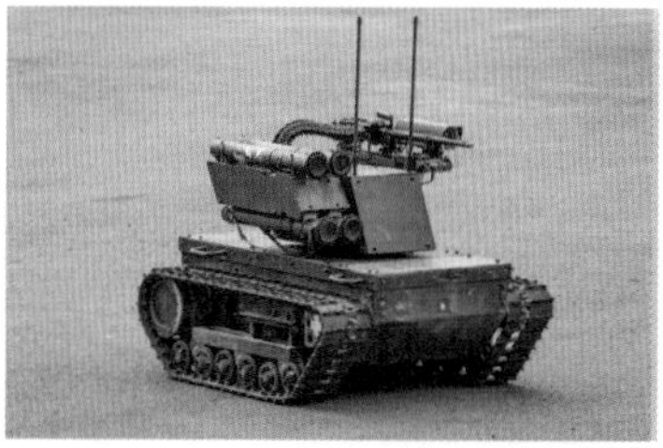

●미국: 로봇은 '실용적인 존재'라고 생각한 미국은 군사용 로봇을 많이 만들었어요. 우리나라를 비롯해 여러 국가에 수출을 하기도 하지요. 특히 미국은 만화와 영화에서 로봇을 악당이나 영웅으로 그리는 경우가 많아요.

4화
마 박사의 비밀 연구소

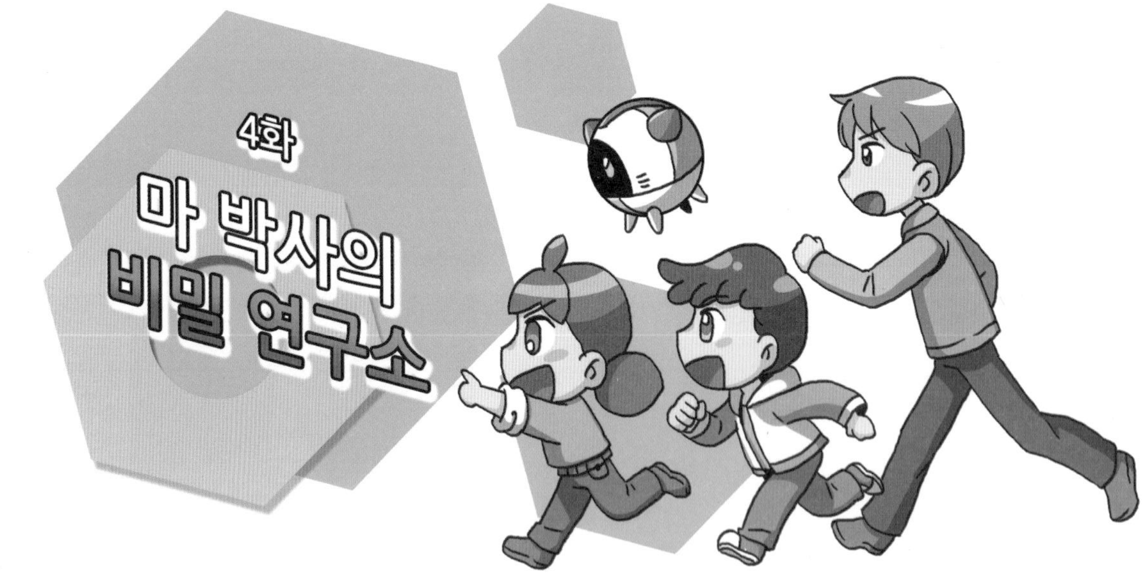

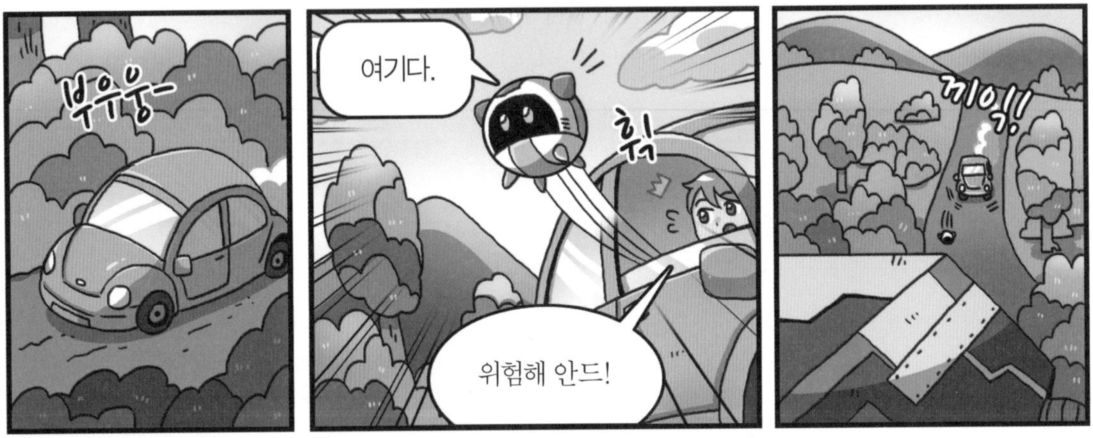
부우웅-
여기다.
휙
위험해 안드!
끼익!!

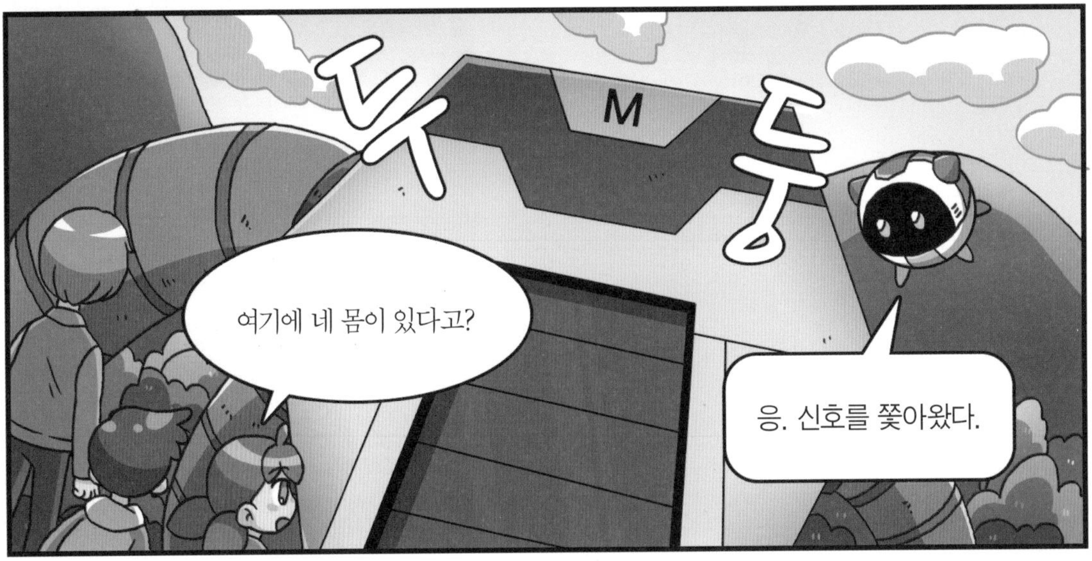
두 둥
M
여기에 네 몸이 있다고?
응. 신호를 쫓아왔다.

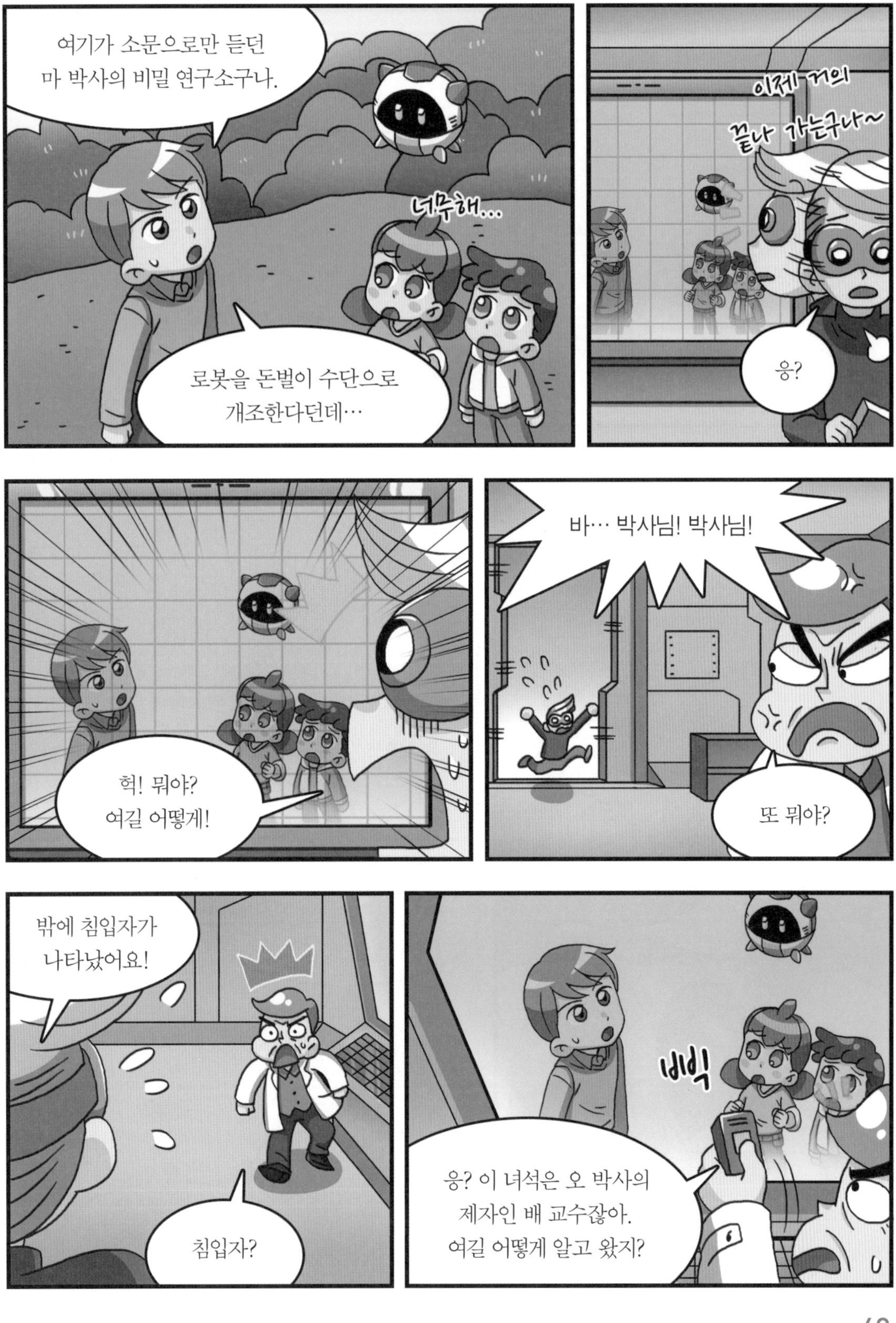

여기가 소문으로만 듣던 마 박사의 비밀 연구소구나.
너무해…
로봇을 돈벌이 수단으로 개조한다던데…
이제 거의 끝나 가는구나~
응?
헉! 뭐야? 여길 어떻게!
바… 박사님! 박사님!
또 뭐야?
밖에 침입자가 나타났어요!
침입자?
삐익
응? 이 녀석은 오 박사의 제자인 배 교수잖아. 여길 어떻게 알고 왔지?

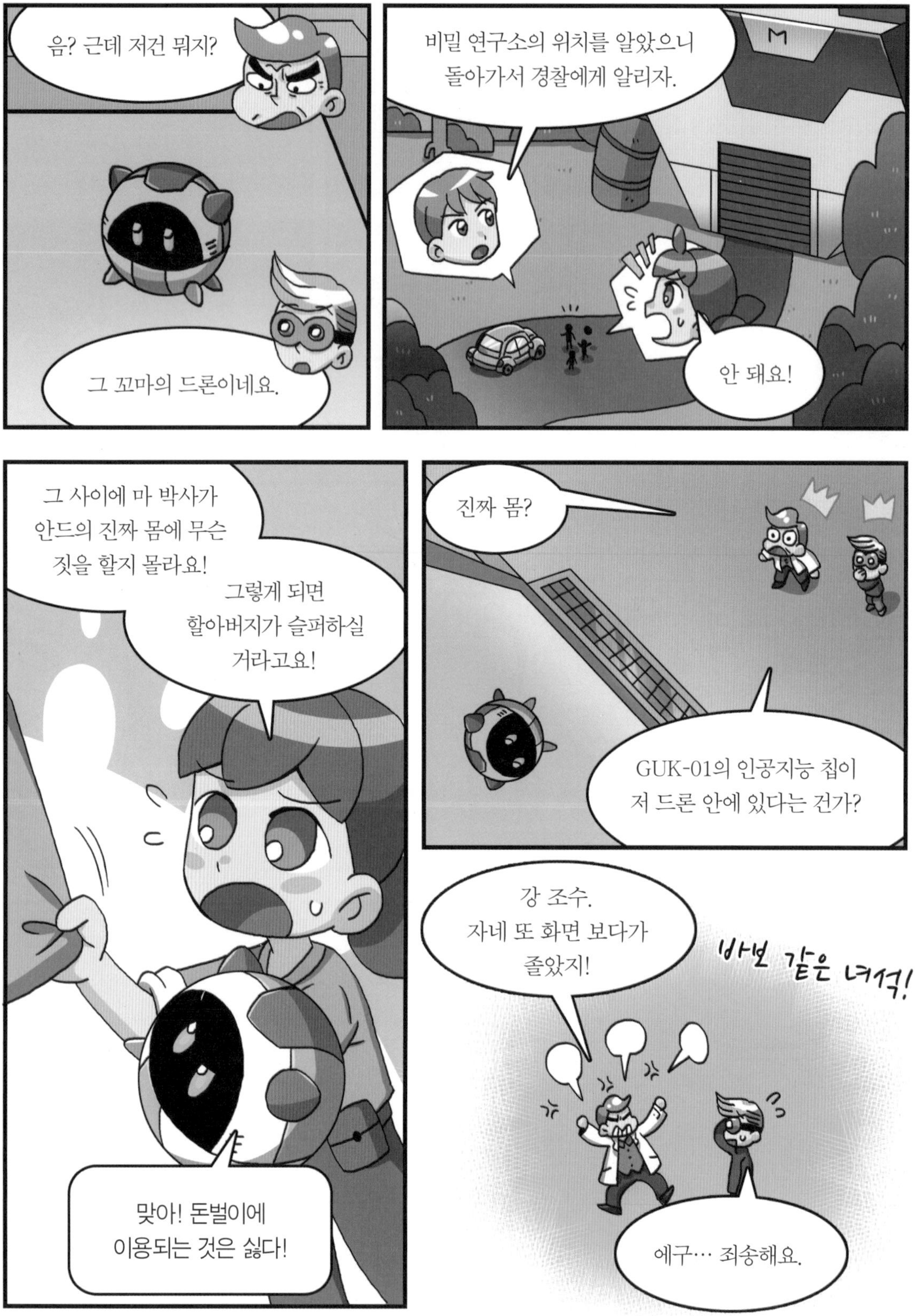
음? 근데 저건 뭐지?
그 꼬마의 드론이네요.
비밀 연구소의 위치를 알았으니 돌아가서 경찰에게 알리자.
안 돼요!
그 사이에 마 박사가 안드의 진짜 몸에 무슨 짓을 할지 몰라요!
그렇게 되면 할아버지가 슬퍼하실 거라고요!
맞아! 돈벌이에 이용되는 것은 싫다!
진짜 몸?
GUK-01의 인공지능 칩이 저 드론 안에 있다는 건가?
강 조수. 자네 또 화면 보다가 졸았지!
바보 같은 녀석!
에구… 죄송해요.

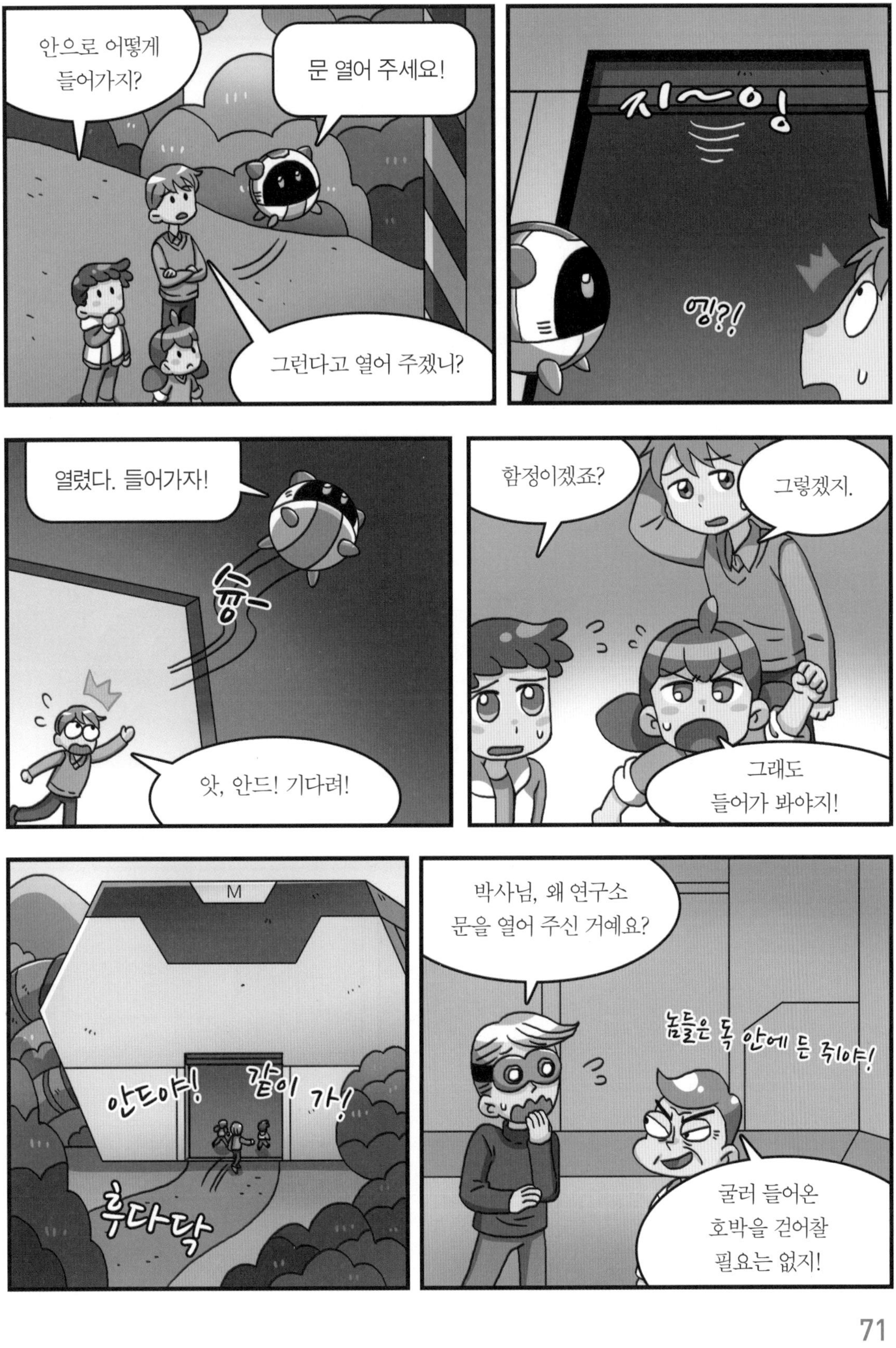
안으로 어떻게 들어가지?
문 열어 주세요!
그런다고 열어 주겠니?
지~잉
엉?!
열렸다. 들어가자!
슝-
앗, 안드! 기다려!
함정이겠죠?
그렇겠지.
그래도 들어가 봐야지!
M
안드야!
같이 가!
후다닥
박사님, 왜 연구소 문을 열어 주신 거예요?
놈들은 독 안에 든 쥐야!
굴러 들어온 호박을 걷어찰 필요는 없지!

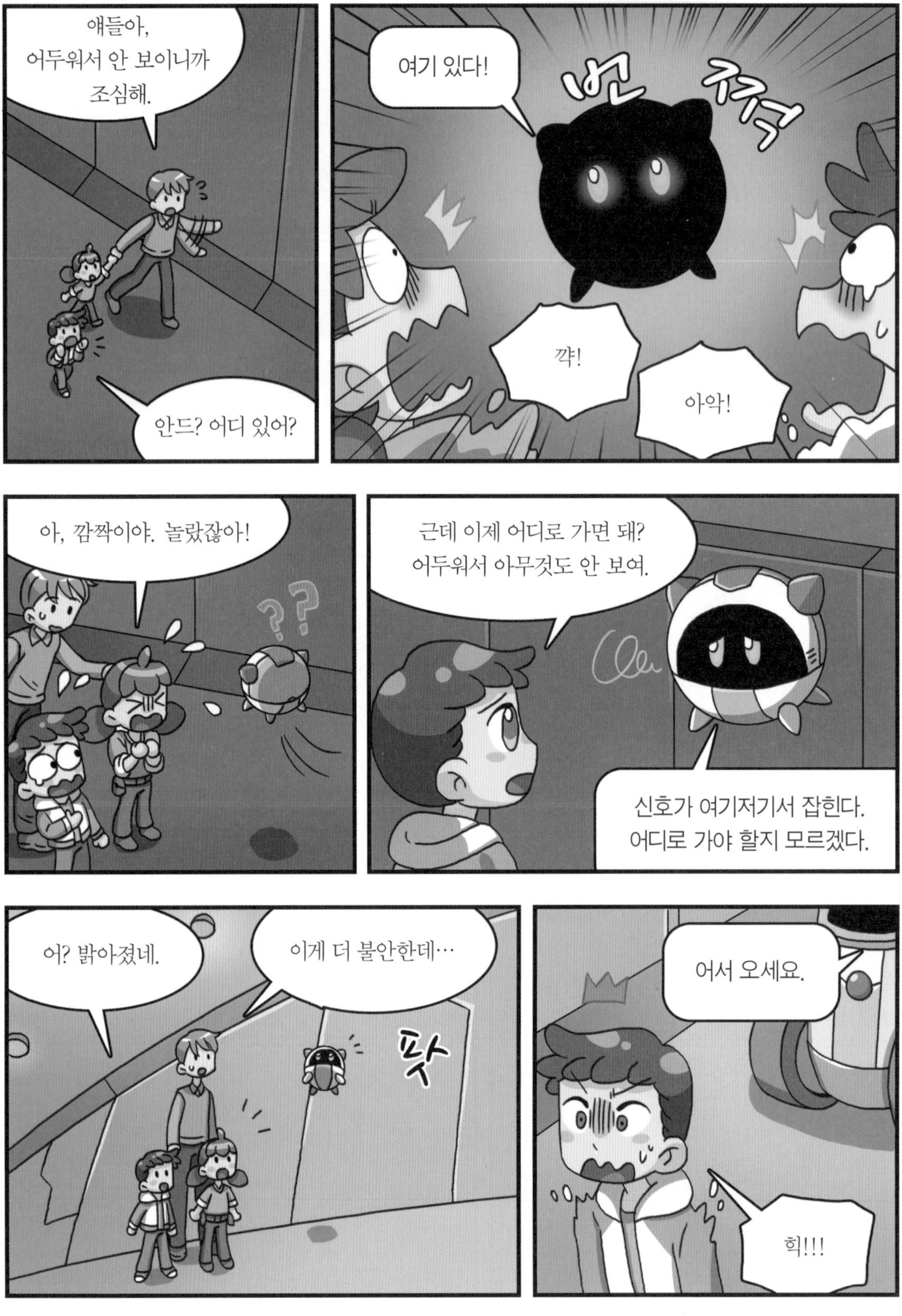

얘들아,
어두워서 안 보이니까
조심해.
안드? 어디 있어?
여기 있다!
번쩍
꺅!
아악!
아, 깜짝이야. 놀랐잖아!
근데 이제 어디로 가면 돼?
어두워서 아무것도 안 보여.
신호가 여기저기서 잡힌다.
어디로 가야 할지 모르겠다.
어? 밝아졌네.
이게 더 불안한데…
팟
어서 오세요.
헉!!!

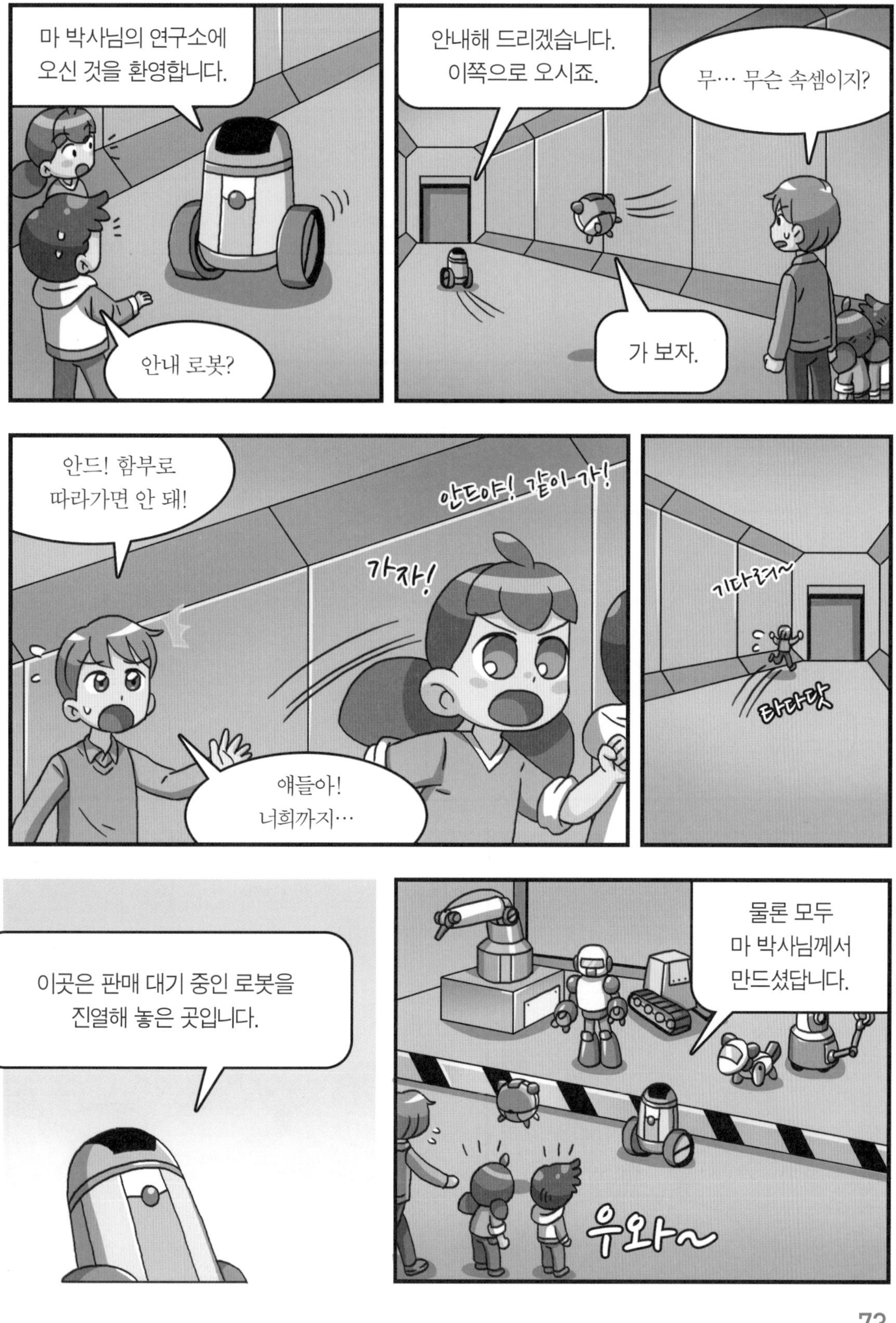
마 박사님의 연구소에 오신 것을 환영합니다.
안내 로봇?
안내해 드리겠습니다. 이쪽으로 오시죠.
무… 무슨 속셈이지?
가 보자.
안드! 함부로 따라가면 안 돼!
안드야! 같이 가!
가자!
애들아! 너희까지…
기다려~
타다닷
이곳은 판매 대기 중인 로봇을 진열해 놓은 곳입니다.
물론 모두 마 박사님께서 만드셨답니다.
우와~

이걸 다?

굉장하다~

네. 그렇습니다.

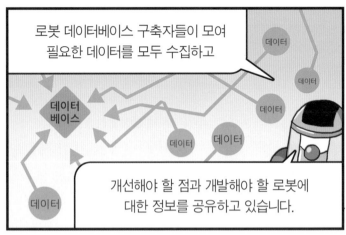

로봇 데이터베이스 구축자들이 모여 필요한 데이터를 모두 수집하고

데이터
데이터
데이터
데이터
데이터
데이터

개선해야 할 점과 개발해야 할 로봇에 대한 정보를 공유하고 있습니다.

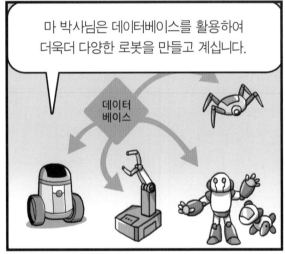

마 박사님은 데이터베이스를 활용하여 더욱더 다양한 로봇을 만들고 계십니다.

데이터
베이스

저렇게 로봇을 많이 갖고도 더 많은 돈을 벌기 위해 GUK-01을 훔쳐 갔다는 건

자신이 2인자라고 스스로 증명한 꼴이지.

저… 저게 뚫린 입이라고 말을 함부로 하네!

찌익

찌익

박사님, 참으세요~

두고 봐! 인공지능 칩이 우리 연구소에서 개조한 GUK-01에게 이식되는 순간 내가 1인자가 될 테니까!

그럼요!
이제 박사님이 1인자고, 오 박사가 2인자가 되는 거예요.

74

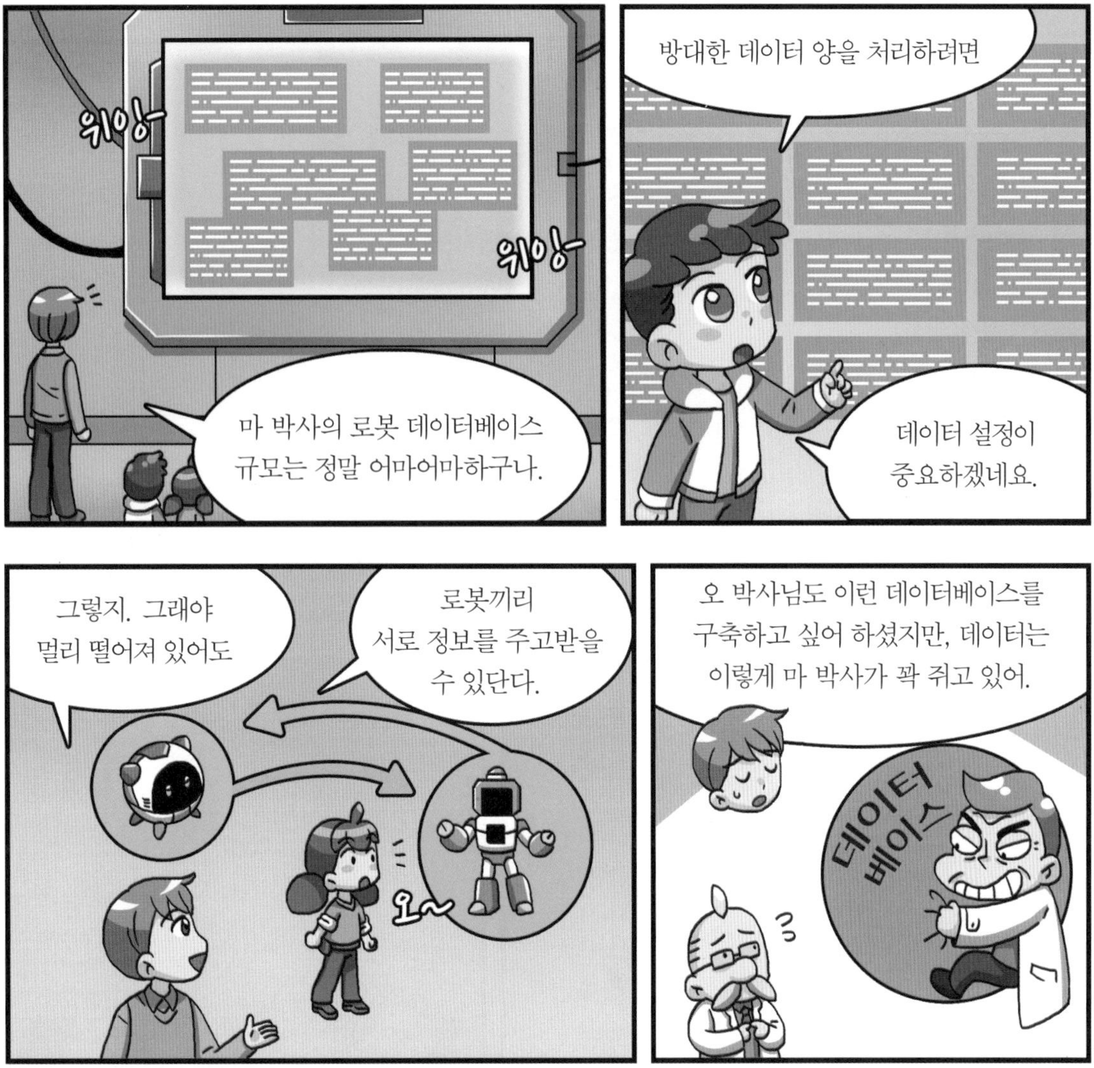
위잉~
위잉~
마 박사의 로봇 데이터베이스 규모는 정말 어마어마하구나.
방대한 데이터 양을 처리하려면
데이터 설정이 중요하겠네요.
그렇지. 그래야 멀리 떨어져 있어도
로봇끼리 서로 정보를 주고받을 수 있단다.
오~
오 박사님도 이런 데이터베이스를 구축하고 싶어 하셨지만, 데이터는 이렇게 마 박사가 꽉 쥐고 있어.
데이터베이스

로봇 데이터베이스 구축자

로봇의 활용도가 높아지고 로봇 시장이 커지면서 방대한 데이터를 정리하고 공유하는 전문가가 생겼어요. 우리는 이 전문가를 로봇 데이터베이스 구축자라고 불러요. 비슷한 분야에 활용되는 로봇이라 하더라도 사용되는 환경에 따라 데이터 설정을 다르게 해야 하는데, 바로 이 역할을 로봇 데이터베이스 구축자가 한답니다. 로봇 데이터베이스 구축자는 데이터베이스를 잘 구축하여 편의에 따라 다양한 로봇을 만들 수 있게 도와줘요. 덕분에 우리는 로봇에게 다양한 서비스를 제공받을 수 있지요.

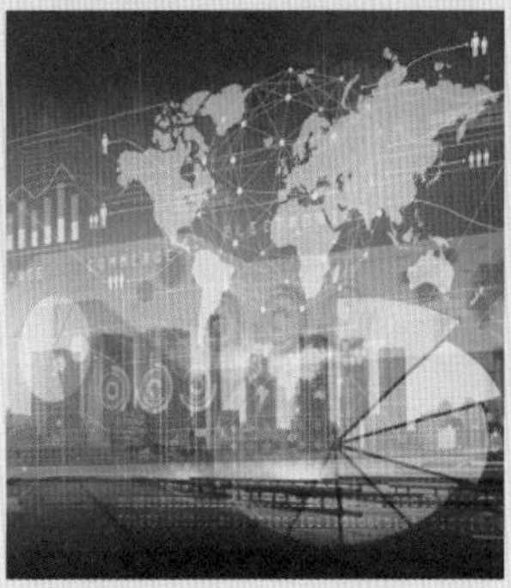

다음은 산업용 로봇들입니다.

저는 자동차 제조용 로봇입니다.

저는 여객선 제조용 로봇입니다.

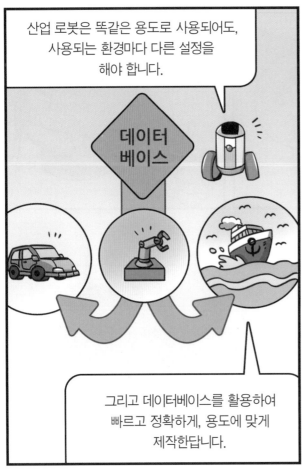

산업 로봇은 똑같은 용도로 사용되어도, 사용되는 환경마다 다른 설정을 해야 합니다.

데이터베이스

그리고 데이터베이스를 활용하여 빠르고 정확하게, 용도에 맞게 제작한답니다.

위잉-

철컥

데이터를 많이 가지고 있는 만큼 기술 경쟁력도 강해지지.

시간이 지날수록 활용도가 높아질 거야.

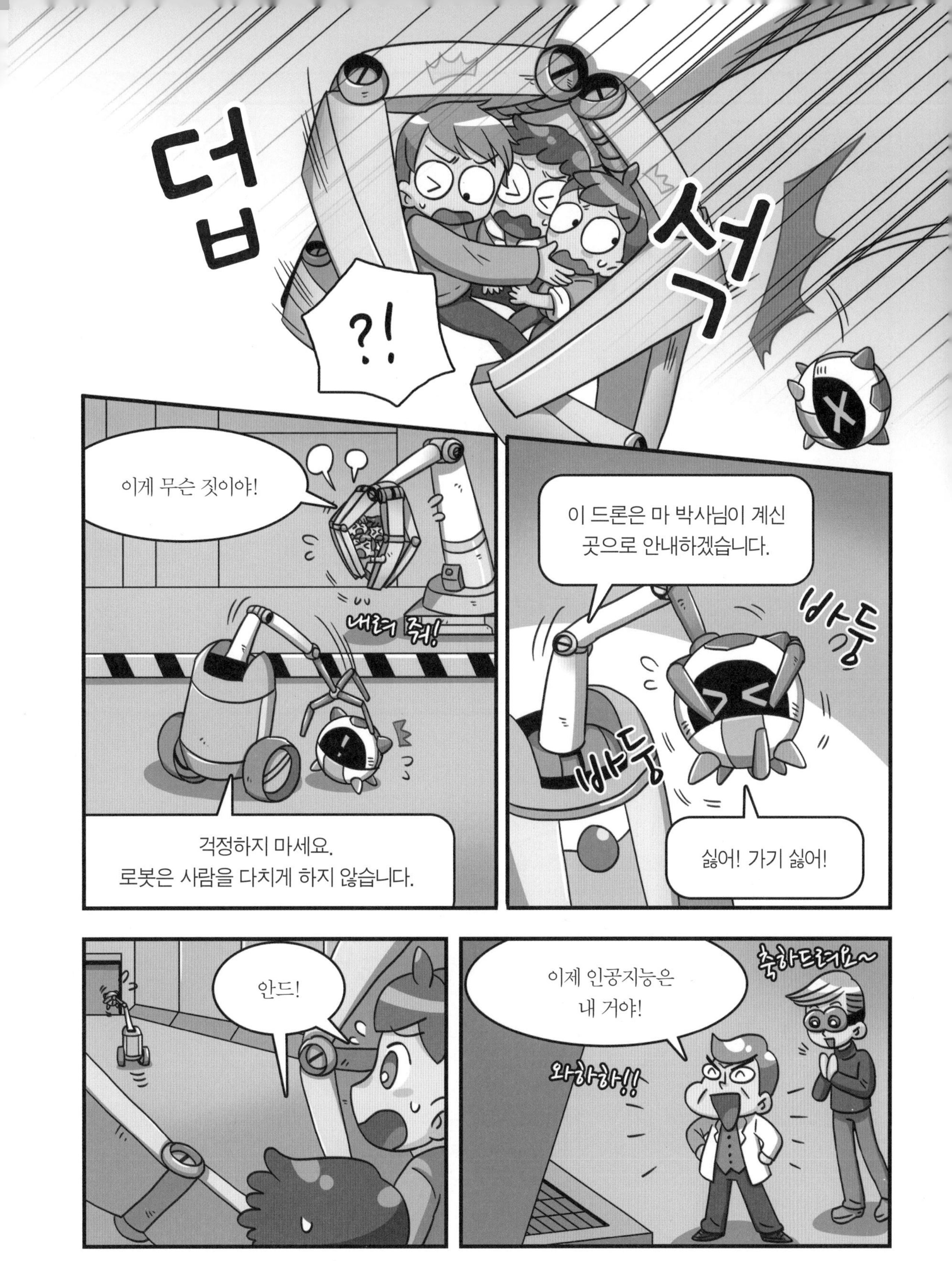

덥석
?!
이게 무슨 짓이야!
내려 줘!
걱정하지 마세요.
로봇은 사람을 다치게 하지 않습니다.
이 드론은 마 박사님이 계신 곳으로 안내하겠습니다.
바둥
바둥
싫어! 가기 싫어!
안드!
이제 인공지능은 내 거야!
축하드려요~
와하하!!

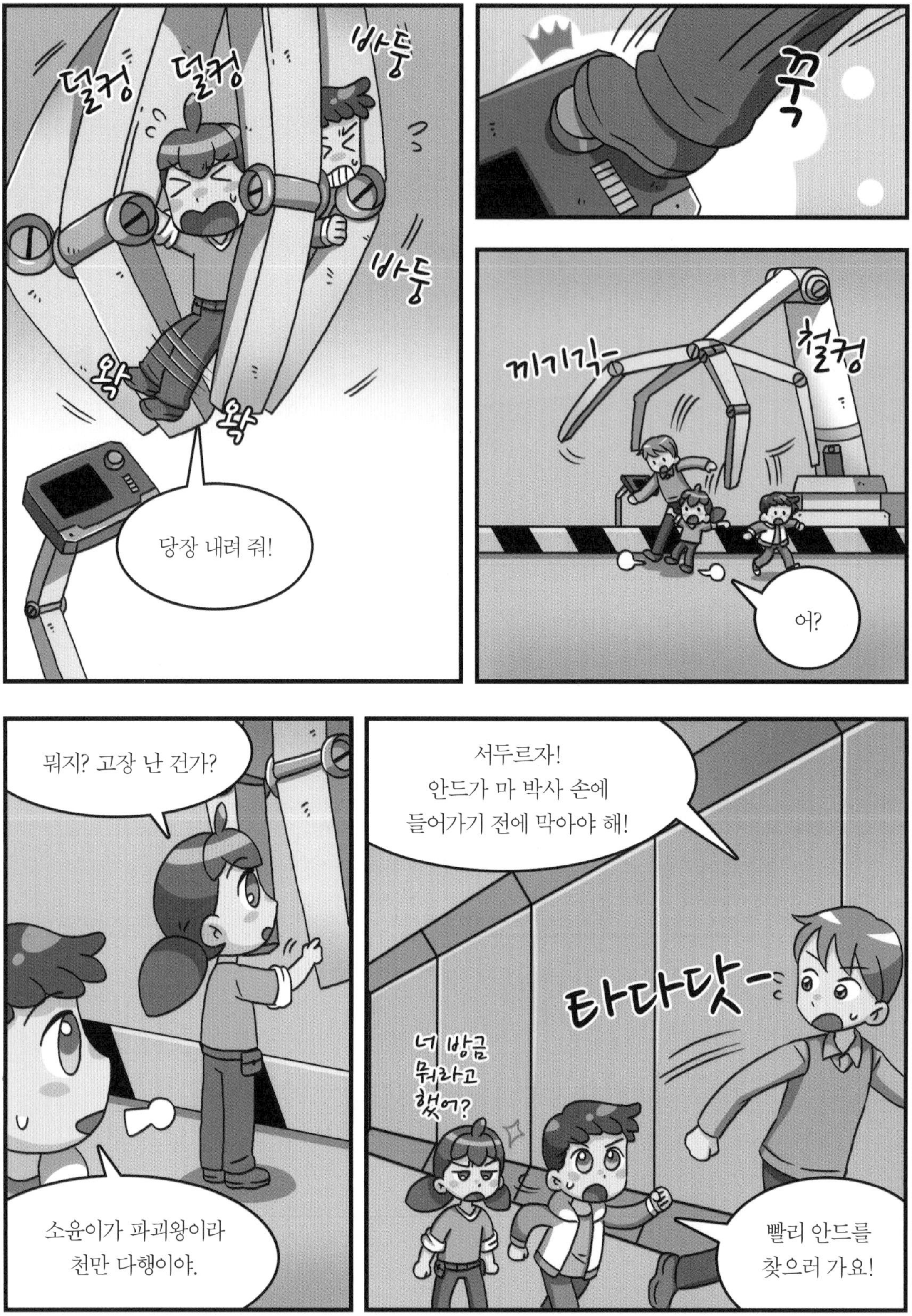
덜컹 덜컹
바둥
바둥
왁
왁
당장 내려 줘!
꾹
끼기긱-
철컹
어?
뭐지? 고장 난 건가?
소윤이가 파괴왕이라
천만 다행이야.
서두르자!
안드가 마 박사 손에
들어가기 전에 막아야 해!
타다닷-
너 방금
뭐라고
했어?
빨리 안드를
찾으러 가요!

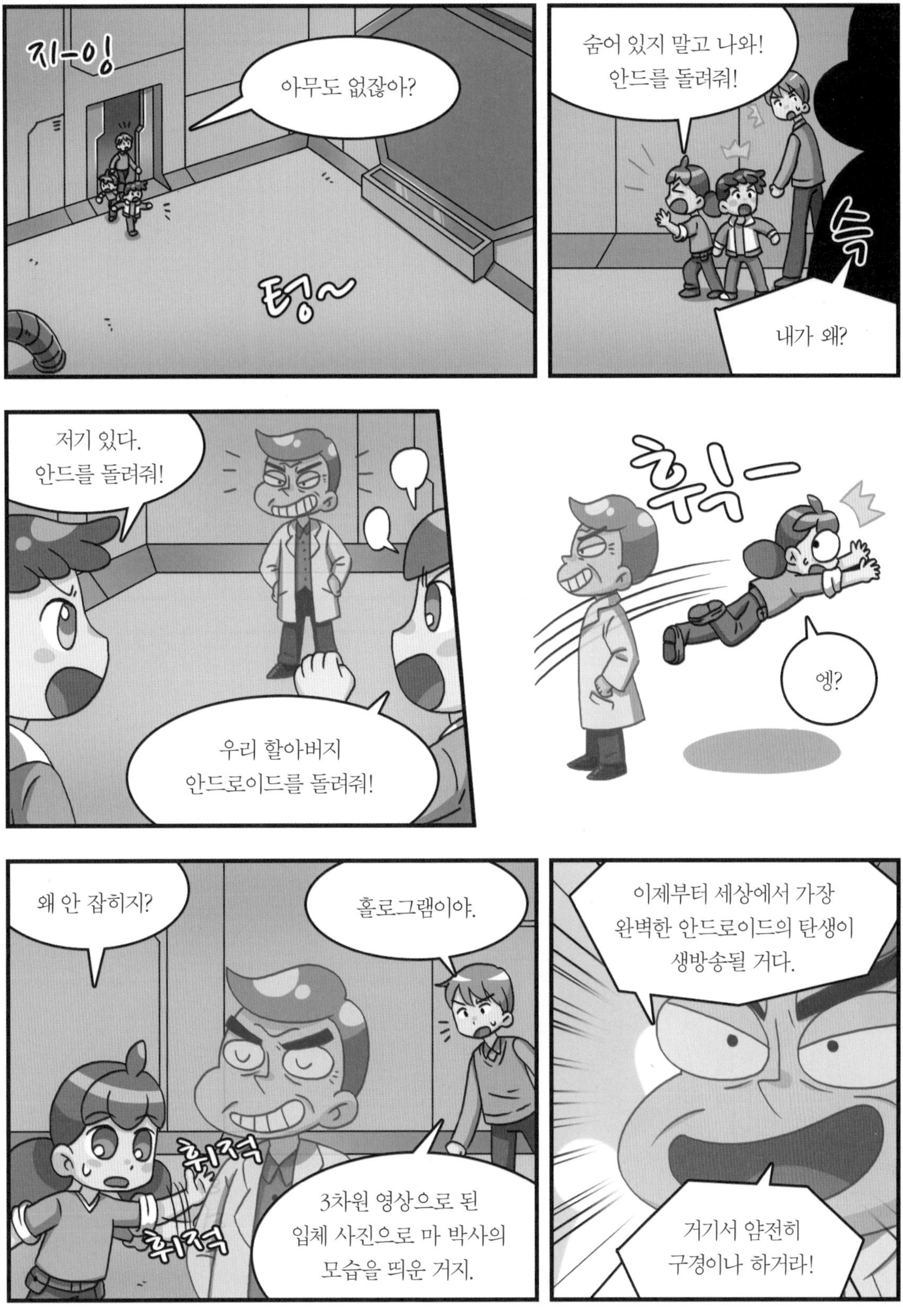
지-잉
아무도 없잖아?
텅~
숨어 있지 말고 나와! 안드를 돌려줘!
내가 왜?
저기 있다. 안드를 돌려줘!
우리 할아버지 안드로이드를 돌려줘!
휘익-
엥?
왜 안 잡히지?
홀로그램이야.
휘적
휘적
3차원 영상으로 된 입체 사진으로 마 박사의 모습을 띄운 거지.
이제부터 세상에서 가장 완벽한 안드로이드의 탄생이 생방송될 거다.
거기서 얌전히 구경이나 하거라!

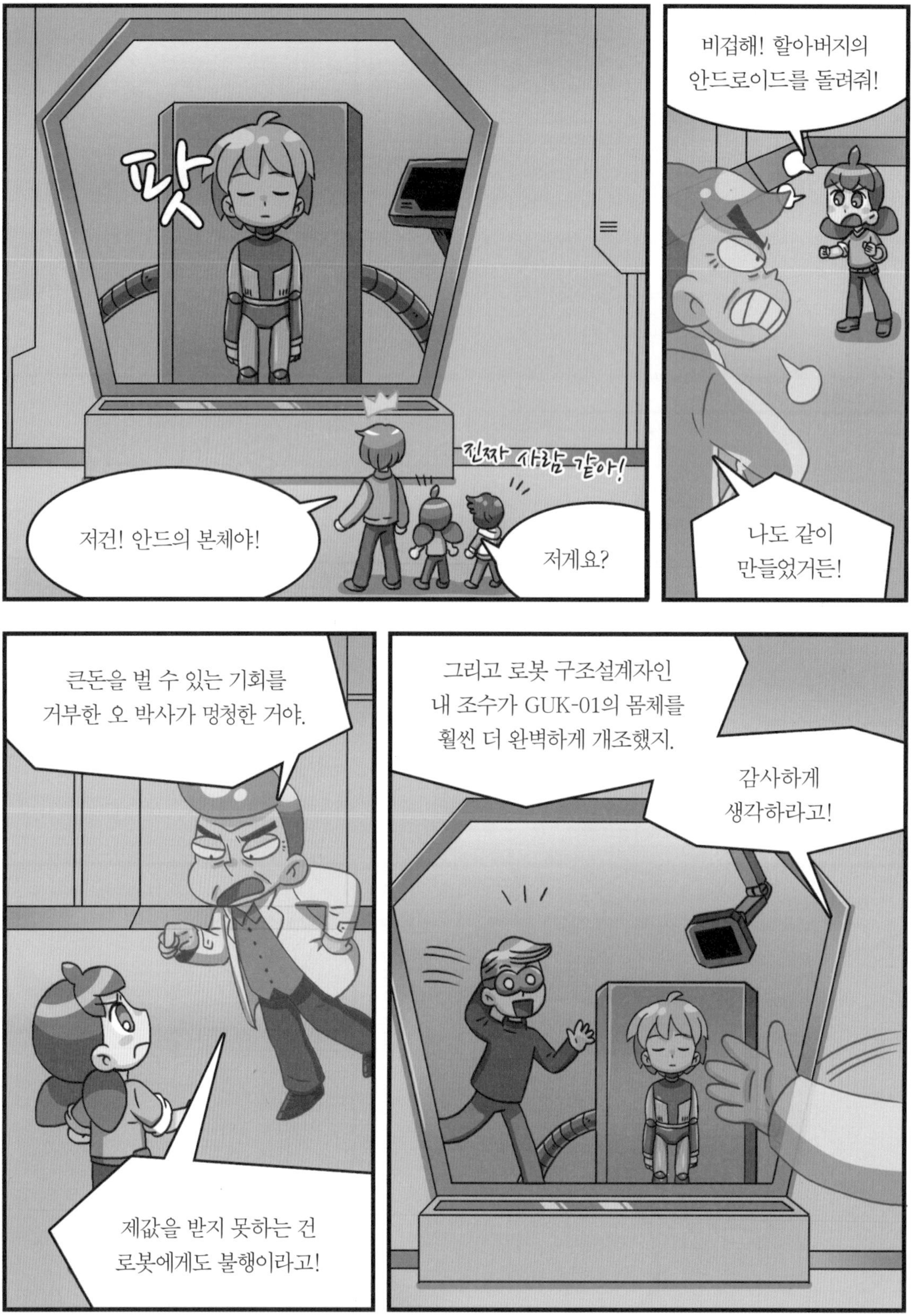

팟
저건! 안드의 본체야!
진짜 사람 같아!
저게요?
비겁해! 할아버지의 안드로이드를 돌려줘!
나도 같이 만들었거든!
큰돈을 벌 수 있는 기회를 거부한 오 박사가 멍청한 거야.
제값을 받지 못하는 건 로봇에게도 불행이라고!
그리고 로봇 구조설계자인 내 조수가 GUK-01의 몸체를 훨씬 더 완벽하게 개조했지.
감사하게 생각하라고!

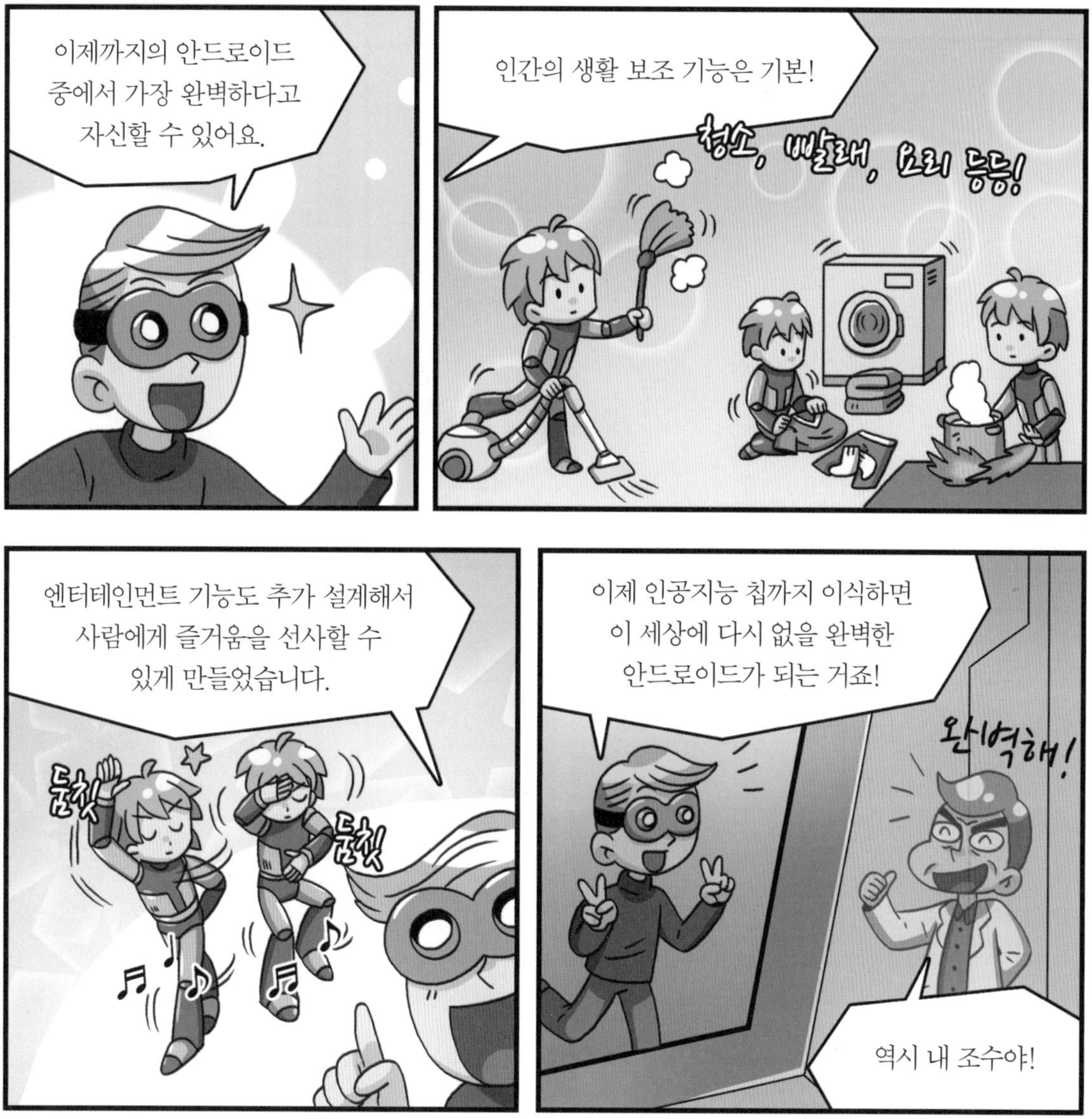
이제까지의 안드로이드 중에서 가장 완벽하다고 자신할 수 있어요.
인간의 생활 보조 기능은 기본!
청소, 빨래, 요리 등등!
엔터테인먼트 기능도 추가 설계해서 사람에게 즐거움을 선사할 수 있게 만들었습니다.
둠칫
둠칫
이제 인공지능 칩까지 이식하면 이 세상에 다시 없을 완벽한 안드로이드가 되는 거죠!
완벽해!
역시 내 조수야!

로봇 구조설계자

로봇 구조설계자는 로봇 제품에 요구되는 사항을 분석하여 사양과 구조를 설계해요. 로봇의 동작 및 구성에 필요한 기능을 설계할 뿐만 아니라 로봇이 고장 나지 않고 안정적으로 작동할 수 있는 시스템을 연구하지요.
로봇 구조설계자가 되기 위해서는 기계 공학, 전자 공학, 컴퓨터 공학, 소프트웨어 공학, 시스템 공학 등을 공부하면 도움이 된답니다.

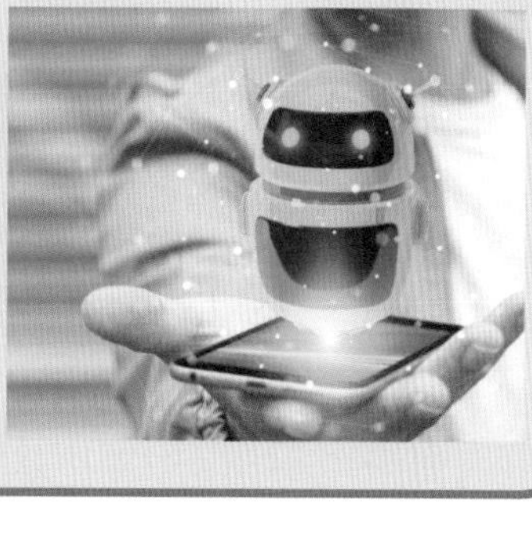

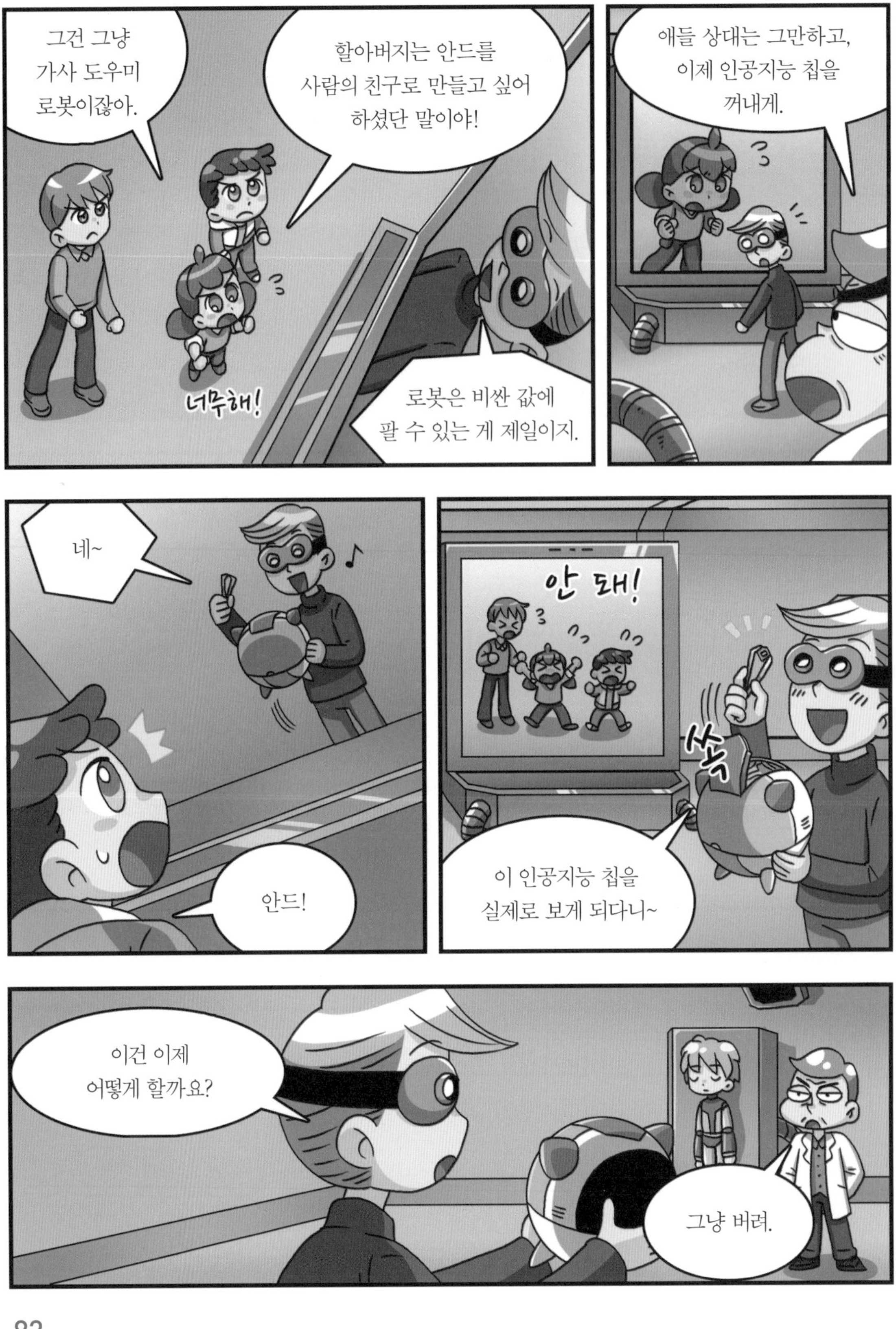
그건 그냥 가사 도우미 로봇이잖아.
할아버지는 안드를 사람의 친구로 만들고 싶어 하셨단 말이야!
너무해!
로봇은 비싼 값에 팔 수 있는 게 제일이지.
애들 상대는 그만하고, 이제 인공지능 칩을 꺼내게.
네~
안드!
안 돼!
쏙
이 인공지능 칩을 실제로 보게 되다니~
이건 이제 어떻게 할까요?
그냥 버려.

아, 그 칩은 이리 주게.
내가 직접 이식하지.

네. 여기!

그럼 난 바빠서 이만~

앗! 기다려!

얘들아, 홀로그램 영상을
어디서 내보냈는지 찾았어!

이쪽이야.
서두르자!

마 박사의 연구소 지하실

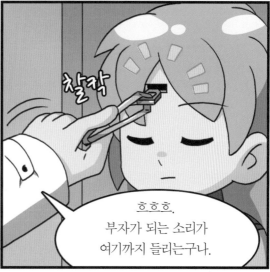

호호호.
부자가 되는 소리가
여기까지 들리는구나.

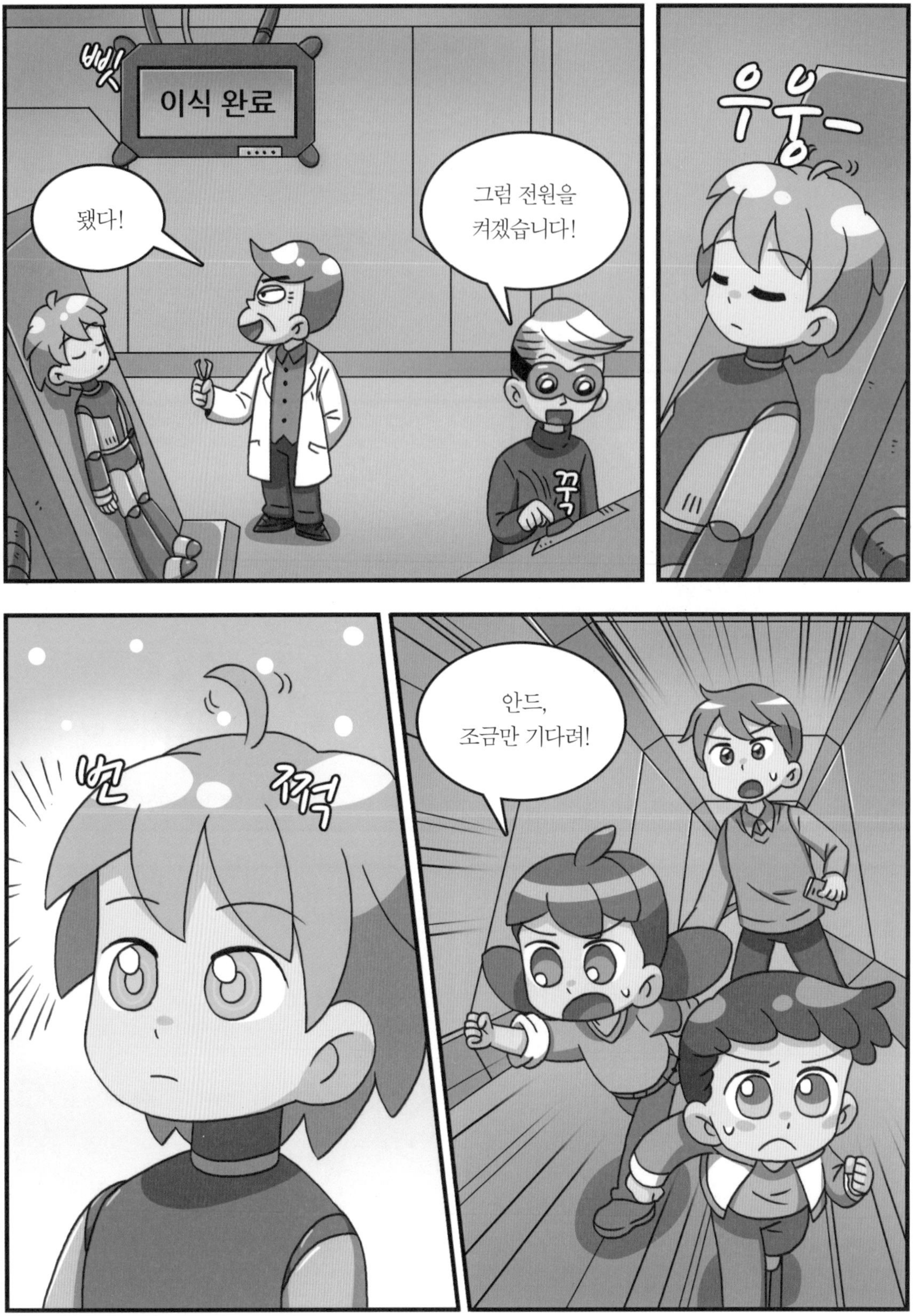

삑
이식 완료
됐다!
그럼 전원을 켜겠습니다!
꾹
우웅-
번쩍
안드, 조금만 기다려!

입는 로봇이 있다고?

로봇을 입는다는 말을 들어 보았나요? 입는 로봇은 노인이나 장애인, 혹은 큰 힘이 필요한 사람을 위해 만들었어요. 팔다리 등에 장착해 근력을 높여 주는 장치로 '외골격 로봇', '웨어러블 로봇', '착용형 근력 증강 로봇'이라고도 부른답니다.

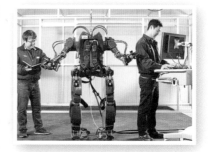

외골격 로봇은 산업용으로 가치가 커요. 무거운 짐을 많이 드는 산업체 노동자나 여러 장비를 들고 이동해야 하는 군인, 소방관에게 유익하게 쓰이지요.

외골격 로봇은 미국 국방부와 군수 업체가 가장 먼저 연구를 시작했어요. 10kg 무게의 방탄복을 입고 통신 장비와 조준경까지 가지고 다녀야 하는 미군 병사들을 위해서였죠.

1960년대 미국 해군은 처음으로 외골격 로봇을 개발했어요. 덕분에 팔에 로봇을 장착해 무거운 포탄을 쉽게 옮길 수 있었어요. 무려 680kg 무게를 들 수 있었지요.

2004년에는 미국 국방부가 지원해 버클리대학교가 다리에 장착하는 외골격 로봇 '블릭스(BLEEX)'를 개발했고 2010년에는 미국 방위 산업체에서 전신형 외골격 로봇 'XOS2'를 발표했지요.

이런 군용 로봇은 90kg의 짐을 메고도 시속 16km로 뛸 수 있지만 로봇 무게가 24kg이나 되고 배터리는 7시

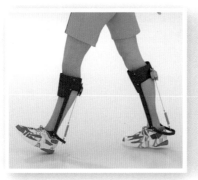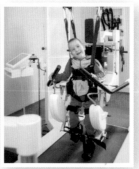

간이 지나면 방전되어서 사업을 보류할 수밖에 없었지요. 하지만 연구가 거듭되면서 무게는 상당히 가벼워졌고 착용하기 쉽고 편해졌어요. 게다가 최근에는 섬유로 움직이는 외골격 로봇도 등장한 상태여서 군용으로 널리 보급될 가능성이 높아졌지요.

이렇게 입는 로봇이 점점 발전하면서 우리 생활에 많은 변화가 일어나고 있어요. 다양한 제품이 개발되었고 상용화된 것이지요.

서강대학교 기계공학과 공경철 교수는 두 가지 종류의 입는 로봇을 개발했어요. 하반신이 완전히 마비된 환자도 걸을 수 있는 '워크온슈트(Walk On Suit)'와 근력이 부족한 노인이 적은 힘으로도 수월하게 걸을 수 있는 '엔젤렉스(Angelegs)'예요.

공 교수는 '워크온슈트'로 주목을 받기 시작했어요. 지난 2016년 장애인을 위한 웨어러블 로봇 경진 대회 사이배슬론(Cybathlon)에서 뛰어난 성능을 보여 주며 3위로 입상하였지요.

공 교수는 15년 이상 입는 로봇을 연구했어요. 입는 사람에 따라 로봇을 맞춤 제작하는 속도도 상당히 빨라졌지요. 사용자의 몸을 3D로 스캔하고, 스캔 데이터를 캐드(CAD) 프로그램인 솔리드웍스로 불러와 재설계한 후 3D 프린터로 출력하면 5시간 안에 완성된답니다.

독일 뒤빙겐 대학 병원은 질병이나 사고로 손을 제대로 쓰지 못하는 이들을 위한 외골격 로봇 핸드도 개발했어요. 생각과 안구 운동으로 마비된 손가락을 움직일 수 있지요.

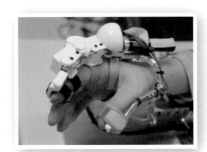

우리나라에서도 손목·손가락 재활 로봇을 만들었어요. 이 외골격 로봇은 사용자의 근육 움직임을 읽어 내는 동작 센서와 그 신호를 통해 모터를 동작시키는 제어기로 이루어져 있어서 실제 손가락과 비슷하게 움직일 수 있어요.

포드는 공장 직원의 피로도 및 부상 위험을 낮추기 위한 셔츠를 선보였어요. 포드가 선보인 '엑소베스트(Ekso Vest)'는 머리 위에 위치한 작업을 장시간 시행하는 공장 직원의 팔 피로를 줄여 준다고 해요. 가볍고 부피가 작으면서도 양팔은 자유롭게 사용할 수 있지요. 이와 같은 기술은 건설

엑소베스트

현장, 유통 센터 등 다양한 곳에서 활용할 수 있다고 해요.

앞으로 다양한 외골격 로봇이 개발된다면 다리가 불편한 장애인이 걸으며 편하게 생활할 수 있고, 손이 불편한 환자가 자유롭게 손동작을 할 수 있고, 노동자가 힘든 일을 조금 더 수월하게 해내고, 군인은 적은 힘을 들여 강한 훈련을 받을 수 있게 될 거예요.

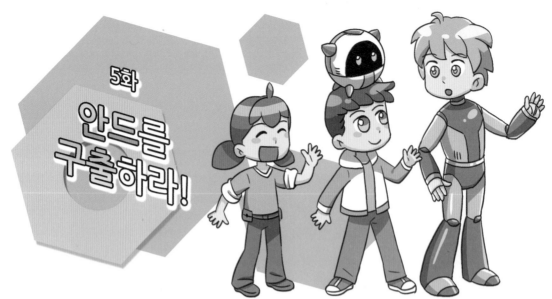

5화

안드를 구출하라!

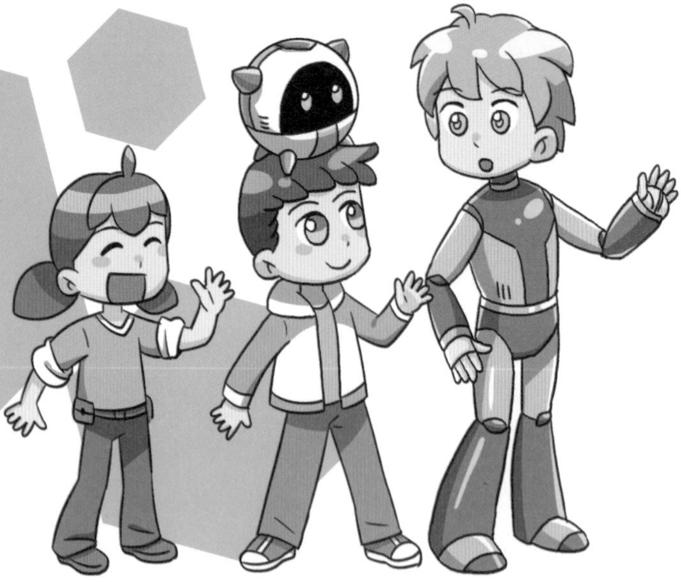

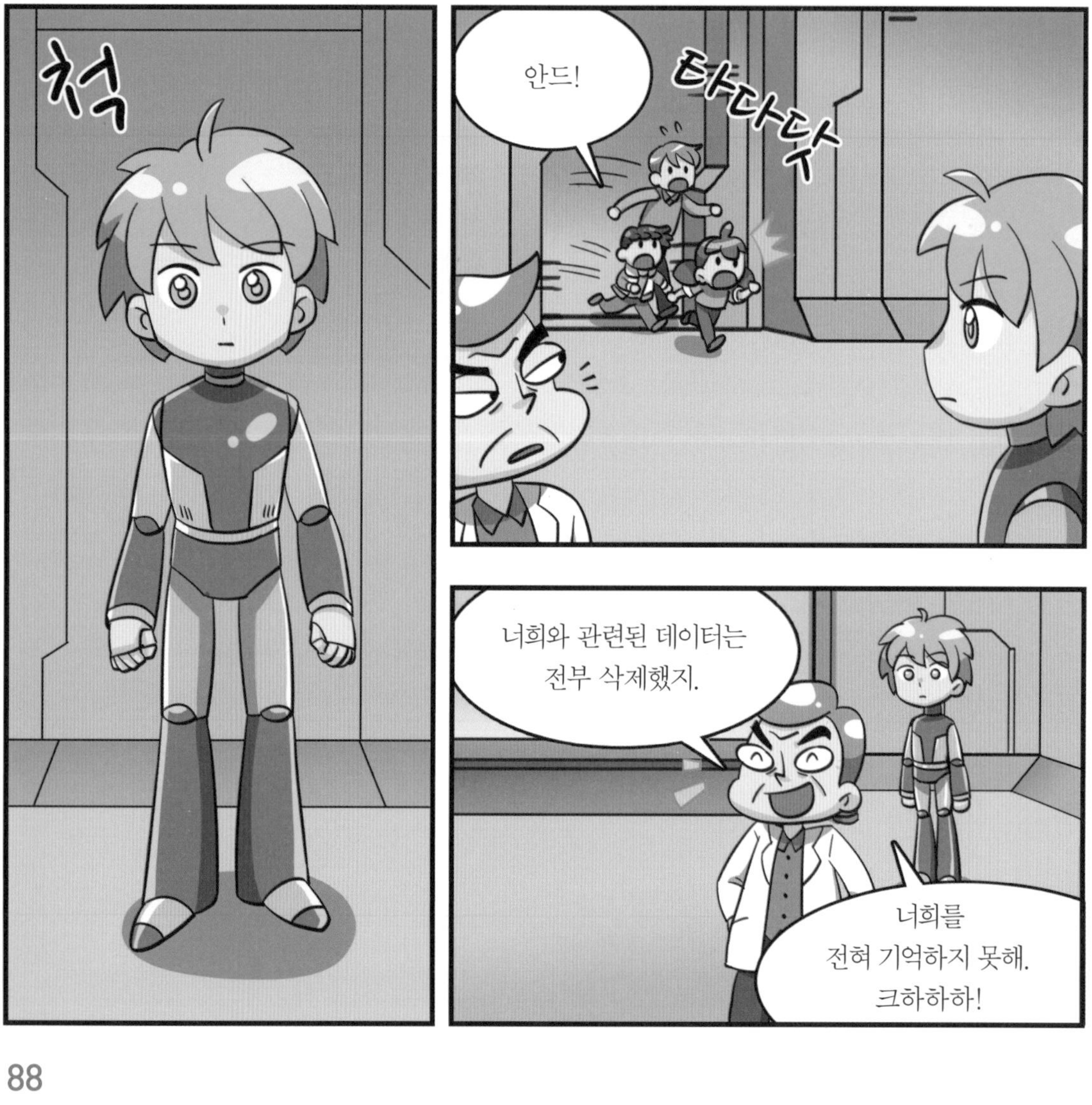

척
안드!
타다닷
너희와 관련된 데이터는
전부 삭제했지.
너희를
전혀 기억하지 못해.
크하하하!

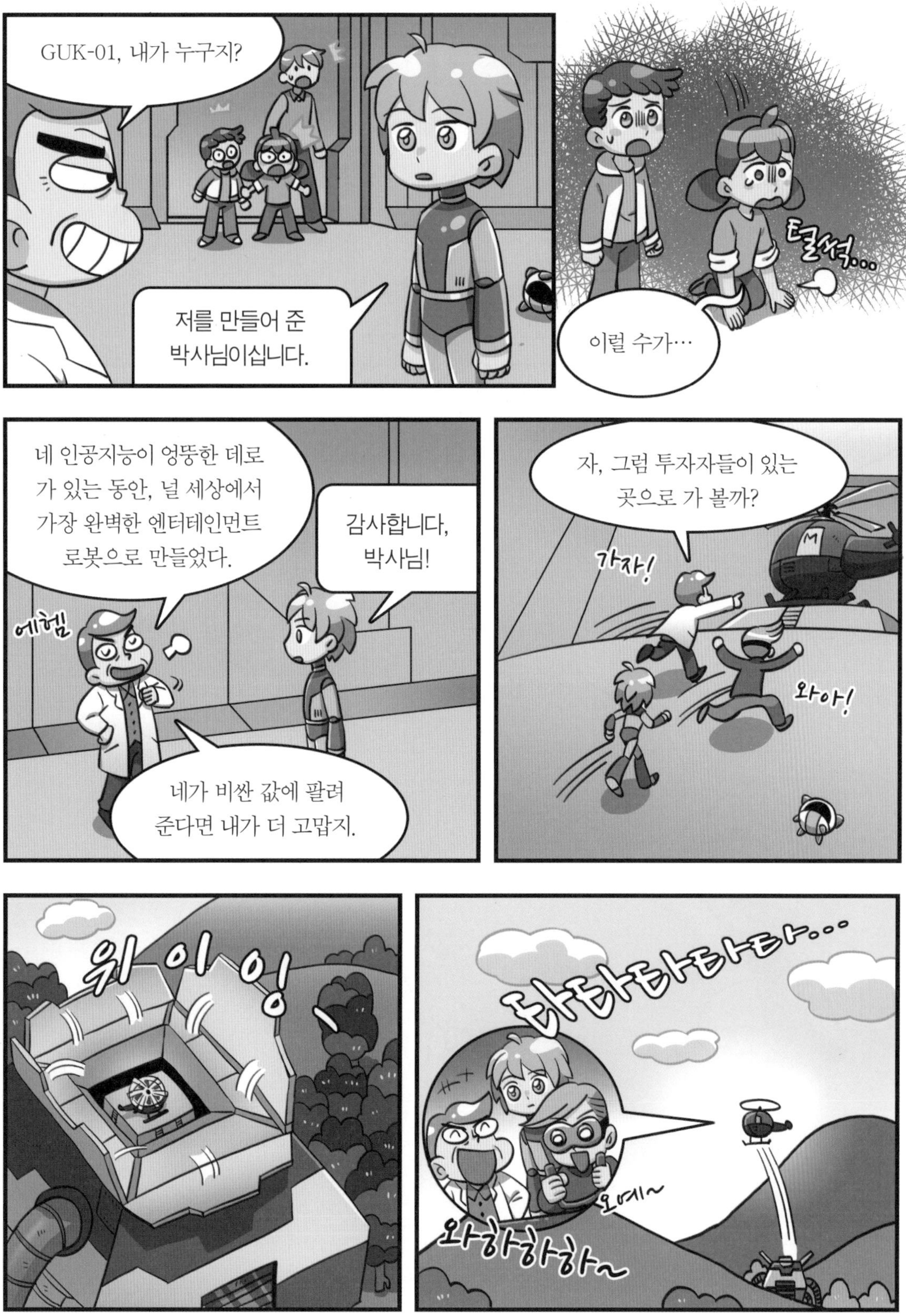
GUK-01, 내가 누구지?
저를 만들어 준 박사님이십니다.
털썩…
이럴 수가…
네 인공지능이 엉뚱한 데로 가 있는 동안, 널 세상에서 가장 완벽한 엔터테인먼트 로봇으로 만들었다.
감사합니다, 박사님!
에헴
네가 비싼 값에 팔려 준다면 내가 더 고맙지.
자, 그럼 투자자들이 있는 곳으로 가 볼까?
가자!
와아!
위이잉
타타타타타타…
오예~
와하하하~

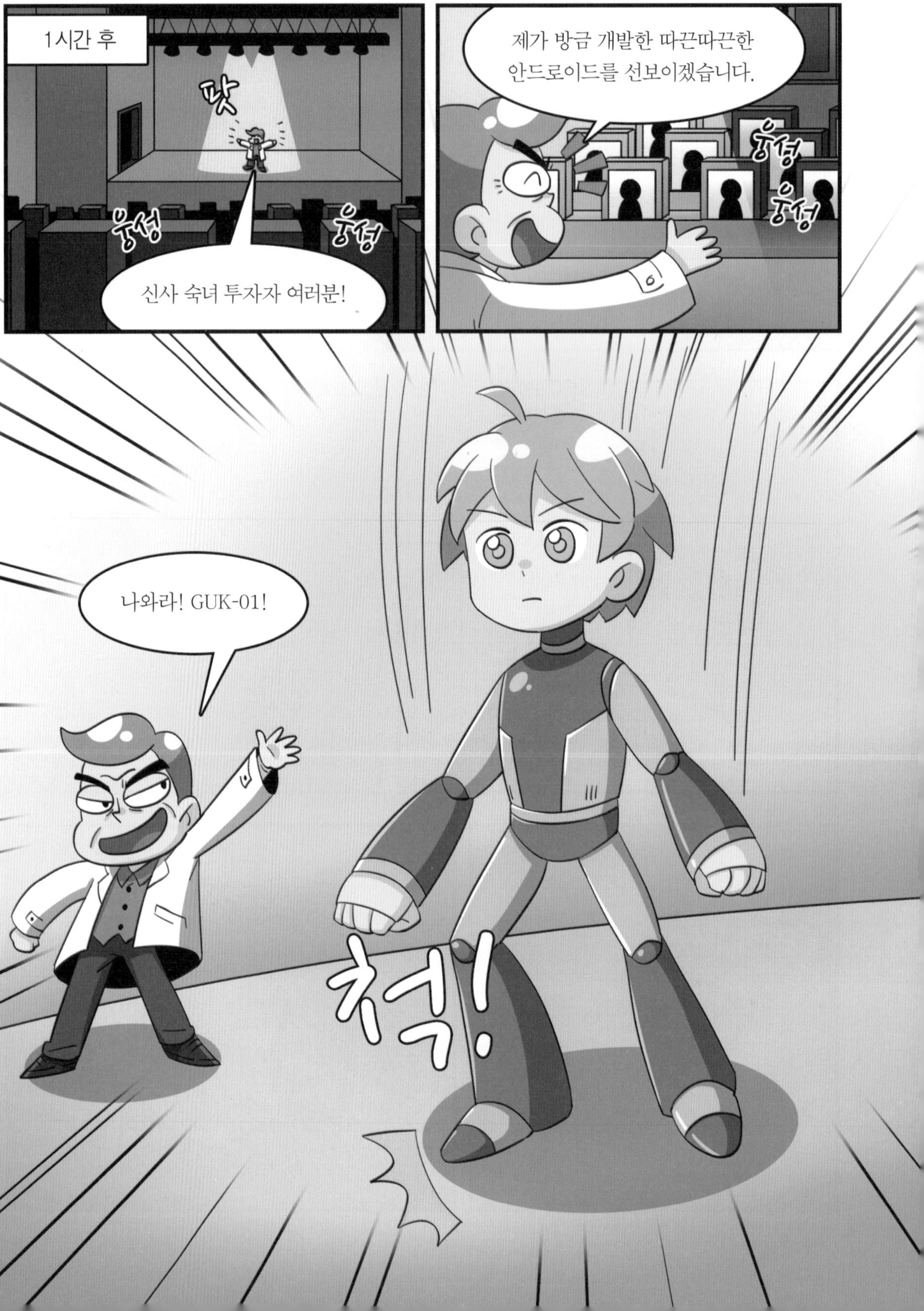
1시간 후
팟
웅성
웅성
신사 숙녀 투자자 여러분!
제가 방금 개발한 따끈따끈한 안드로이드를 선보이겠습니다.
웅성
웅성
나와라! GUK-01!
척!

여러분은 지금 새로운
엔터테인먼트 로봇의 탄생을
보고 계십니다!
오오, 드디어!
기다린 보람이 있었어.
가장 높은 가격을
제시한 단 한 분만이
이 안드로이드를 손에
넣으실 수 있습니다!
삐삐롱
삐삐롱
삐삐롱
흐흐흐~
이제 난 부자야~

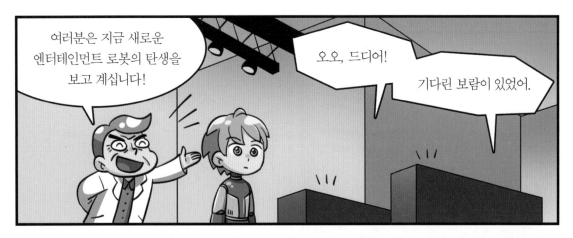

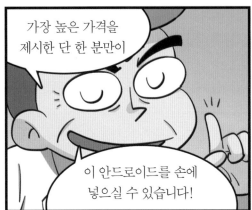

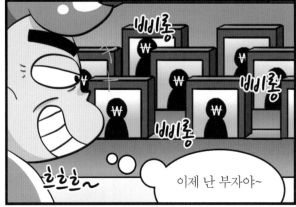

엔터테인먼트 로봇

엔터테인먼트 로봇은 단순히 기계적인 동작을 반복하는 데에서 벗어나 다양한 서비스로 사람에게 즐거움과 오락 거리를 제공해 주는 로봇이에요. 나아가 사람과 상호 작용을 하며 감정을 공유할 수도 있지요.
엔터테인먼트 로봇을 대표하는 소니의 '아이보'는 가족에게 즐거움과 기쁨을 선사하는 로봇으로 딥러닝을 기반으로 만들었다고 해요. 겉으로만 보면 장난감 강아지와 크게 다르지 않지만 행동을 지켜보면 실제 강아지를 연상하게 하지요. 주인의 기분에 따라 눈치를 보기도 하고 다가와 애교를 부리기도 해요. 가족 구성원과 감정적인 유대감을 형성하면서 사랑, 애정, 기쁨을 느끼게 하지요. 앞으로는 아이보와 같은 엔터테인먼트 로봇이 더 많이 등장하겠지요?

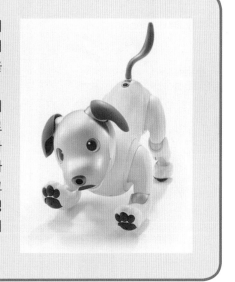

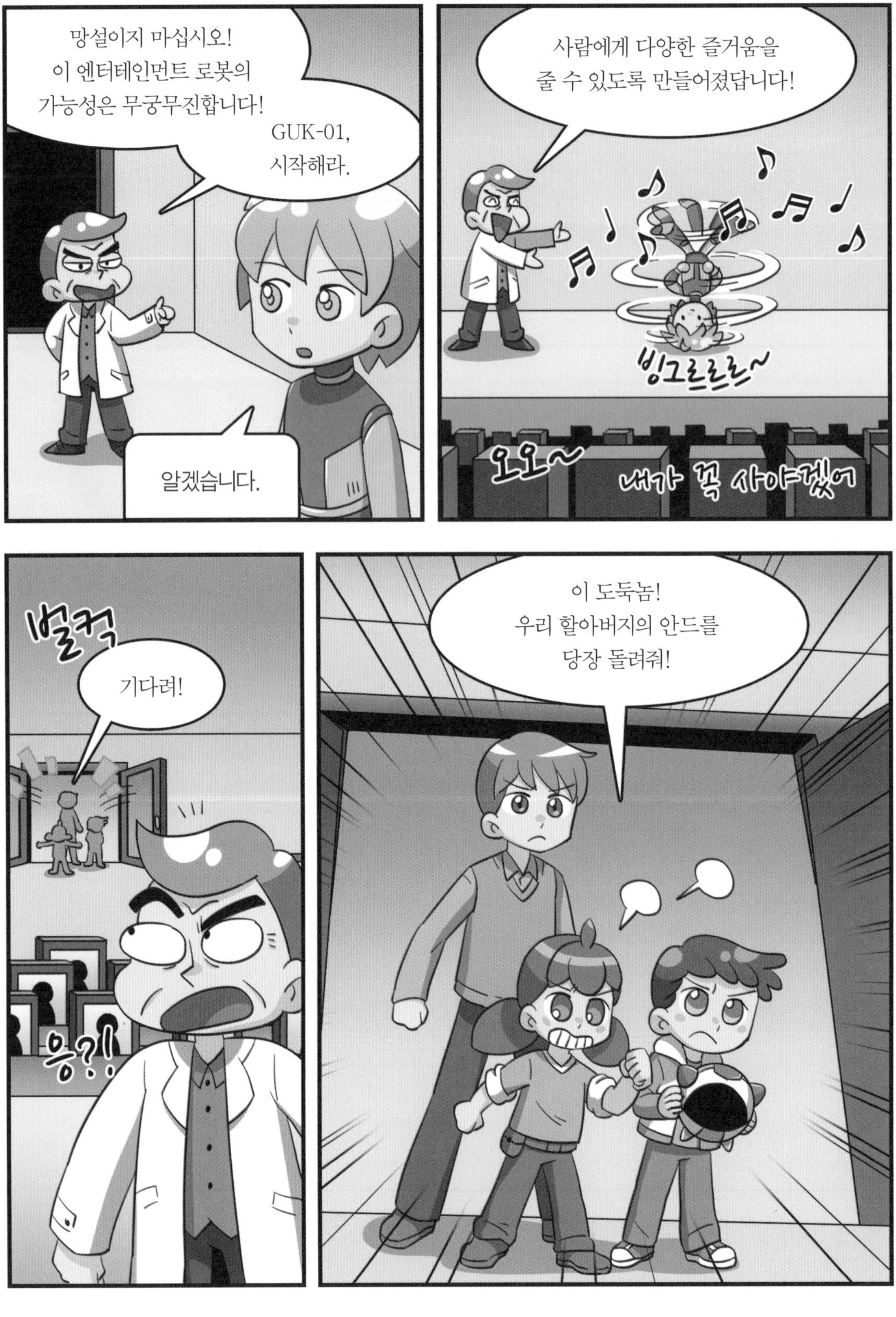
망설이지 마십시오!
이 엔터테인먼트 로봇의
가능성은 무궁무진합니다!
GUK-01,
시작해라.
알겠습니다.
사람에게 다양한 즐거움을
줄 수 있도록 만들어졌답니다!
빙그르르르~
오오~
내가 꼭 사야겠어
벌컥
기다려!
응?!
이 도둑놈!
우리 할아버지의 안드를
당장 돌려줘!

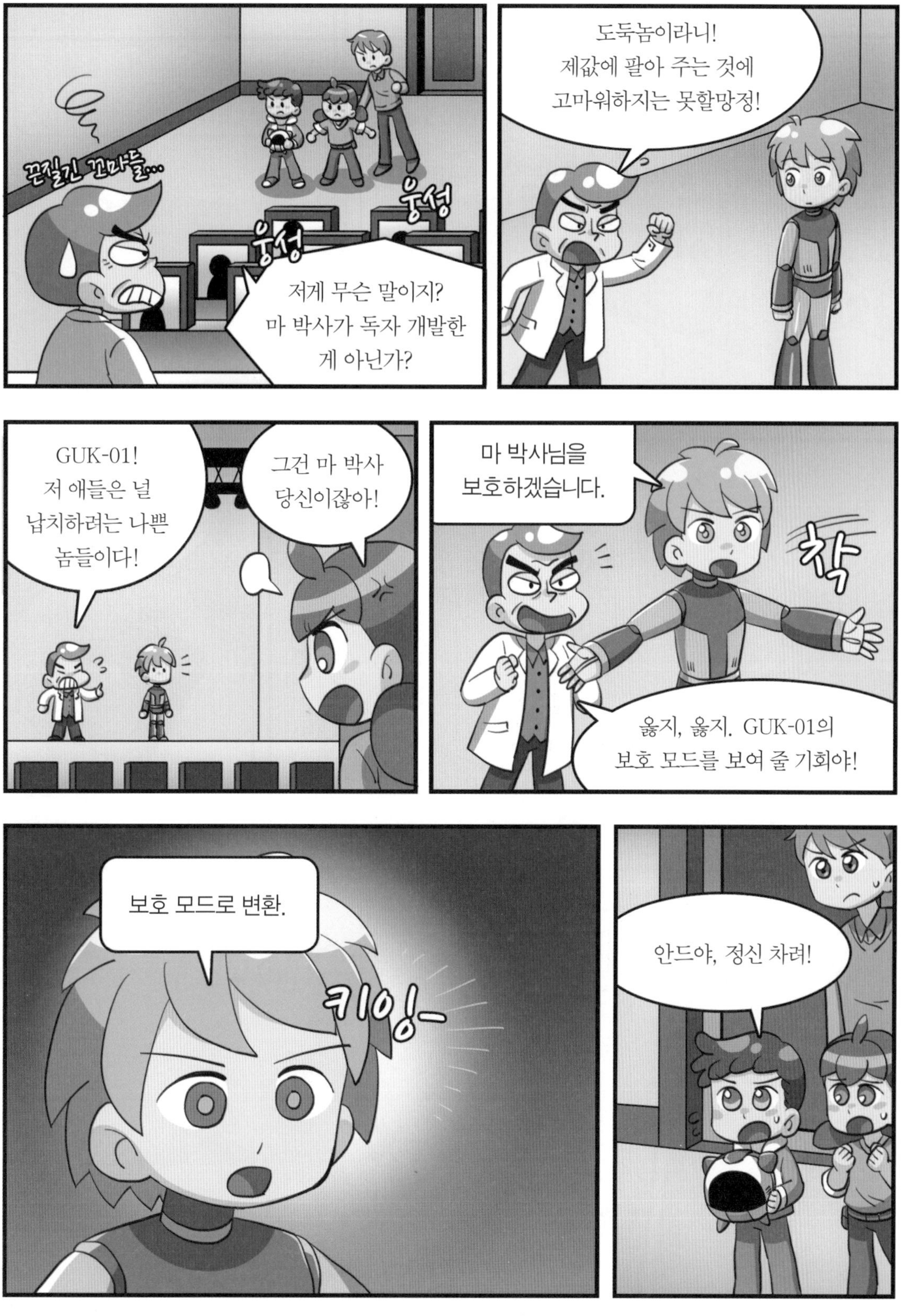
끈질긴 꼬마들…
웅성
웅성
저게 무슨 말이지? 마 박사가 독자 개발한 게 아닌가?
도둑놈이라니! 제값에 팔아 주는 것에 고마워하지는 못할망정!
GUK-01! 저 애들은 널 납치하려는 나쁜 놈들이다!
그건 마 박사 당신이잖아!
마 박사님을 보호하겠습니다.
착
옳지, 옳지. GUK-01의 보호 모드를 보여 줄 기회야!
보호 모드로 변환.
키잉―
안드야, 정신 차려!

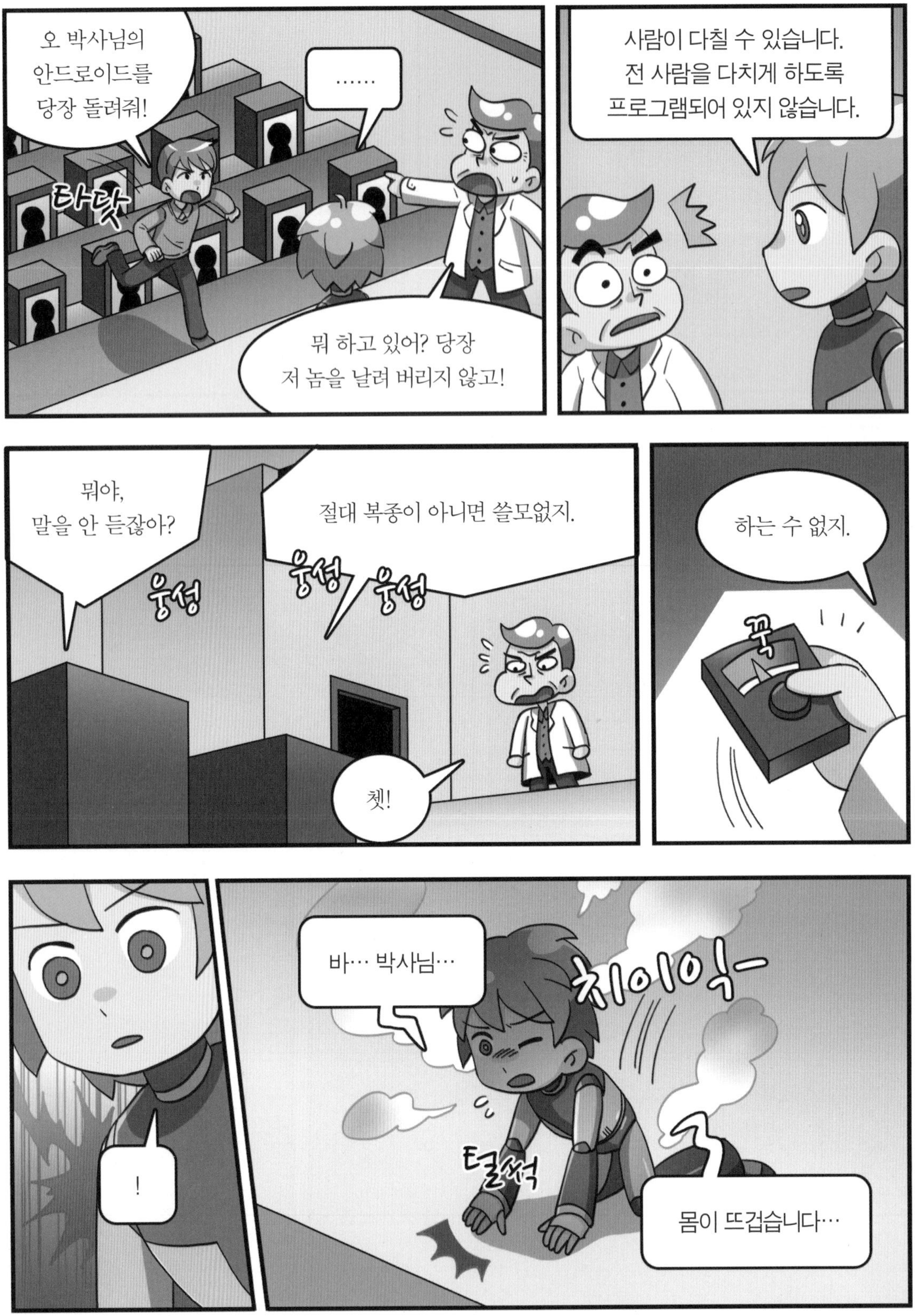
오 박사님의
안드로이드를
당장 돌려줘!
타닷
……
뭐 하고 있어? 당장
저 놈을 날려 버리지 않고!
사람이 다칠 수 있습니다.
전 사람을 다치게 하도록
프로그램되어 있지 않습니다.
뭐야,
말을 안 듣잖아?
웅성
절대 복종이 아니면 쓸모없지.
웅성 웅성
쳇!
하는 수 없지.
꾹
!
바… 박사님…
치이익
털썩
몸이 뜨겁습니다…

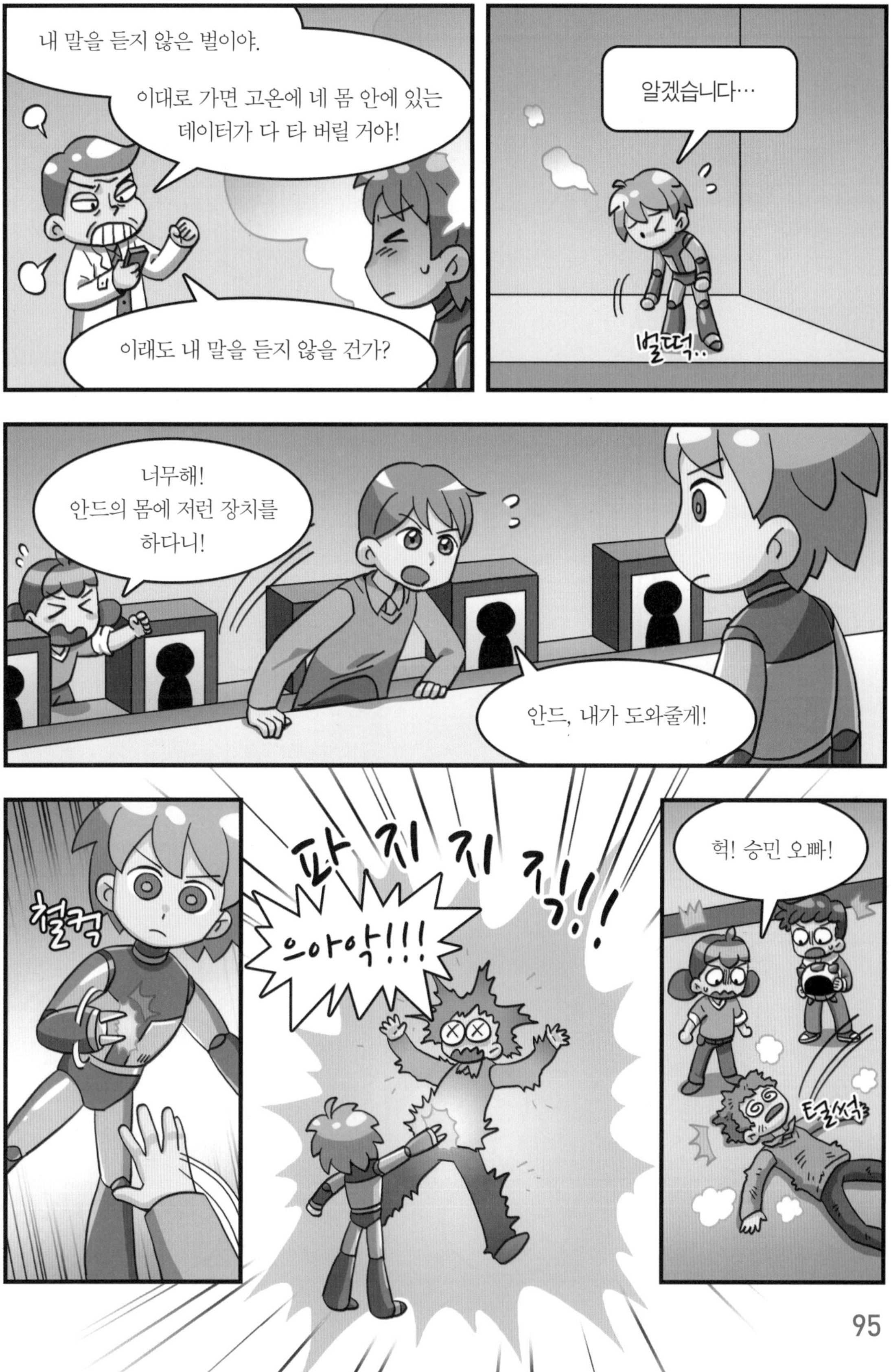
내 말을 듣지 않은 벌이야.
이대로 가면 고온에 네 몸 안에 있는 데이터가 다 타 버릴 거야!
이래도 내 말을 듣지 않을 건가?
알겠습니다…
벌떡..
너무해! 안드의 몸에 저런 장치를 하다니!
안드, 내가 도와줄게!
철컥
파지지직!!
으아악!!!
헉! 승민 오빠!
털썩

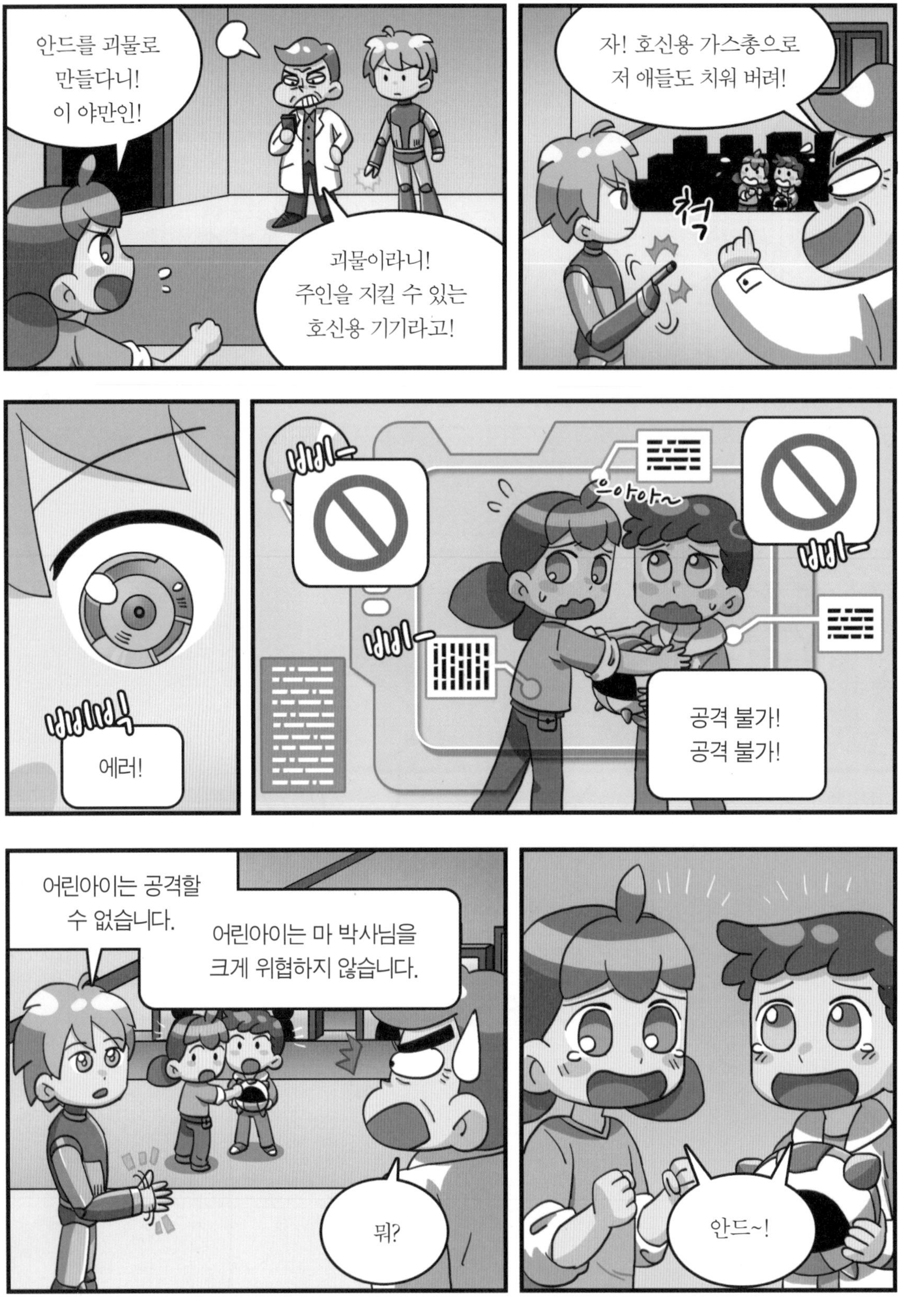
안드를 괴물로 만들다니! 이 야만인!
괴물이라니! 주인을 지킬 수 있는 호신용 기기라고!
자! 호신용 가스총으로 저 애들도 치워 버려!
척
삐비-
으아아~
삐비-
삐비-
삐비비익
에러!
공격 불가! 공격 불가!
어린아이는 공격할 수 없습니다.
어린아이는 마 박사님을 크게 위협하지 않습니다.
뭐?
안드~!

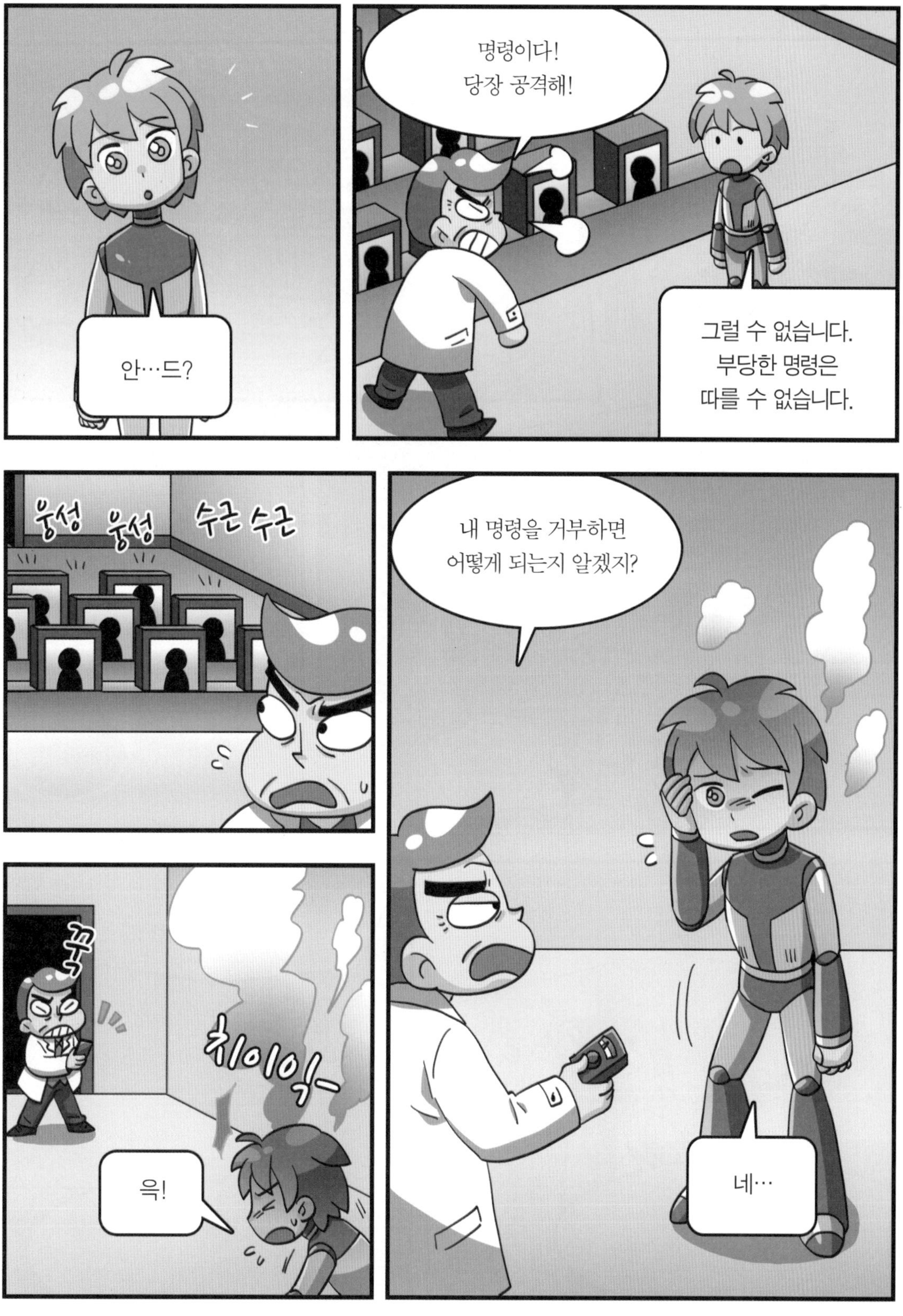
안…드?
명령이다!
당장 공격해!
그럴 수 없습니다.
부당한 명령은
따를 수 없습니다.
웅성 웅성 수군 수군
내 명령을 거부하면
어떻게 되는지 알겠지?
꾹
치이익-
윽!
네…

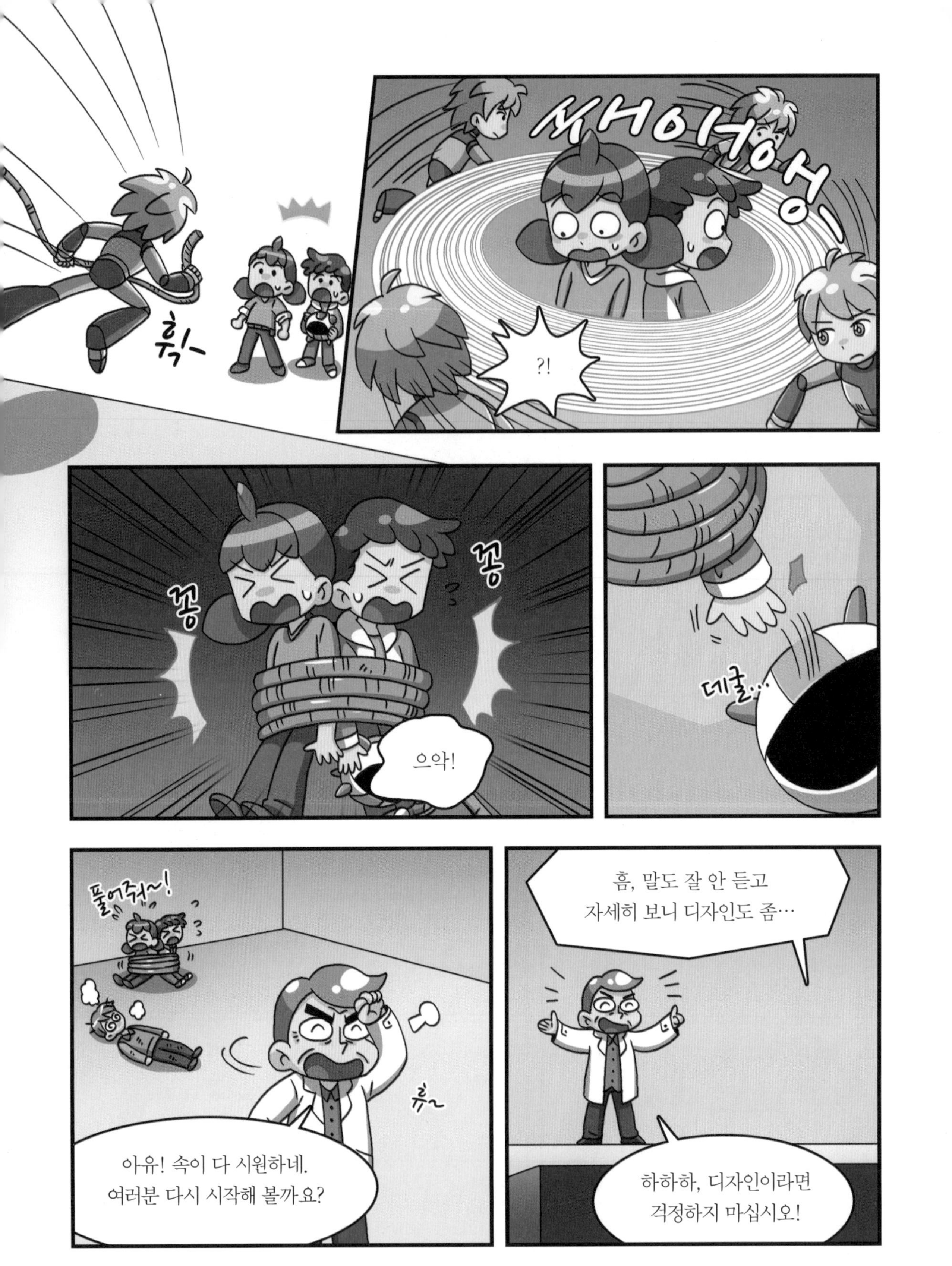
휘익
쌔애애애앵
?!
꽁
꽁
으악!
데굴…
풀어줘~!
휴~
아유! 속이 다 시원하네.
여러분 다시 시작해 볼까요?
흠, 말도 잘 안 듣고
자세히 보니 디자인도 좀…
하하하, 디자인이라면
걱정하지 마십시오!

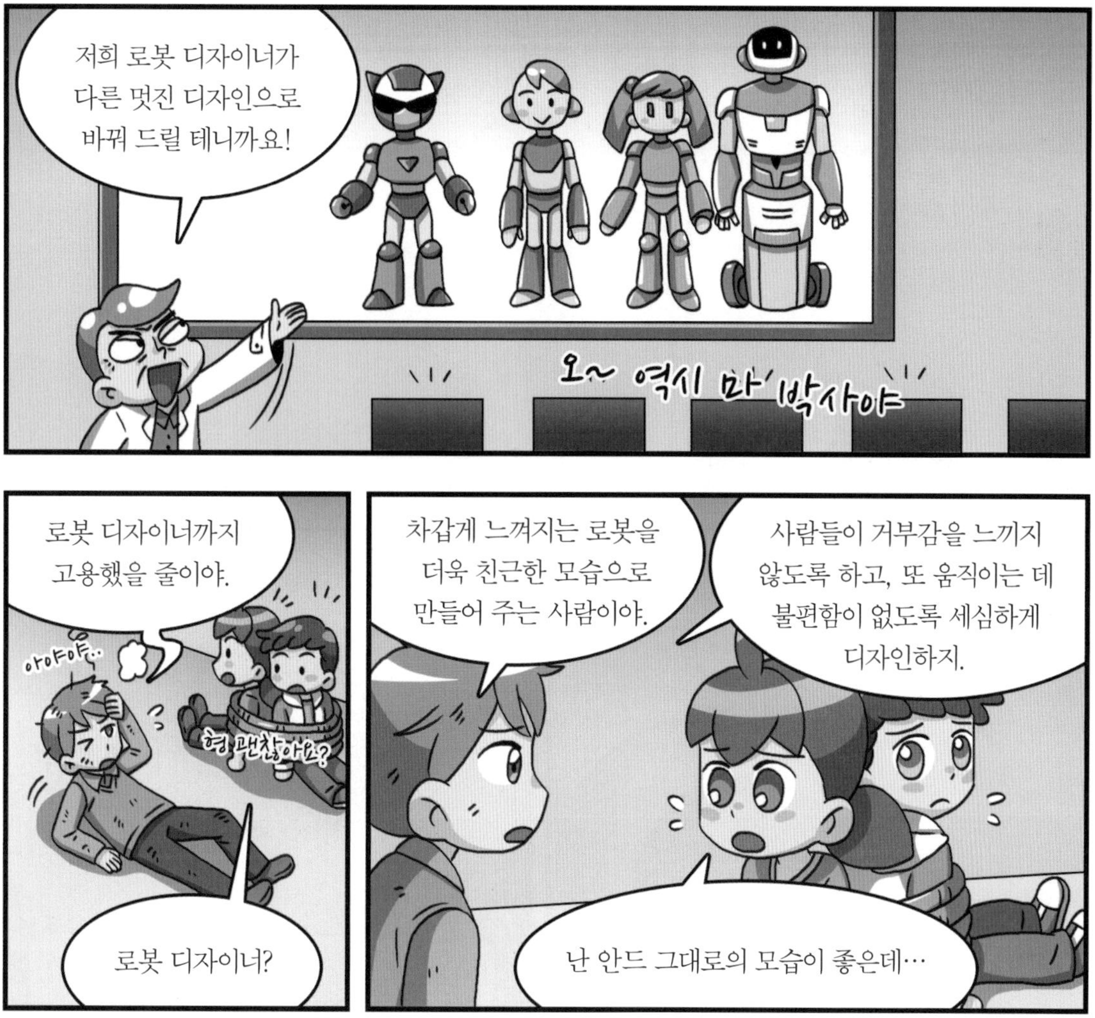
저희 로봇 디자이너가 다른 멋진 디자인으로 바꿔 드릴 테니까요!
오~ 역시 마 박사야
로봇 디자이너까지 고용했을 줄이야.
아야야…
형 괜찮아요?
로봇 디자이너?
차갑게 느껴지는 로봇을 더욱 친근한 모습으로 만들어 주는 사람이야.
사람들이 거부감을 느끼지 않도록 하고, 또 움직이는 데 불편함이 없도록 세심하게 디자인하지.
난 안드 그대로의 모습이 좋은데…

로봇 디자이너

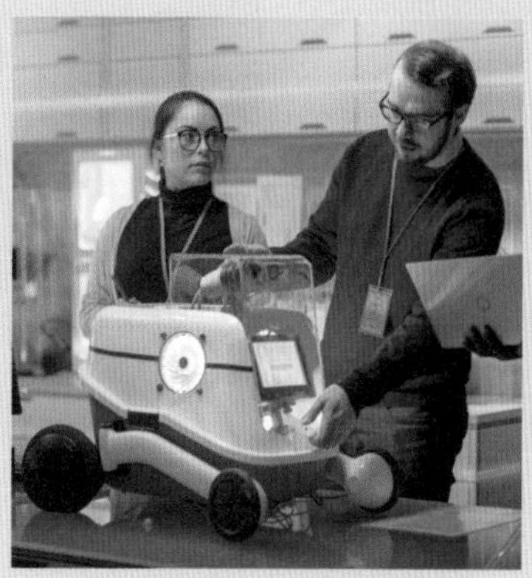

자칫 낯설고 무섭게 느껴질 수 있는 로봇을 자연스럽고 친근하게 느끼도록 도와주고, 미래의 인류에 필요한 로봇의 형태와 기능을 디자인하는 사람을 로봇 디자이너라고 해요.
로봇 디자이너는 미래 공학 기술을 예측하고, 목적과 판매를 고려하여 로봇을 디자인해야 경쟁력을 높일 수 있지요.
현재의 로봇은 기능적인 측면을 강조한 디자인이 많지만 사람과의 관계를 고려한 디자인이 지속적으로 부각되리라고 예상한답니다.

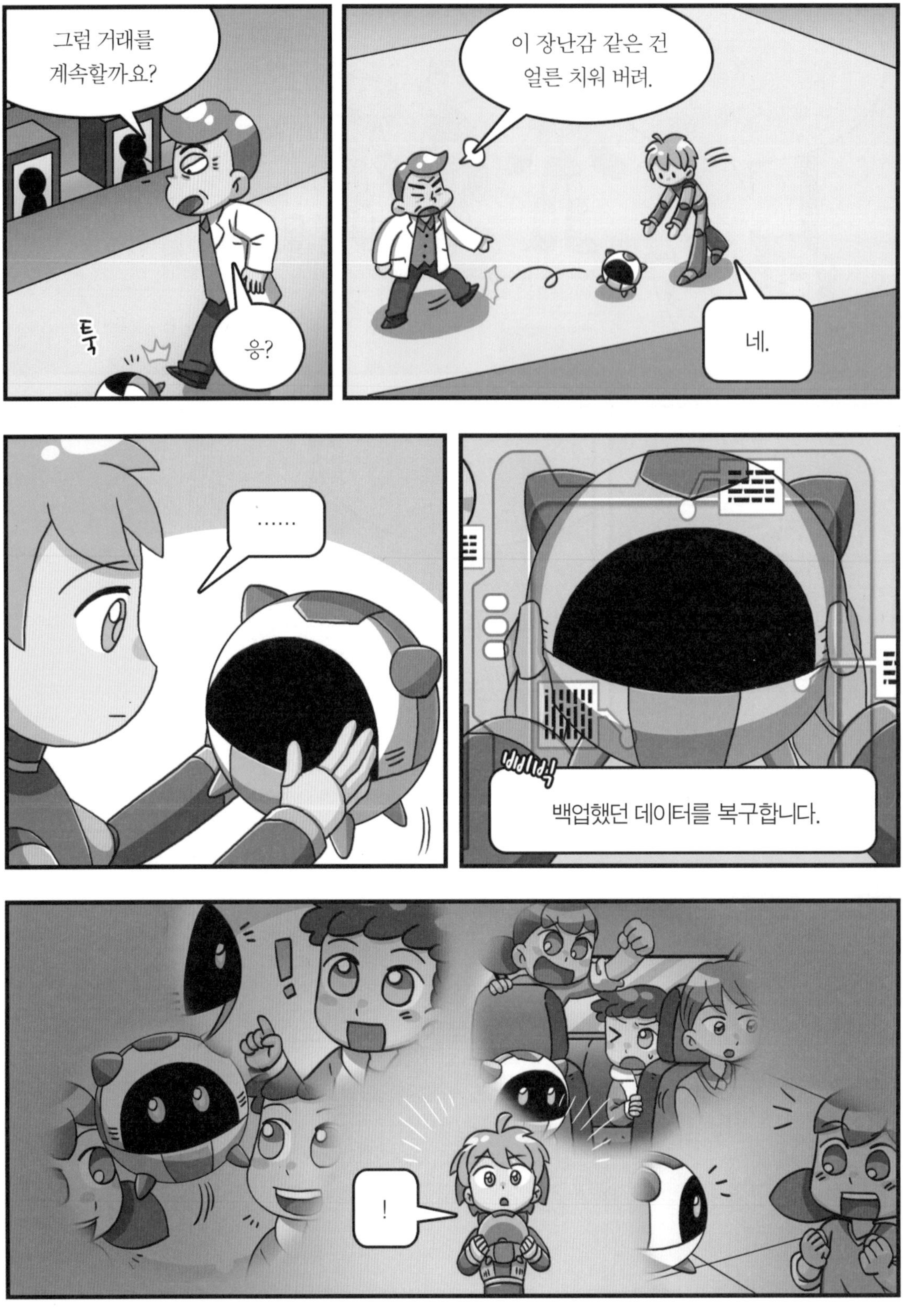

그럼 거래를 계속할까요?
툭
응?
이 장난감 같은 건 얼른 치워 버려.
네.
……
삐비빅!
백업했던 데이터를 복구합니다.
!
!

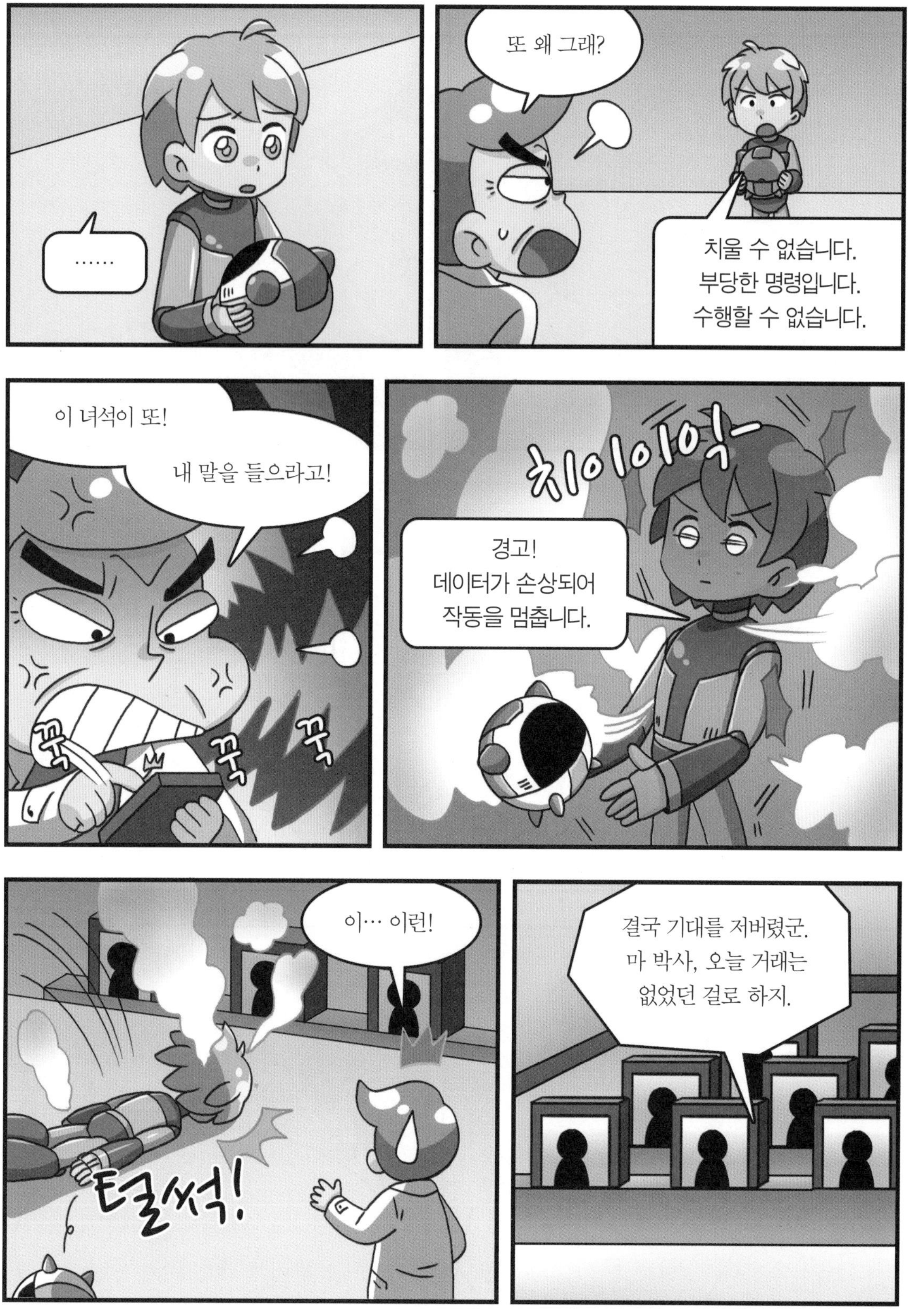
……
또 왜 그래?
치울 수 없습니다.
부당한 명령입니다.
수행할 수 없습니다.
이 녀석이 또!
내 말을 들으라고!
꾹
꾹
꾹
치이이이익~
경고!
데이터가 손상되어
작동을 멈춥니다.
이… 이런!
털썩!
결국 기대를 저버렸군.
마 박사, 오늘 거래는
없었던 걸로 하지.

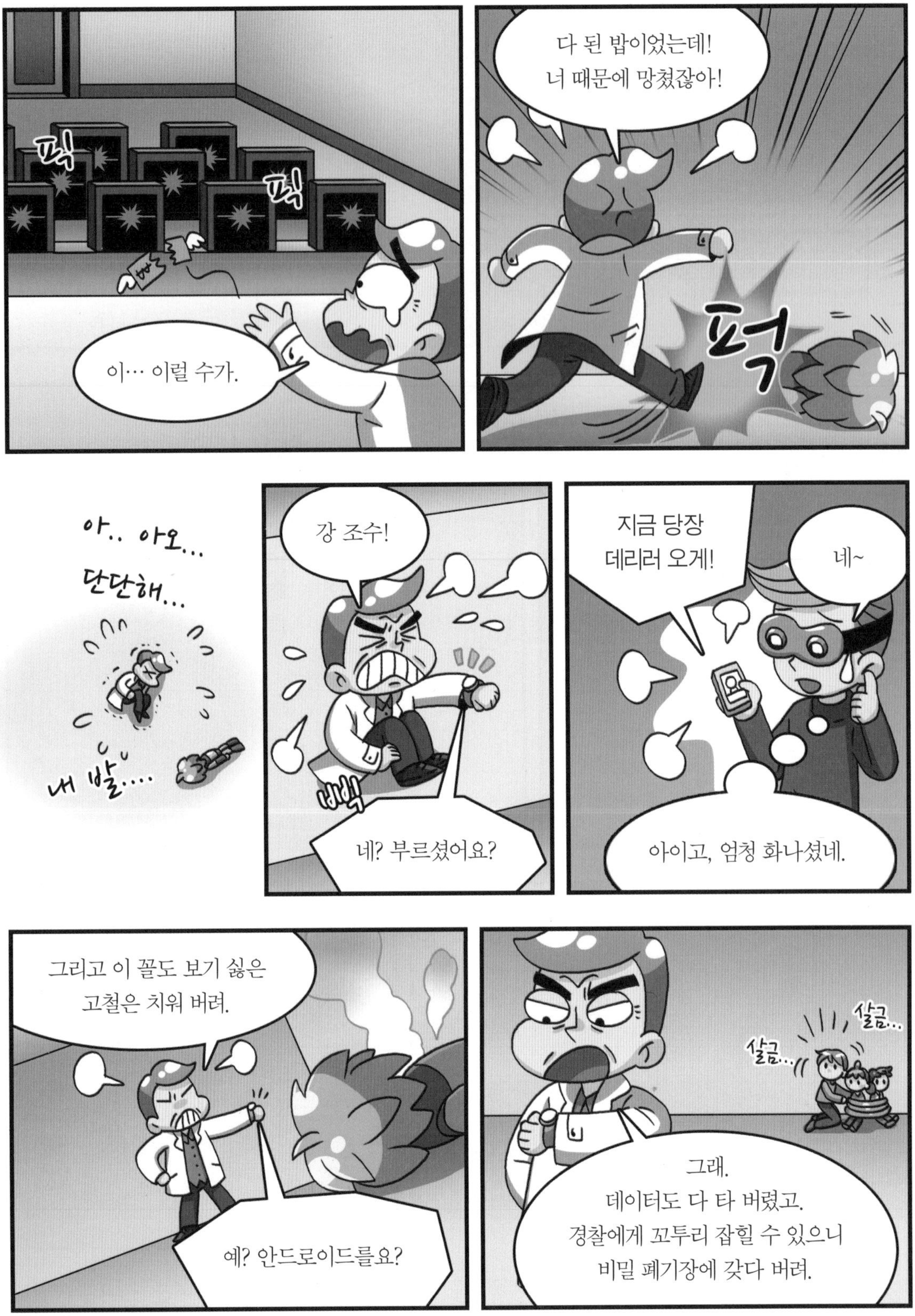

픽
픽
이… 이럴 수가.
다 된 밥이었는데!
너 때문에 망쳤잖아!
퍽
아.. 아오…
단단해…
내 발….
강 조수!
삐빅
네? 부르셨어요?
지금 당장
데리러 오게!
네~
아이고, 엄청 화나셨네.
그리고 이 꼴도 보기 싫은
고철은 치워 버려.
예? 안드로이드를요?
살금…
살금…
그래.
데이터도 다 타 버렸고.
경찰에게 꼬투리 잡힐 수 있으니
비밀 폐기장에 갖다 버려.

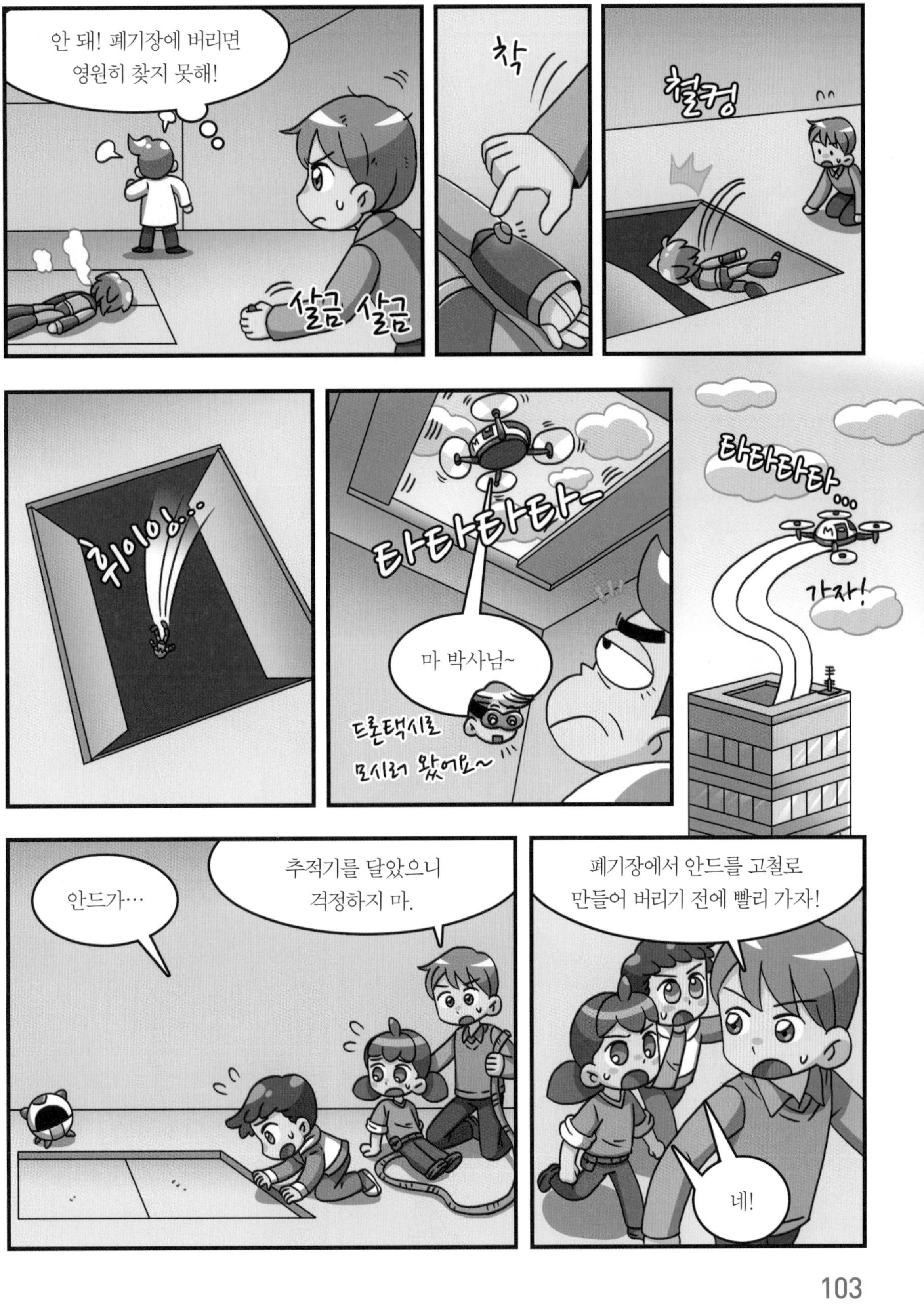
안 돼! 폐기장에 버리면
영원히 찾지 못해!
살금 살금
착
철컹
휘이잉…
타타타타타~
마 박사님~
드론택시로
모시러 왔어요~
타타타타…
가자!
안드가…
추적기를 달았으니
걱정하지 마.
폐기장에서 안드를 고철로
만들어 버리기 전에 빨리 가자!
네!

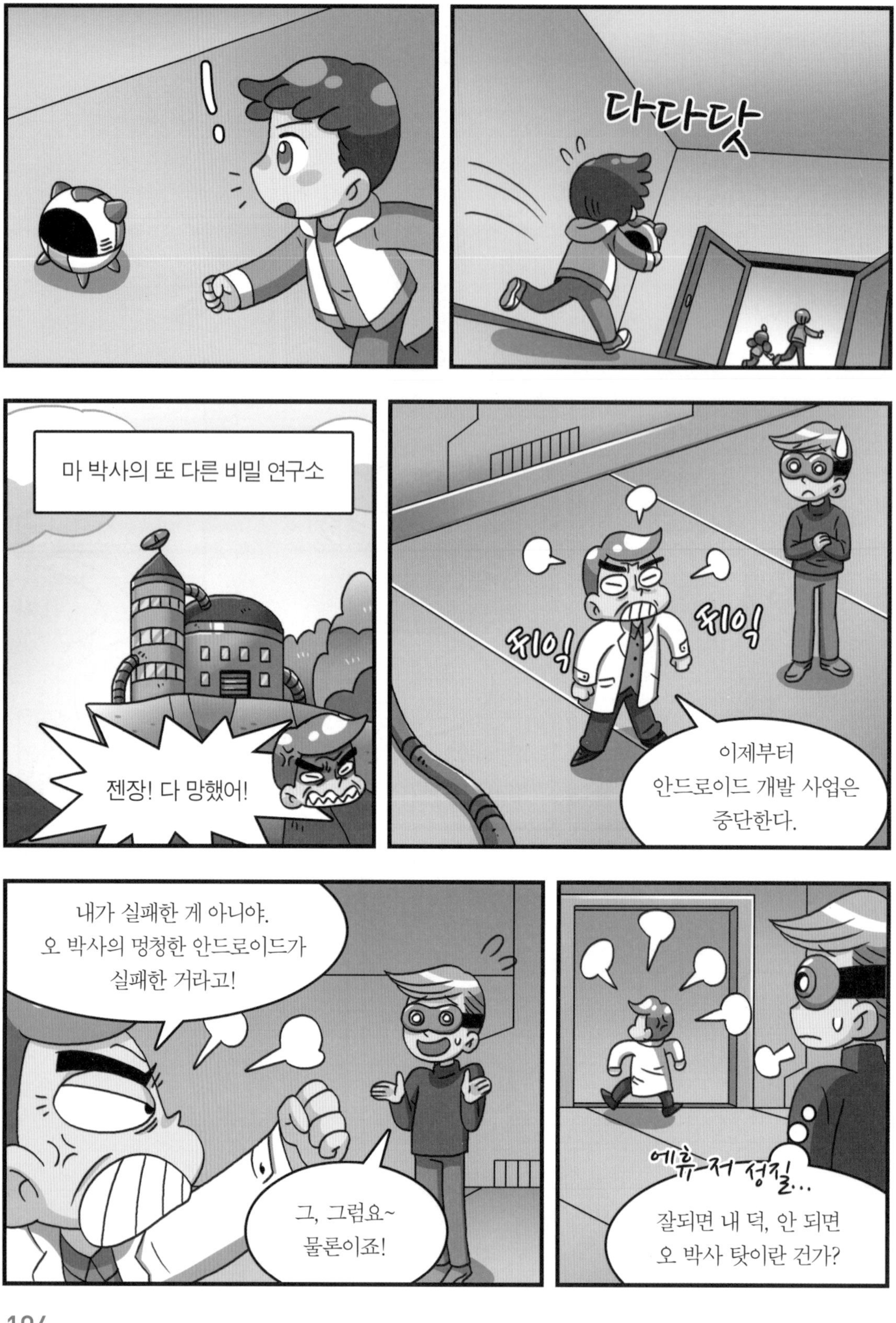
!
다다닷
마 박사의 또 다른 비밀 연구소
젠장! 다 망했어!
뒤익
뒤익
이제부터 안드로이드 개발 사업은 중단한다.
내가 실패한 게 아니야. 오 박사의 멍청한 안드로이드가 실패한 거라고!
그, 그럼요~ 물론이죠!
에휴 저 성질…
잘되면 내 덕, 안 되면 오 박사 탓이란 건가?

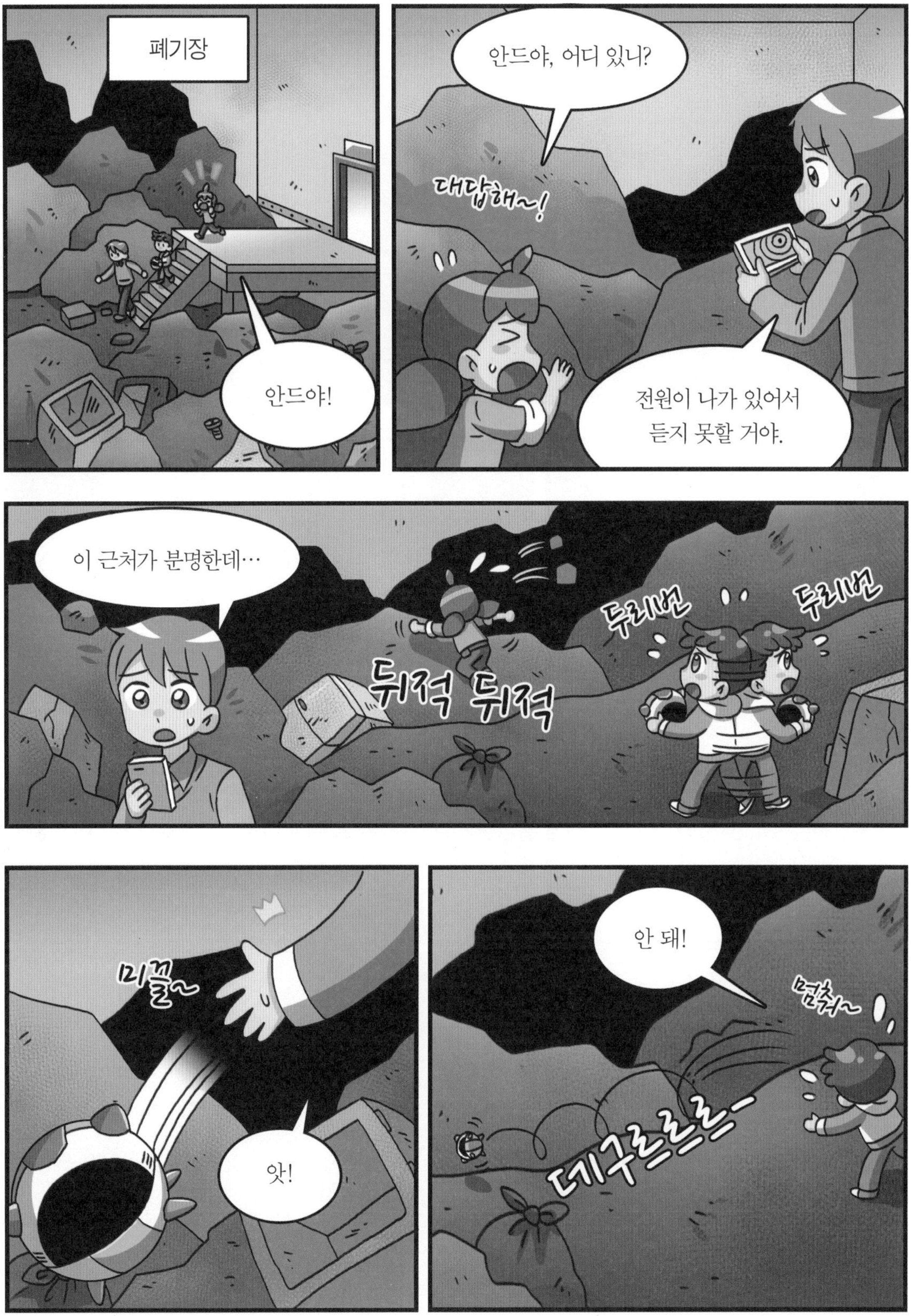
폐기장
안드야!
안드야, 어디 있니?
대답해~!
전원이 나가 있어서
듣지 못할 거야.
이 근처가 분명한데…
뒤적 뒤적
두리번
두리번
미끌~
앗!
안 돼!
멈춰~
데구르르르~

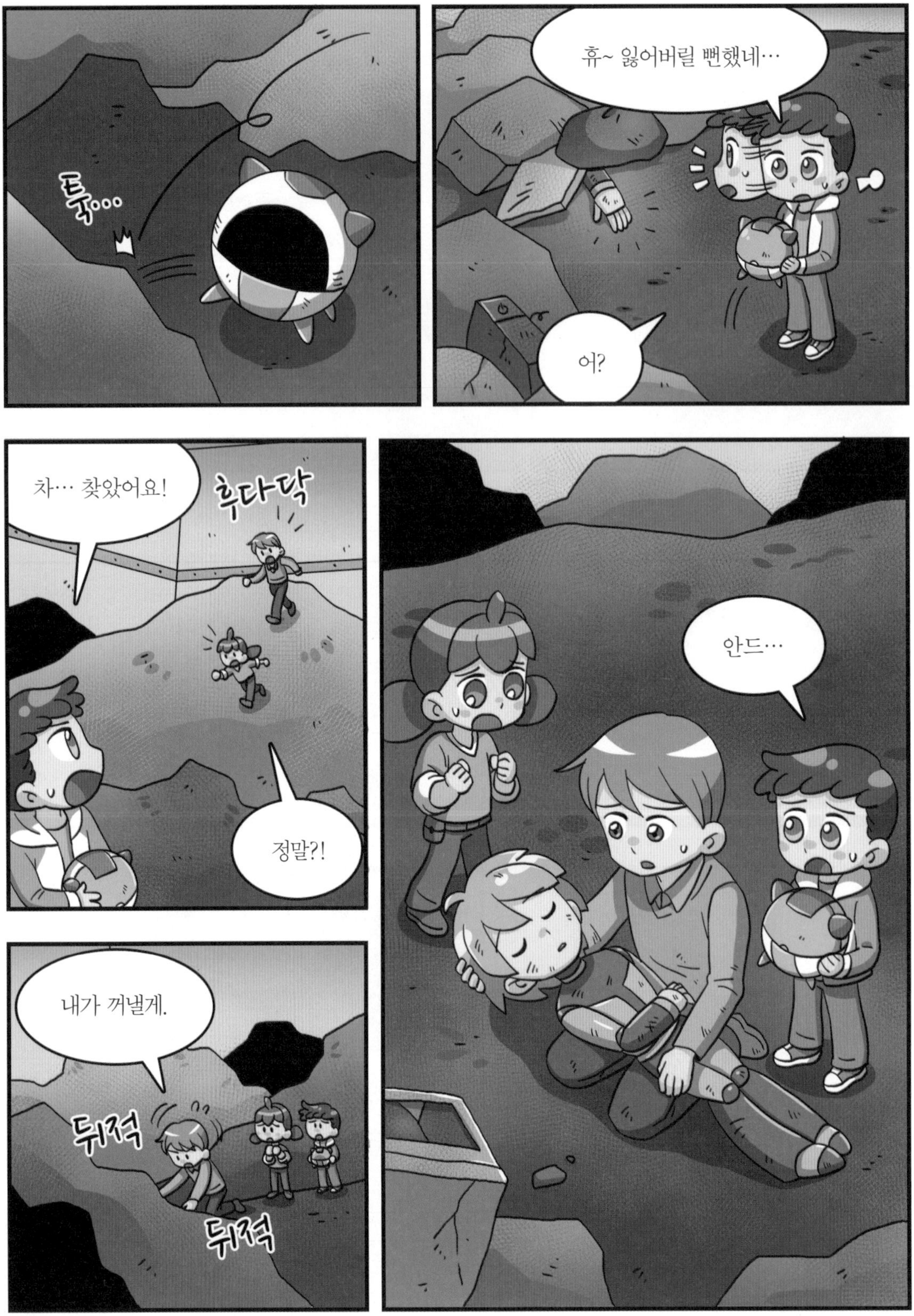
툭…
휴~ 잃어버릴 뻔했네…
어?
차… 찾았어요!
후다닥
정말?!
내가 꺼낼게.
뒤적
뒤적
안드…

로봇과 함께한 2018 평창 동계 올림픽

2018년 2월, 대한민국 평창에서 동계 올림픽이 열렸어요. 선수들의 경기를 보는 것도 즐거운 일이었지만 한국인의 우수한 과학 기술이 어우러져 만든 올림픽이었다는 것에 큰 자부심을 느낀 올림픽이었어요.

개막식에서 1,218대의 인텔 슈팅스타 드론을 이용해 드론 라이트 쇼를 선보이고 '최다 무인항공기

성화 봉송하는 휴보

공중 동시 비행' 부문에서 기네스 세계 기록을 경신한 것과 세계 최초로 로봇 '휴보'가 성화 봉송을 한 것이 큰 화제가 되었지요.

이뿐만 아니라 총 85대의 로봇이 행사 진행을 도왔답니다. 실제 물고기처럼 움직이는 관상어 로봇, 음료 서비스를 해 주는 로봇, 음악에 맞춰 응원하는 로봇 등 올림픽에 많은 로봇이 등장하면서 인기를 끌었어요.

그중 마스코트 로봇 '수호랑'은 한국어, 영어, 중국어, 일본어 등 4개 국어를 할 줄 알아요. 직접 사람들 앞으로 걸어가 말을 걸고 사람들이 하는 말에 반응하며 표정도 변하지요. 수호랑은 각종 경기 정보와 근처 교통 상황 등을 알려 주기도 해요. 관람객이나 선수들이 다가오면 움직이며 기념사진을 찍기도 하고 올림픽에 대해 설명해 주면서 많은 관심과 사랑을 받았답니다.

올림픽 마스코트 수호랑

6화

안드를 고쳐라!

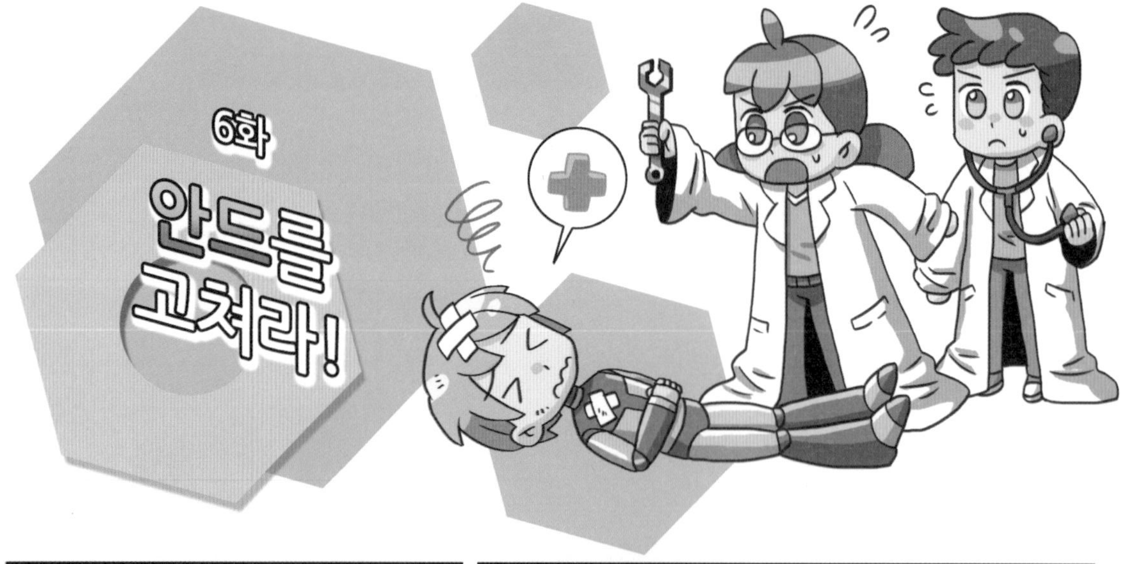

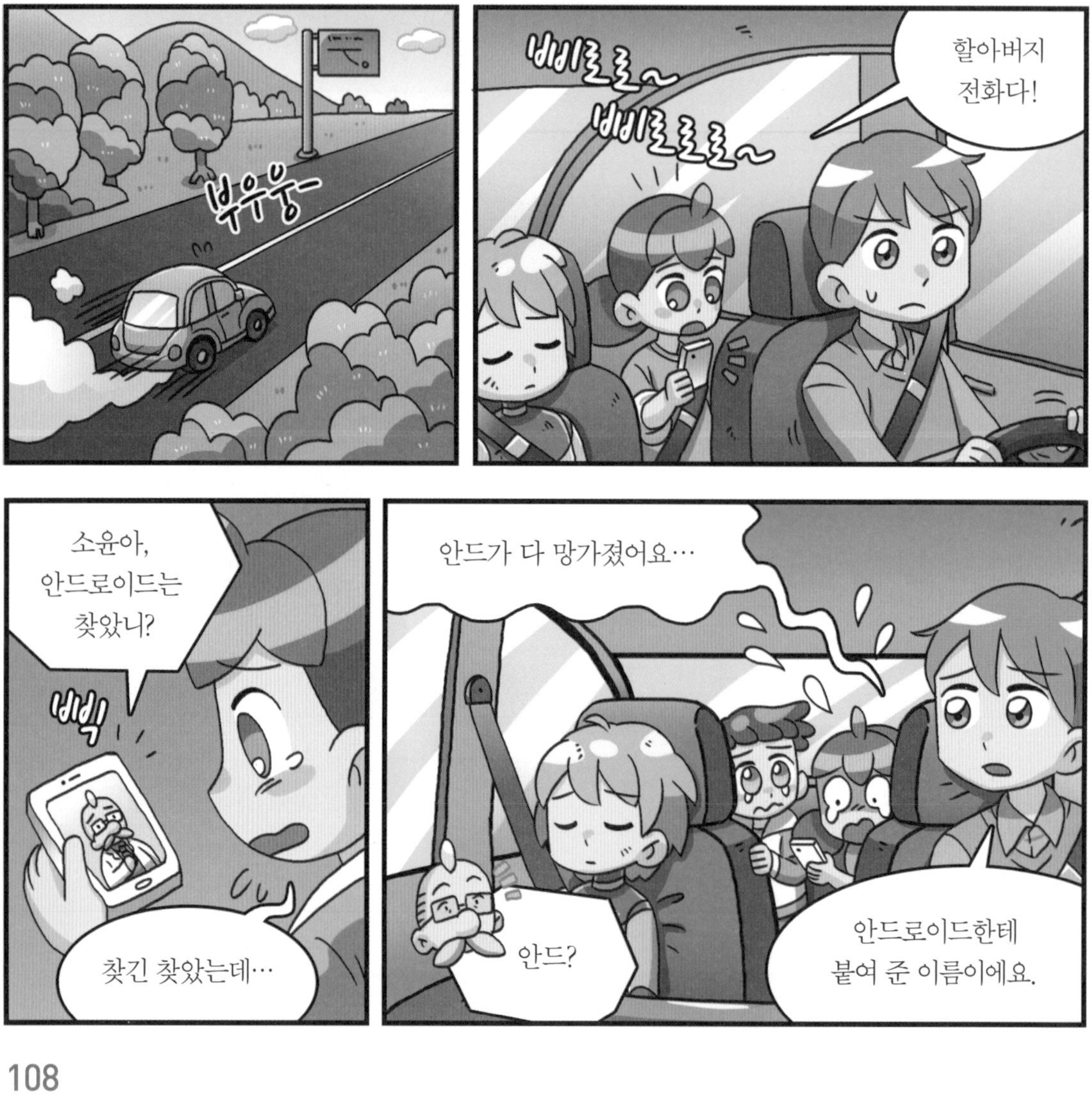

부우웅-
삐리리~
삐리리리~
할아버지 전화다!
소윤아, 안드로이드는 찾았니?
삐익
찾긴 찾았는데…
안드가 다 망가졌어요…
안드?
안드로이드한테 붙여 준 이름이에요.

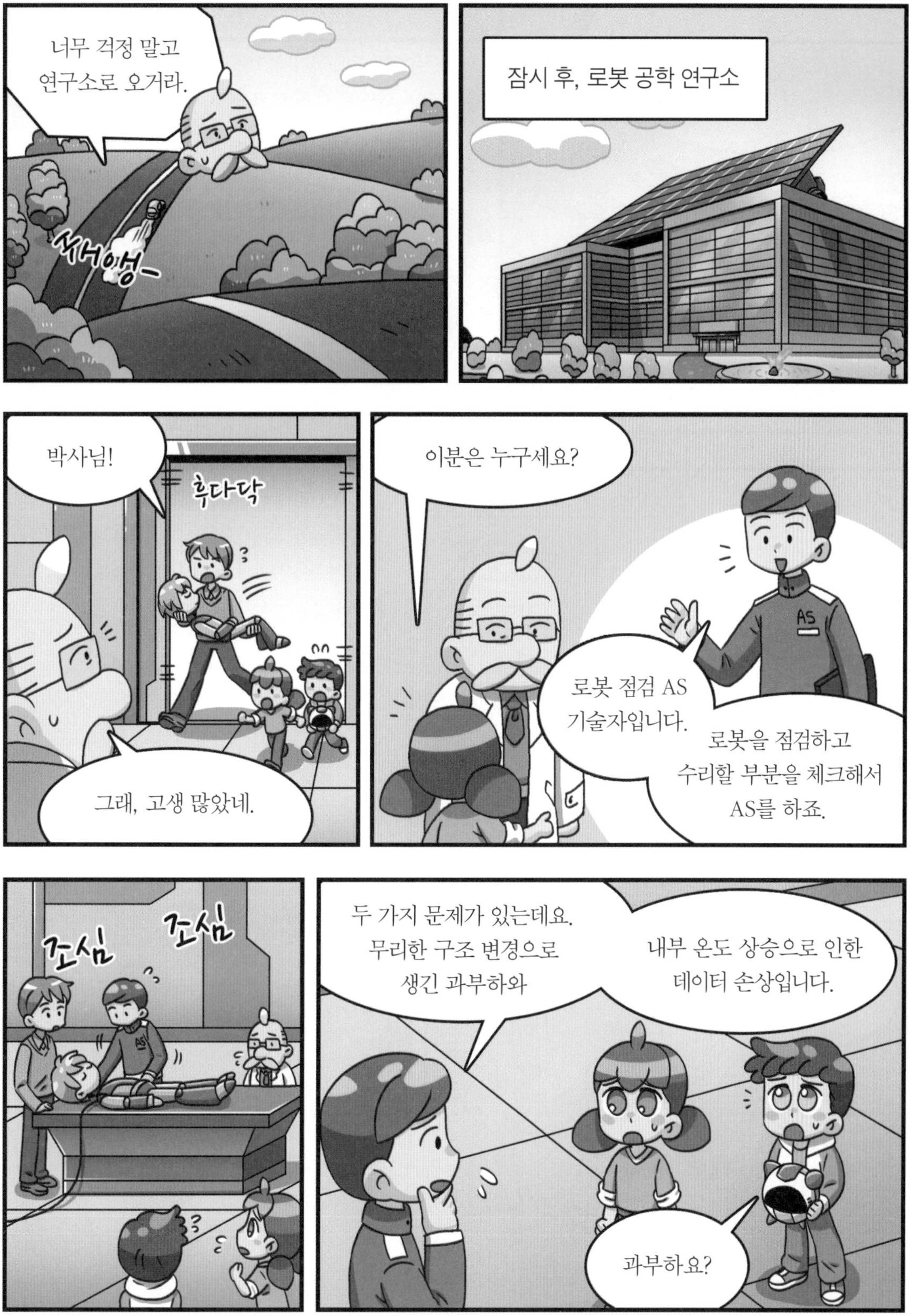
너무 걱정 말고
연구소로 오거라.
쌔애앵~
잠시 후, 로봇 공학 연구소
박사님!
후다닥
그래, 고생 많았네.
이분은 누구세요?
로봇 점검 AS
기술자입니다.
로봇을 점검하고
수리할 부분을 체크해서
AS를 하죠.
조심
조심
두 가지 문제가 있는데요.
무리한 구조 변경으로
생긴 과부하와
내부 온도 상승으로 인한
데이터 손상입니다.
과부하요?

운동을 너무 과하게 하면 몸이 쑤시고 아파서 움직이기 힘들 때가 있죠?

네.

로봇도 사람과 똑같답니다. 무리하게 움직여서 고장이 나는 것을 과부하라고 해요.

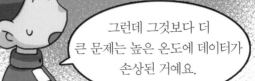

그런데 그것보다 더 큰 문제는 높은 온도에 데이터가 손상된 거예요.

안드는 괜찮을까요?

동체의 온도를 낮춘 다음 고쳐 보겠지만 자칫하면 모든 데이터가 날아갈 수도 있어요.

그럴 수가…

걱정하지 마.

마 박사가 너희의 기억을 삭제했을 때도 기억을 복구해 냈잖아. 안드는 강하니까 다시 눈을 뜰 거야.

네! 맞아요.

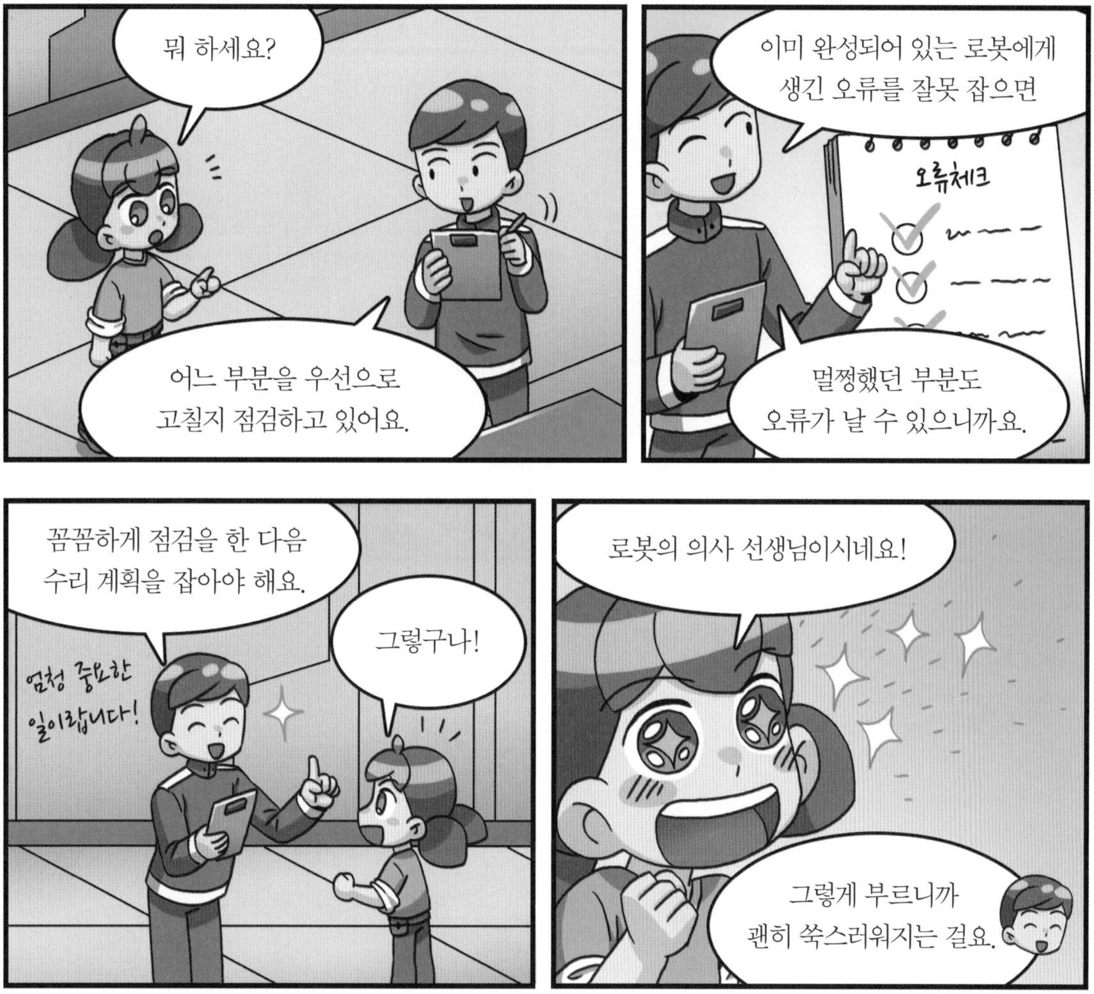
뭐 하세요?
어느 부분을 우선으로 고칠지 점검하고 있어요.
이미 완성되어 있는 로봇에게 생긴 오류를 잘못 잡으면
오류체크
멀쩡했던 부분도 오류가 날 수 있으니까요.
꼼꼼하게 점검을 한 다음 수리 계획을 잡아야 해요.
엄청 중요한 일이랍니다!
그렇구나!
로봇의 의사 선생님이시네요!
그렇게 부르니까 괜히 쑥스러워지는 걸요.

로봇 점검 AS 기술자

로봇을 만드는 과정도 중요하지만 얼마나 잘 관리하고 사용하느냐도 매우 중요해요. 로봇도 기계이기 때문에 쓰다 보면 마모되고 고장이 나기 때문이지요.
로봇 점검 AS 기술자는 로봇의 부품이 고장 나거나 프로그램에 오류가 생겼을 때 문제를 해결해요. 또한 다른 오류가 생길 가능성까지 꼼꼼히 점검하며 사전에 고장을 예방하기도 해요.

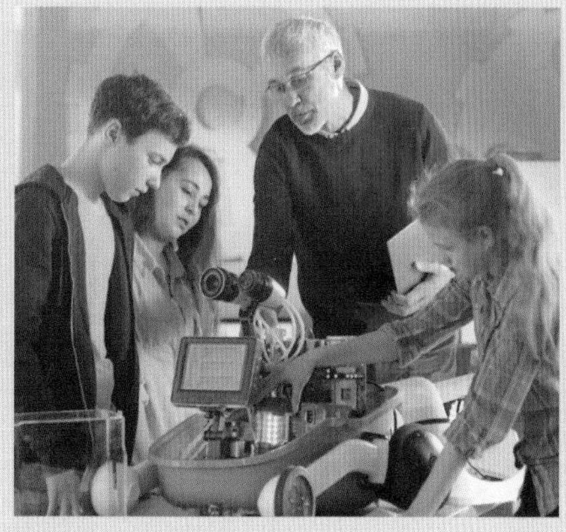

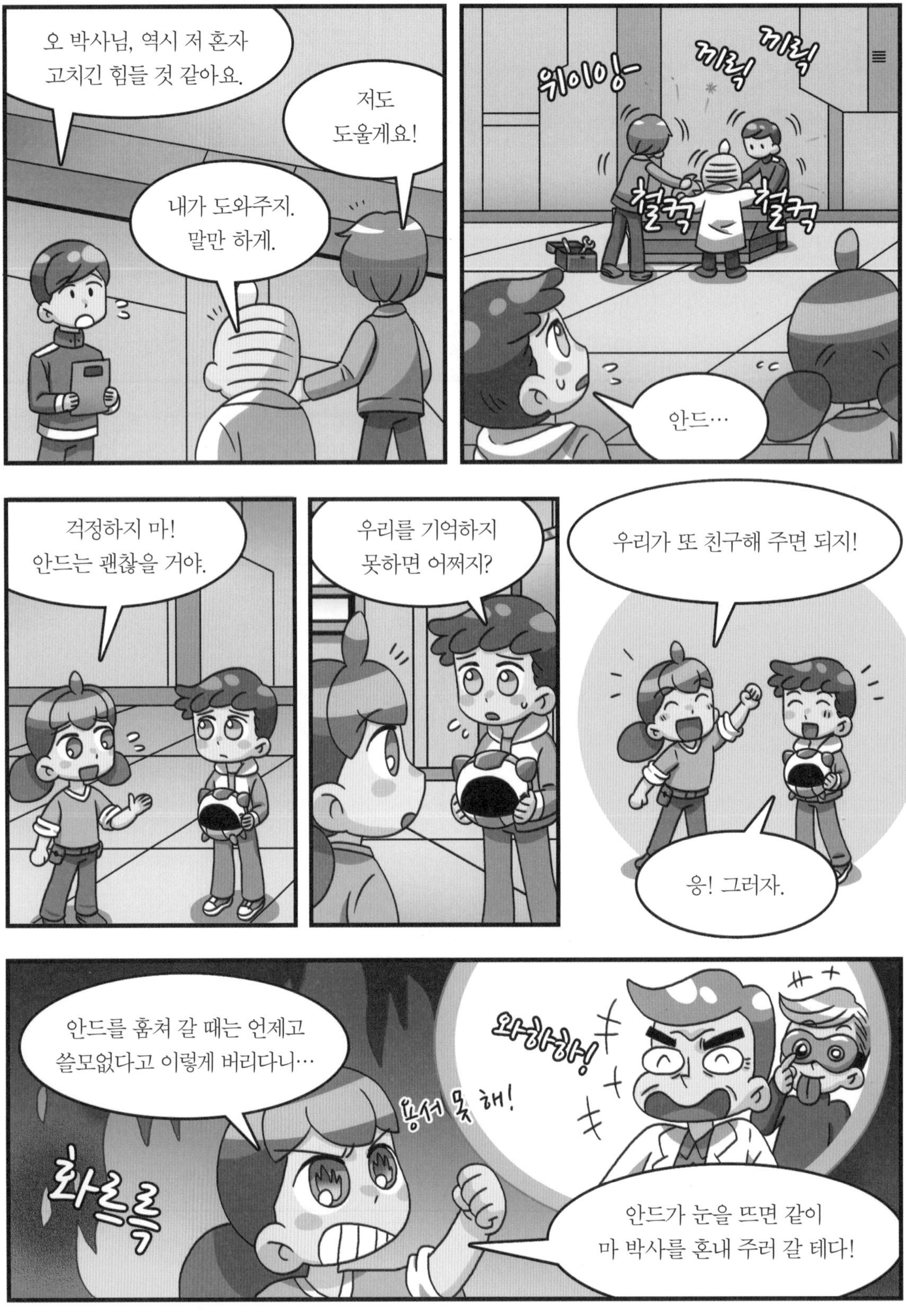
오 박사님, 역시 저 혼자 고치긴 힘들 것 같아요.
저도 도울게요!
내가 도와주지. 말만 하게.
위이잉
찌릭 찌릭
철컥 철컥
안드…
걱정하지 마! 안드는 괜찮을 거야.
우리를 기억하지 못하면 어쩌지?
우리가 또 친구해 주면 되지!
응! 그러자.
안드를 훔쳐 갈 때는 언제고 쓸모없다고 이렇게 버리다니…
용서 못 해!
와하하!
화르륵
안드가 눈을 뜨면 같이 마 박사를 혼내 주러 갈 테다!

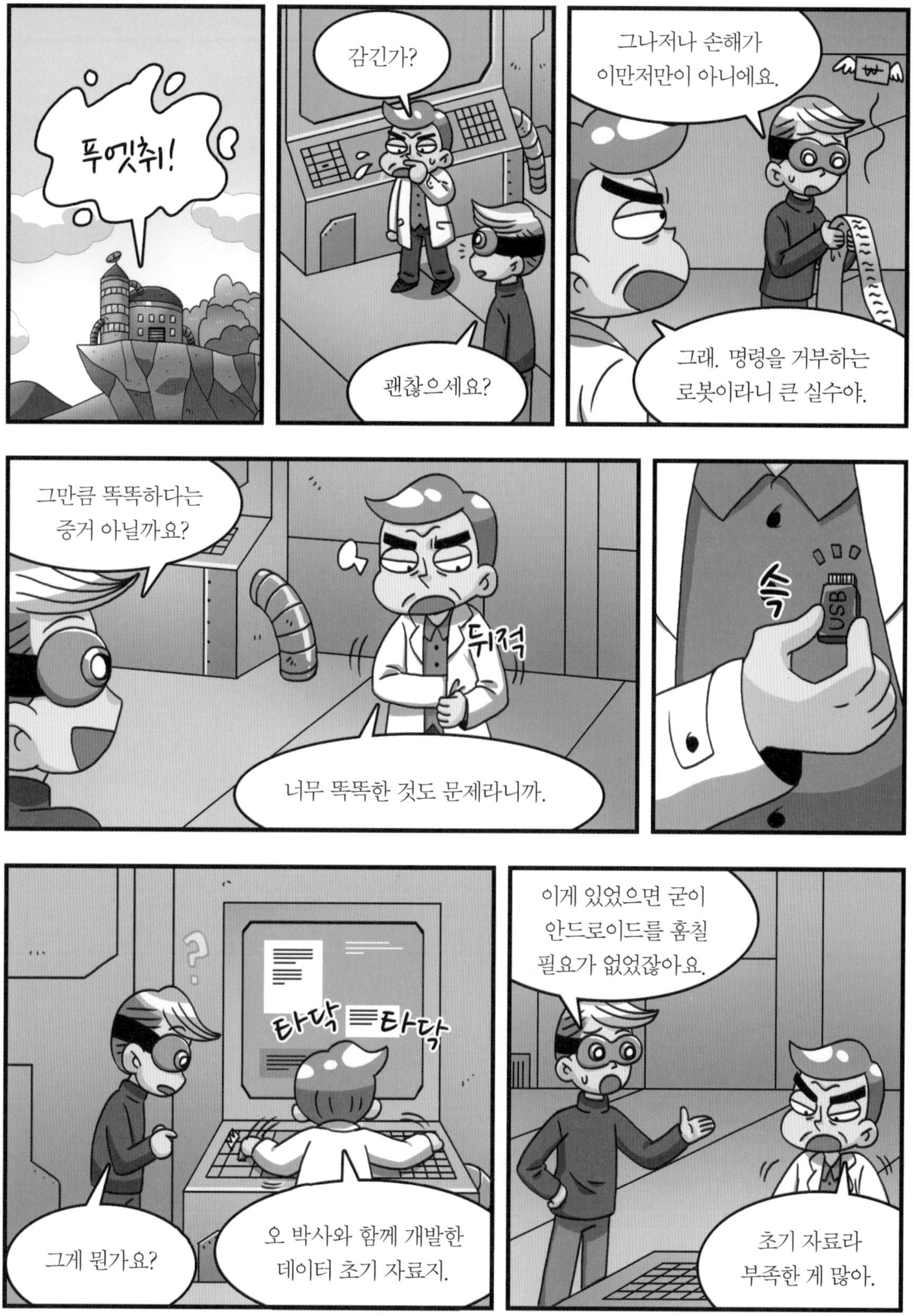

푸엣취!
감긴가?
괜찮으세요?
그나저나 손해가
이만저만이 아니에요.
그래. 명령을 거부하는
로봇이라니 큰 실수야.
그만큼 똑똑하다는
증거 아닐까요?
뒤적
너무 똑똑한 것도 문제라니까.
슥
USB
타닥 타닥
그게 뭔가요?
오 박사와 함께 개발한
데이터 초기 자료지.
이게 있었으면 굳이
안드로이드를 훔칠
필요가 없었잖아요.
초기 자료라
부족한 게 많아.

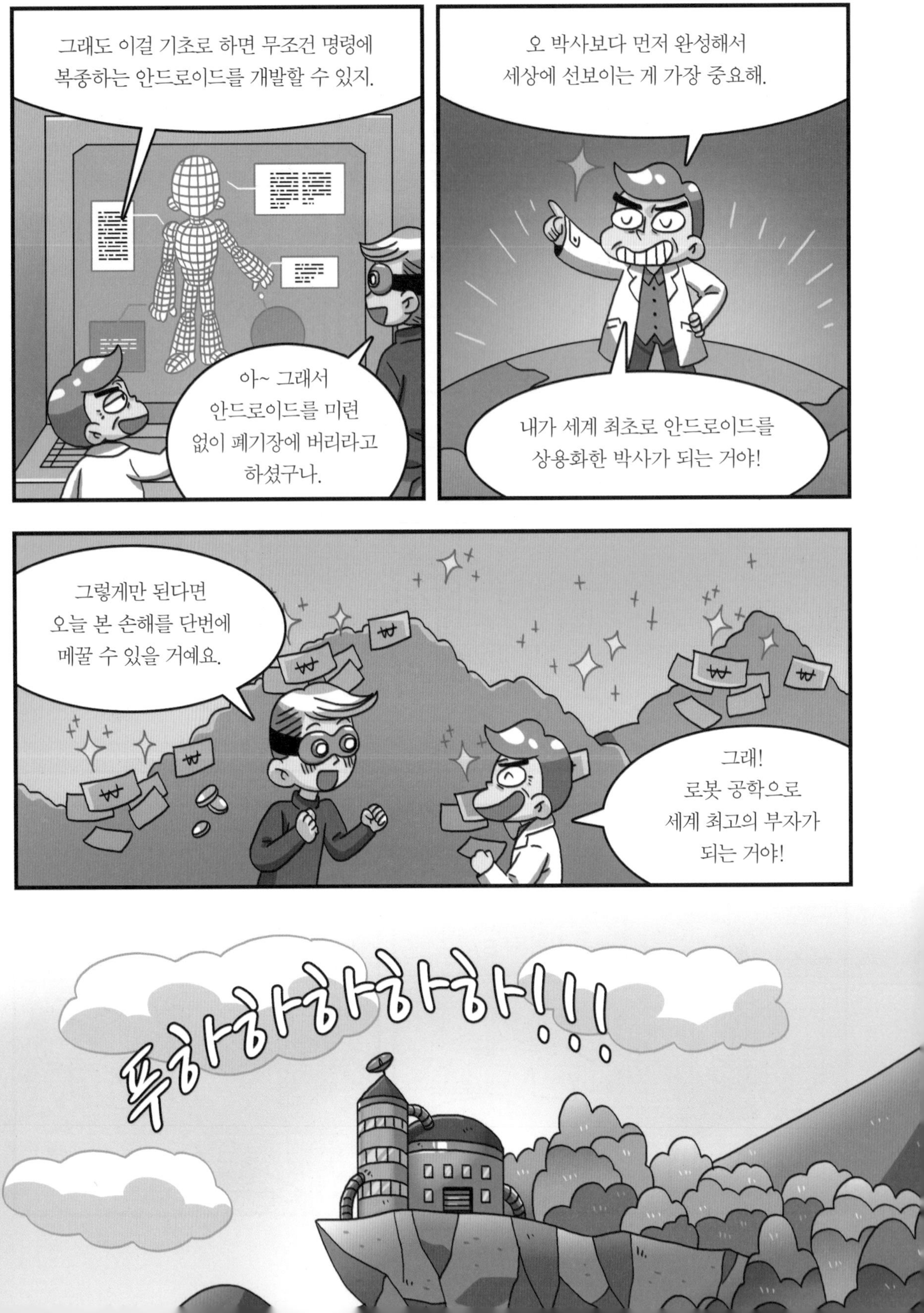
그래도 이걸 기초로 하면 무조건 명령에 복종하는 안드로이드를 개발할 수 있지.
아~ 그래서 안드로이드를 미련 없이 폐기장에 버리라고 하셨구나.
오 박사보다 먼저 완성해서 세상에 선보이는 게 가장 중요해.
내가 세계 최초로 안드로이드를 상용화한 박사가 되는 거야!
그렇게만 된다면 오늘 본 손해를 단번에 메꿀 수 있을 거예요.
그래! 로봇 공학으로 세계 최고의 부자가 되는 거야!
푸하하하하하하!!!

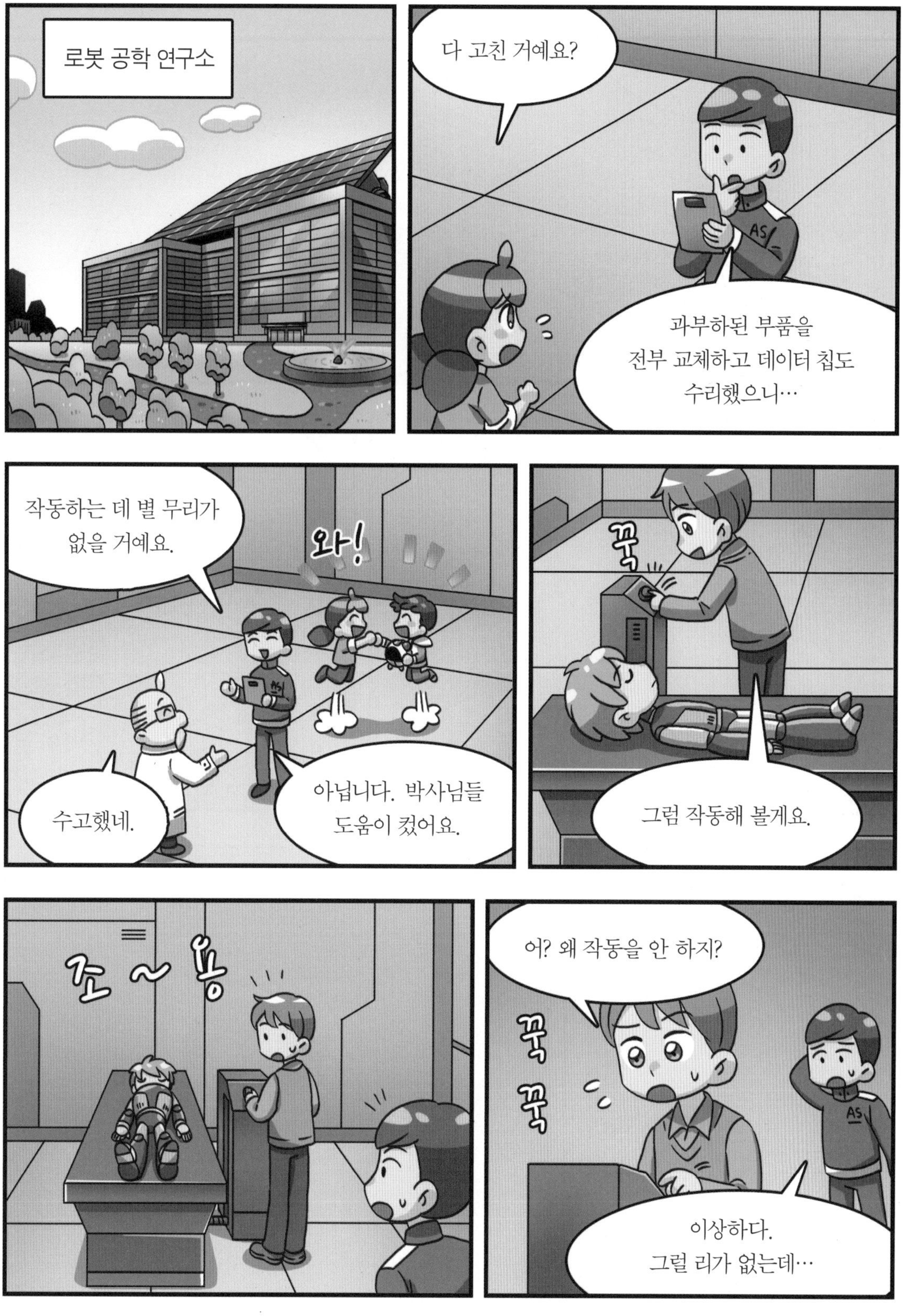
로봇 공학 연구소
다 고친 거예요?
과부하된 부품을
전부 교체하고 데이터 칩도
수리했으니…
작동하는 데 별 무리가
없을 거예요.
와!
수고했네.
아닙니다. 박사님들
도움이 컸어요.
꾹
그럼 작동해 볼게요.
조~용
어? 왜 작동을 안 하지?
꾹 꾹
이상하다.
그럴 리가 없는데…

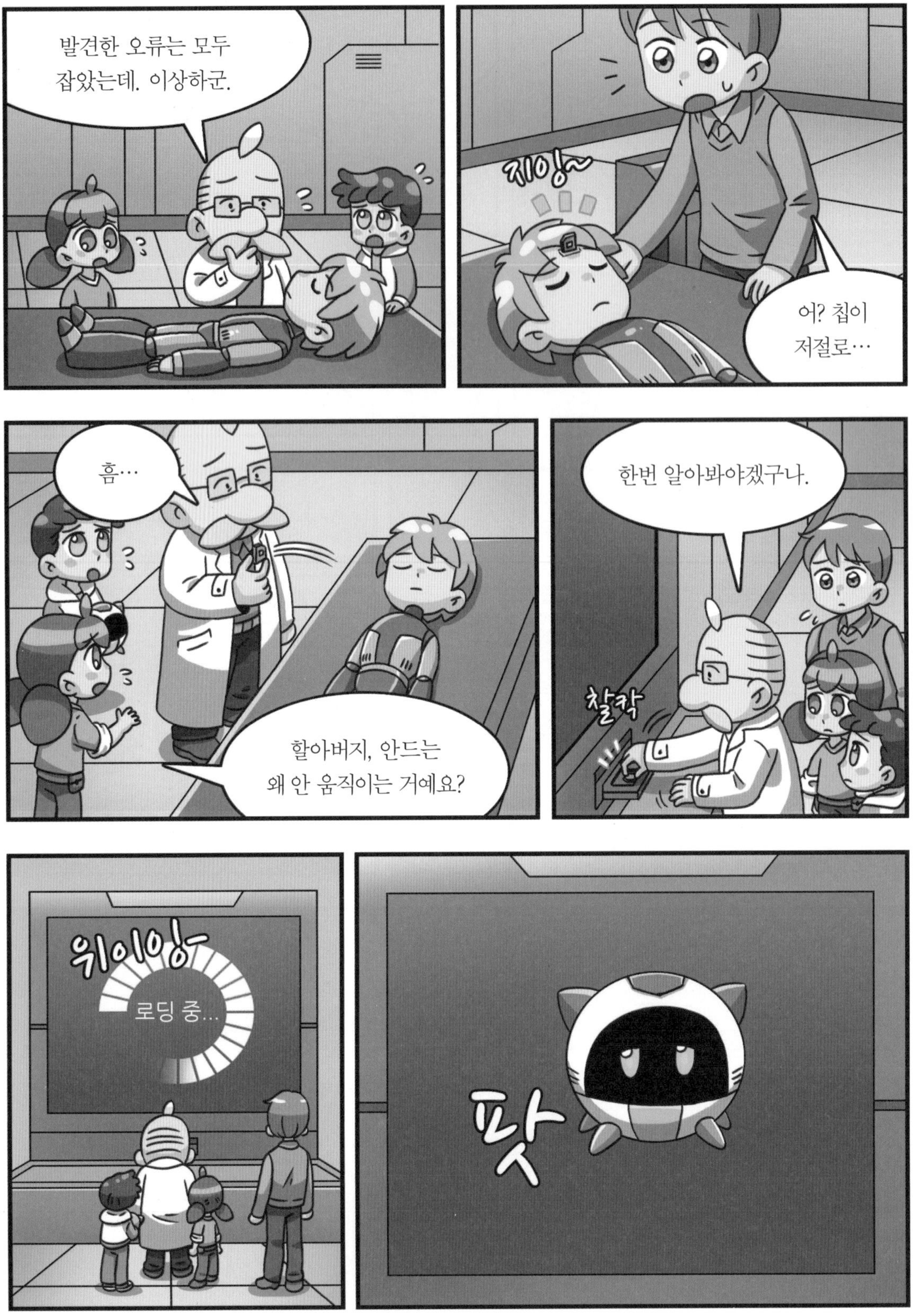
발견한 오류는 모두
잡았는데. 이상하군.
지이잉~
어? 칩이
저절로…
흠…
할아버지, 안드는
왜 안 움직이는 거예요?
한번 알아봐야겠구나.
찰칵
위이잉~
로딩 중…
팟

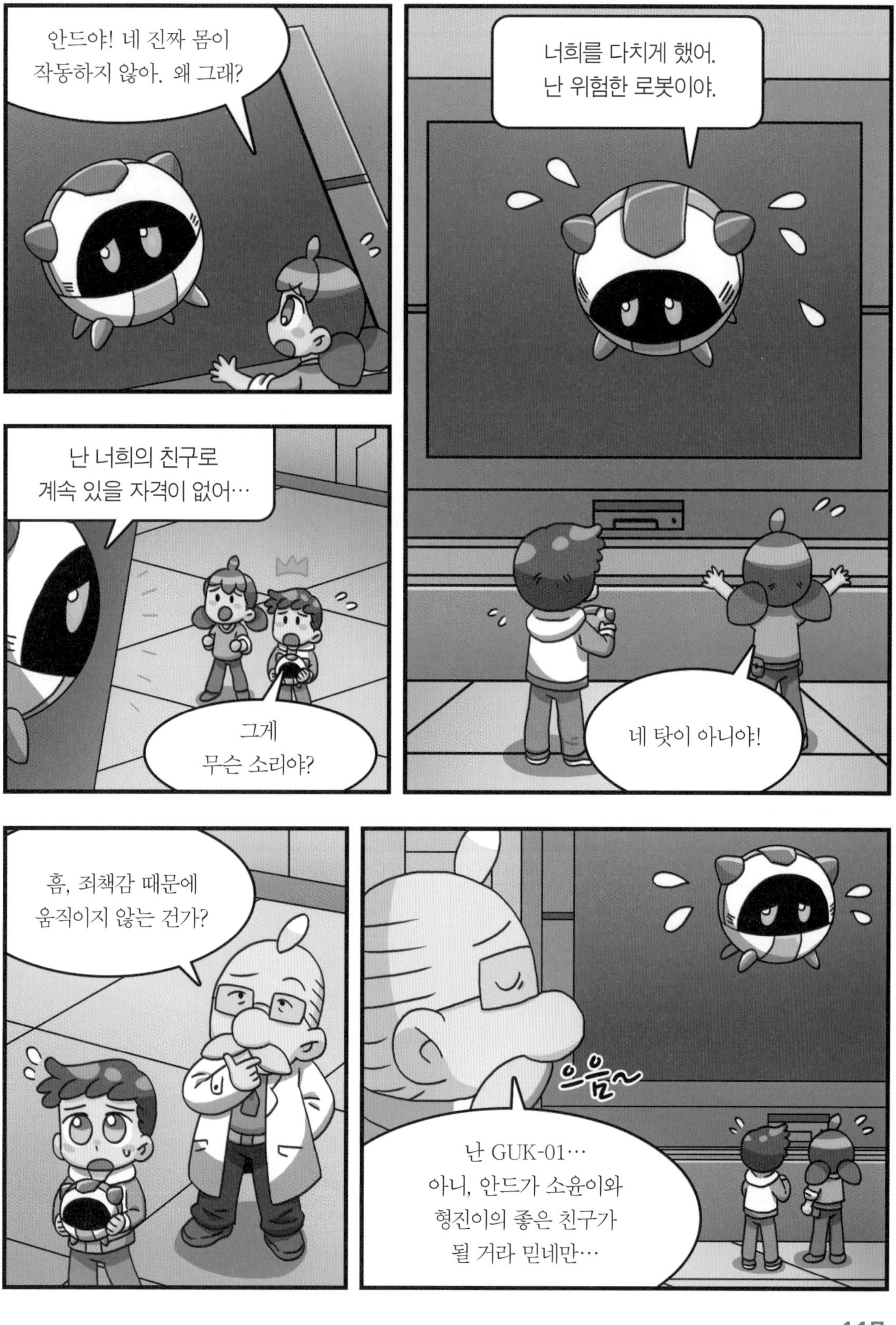
안드야! 네 진짜 몸이 작동하지 않아. 왜 그래?
너희를 다치게 했어. 난 위험한 로봇이야.
난 너희의 친구로 계속 있을 자격이 없어…
그게 무슨 소리야?
네 탓이 아니야!
흠, 죄책감 때문에 움직이지 않는 건가?
으음~
난 GUK-01… 아니, 안드가 소윤이와 형진이의 좋은 친구가 될 거라 믿네만…

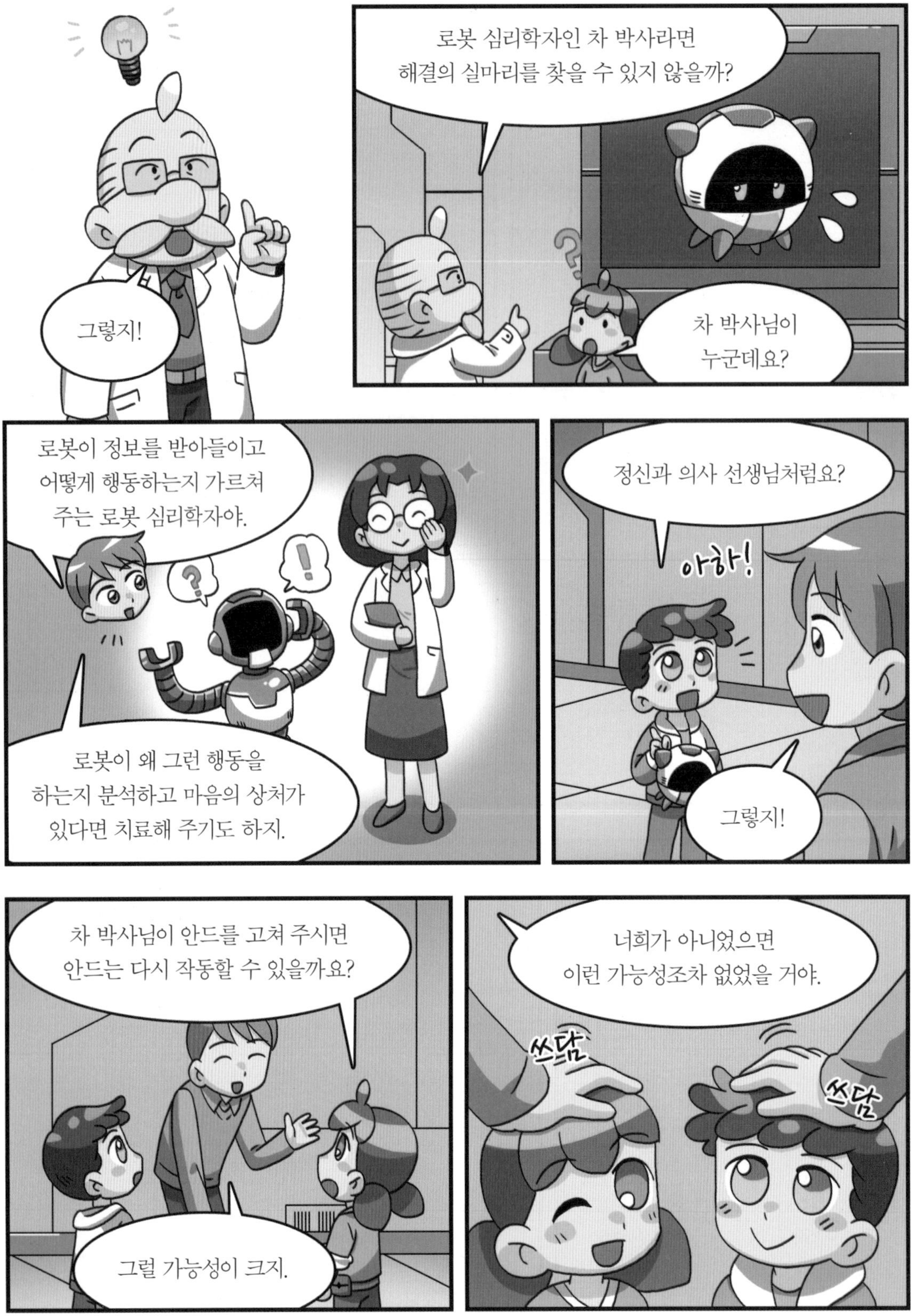

그렇지!
로봇 심리학자인 차 박사라면 해결의 실마리를 찾을 수 있지 않을까?
차 박사님이 누군데요?
로봇이 정보를 받아들이고 어떻게 행동하는지 가르쳐 주는 로봇 심리학자야.
로봇이 왜 그런 행동을 하는지 분석하고 마음의 상처가 있다면 치료해 주기도 하지.
정신과 의사 선생님처럼요?
아하!
그렇지!
차 박사님이 안드를 고쳐 주시면 안드는 다시 작동할 수 있을까요?
그럴 가능성이 크지.
너희가 아니었으면 이런 가능성조차 없었을 거야.
쓰담
쓰담

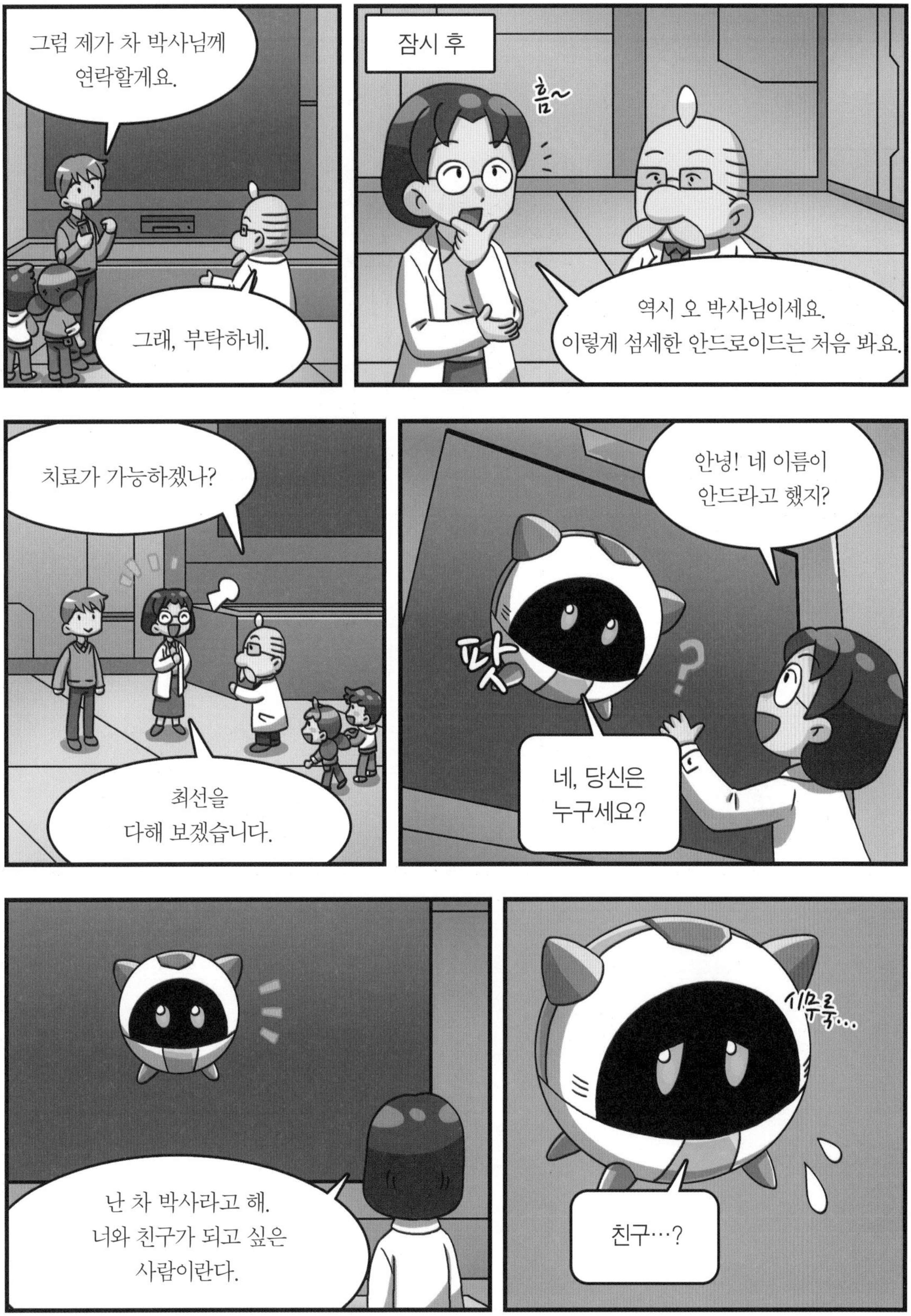
그럼 제가 차 박사님께 연락할게요.
그래, 부탁하네.
잠시 후
흠~
역시 오 박사님이세요. 이렇게 섬세한 안드로이드는 처음 봐요.
치료가 가능하겠나?
최선을 다해 보겠습니다.
안녕! 네 이름이 안드라고 했지?
팟
?
네, 당신은 누구세요?
난 차 박사라고 해. 너와 친구가 되고 싶은 사람이란다.
시무룩…
친구…?

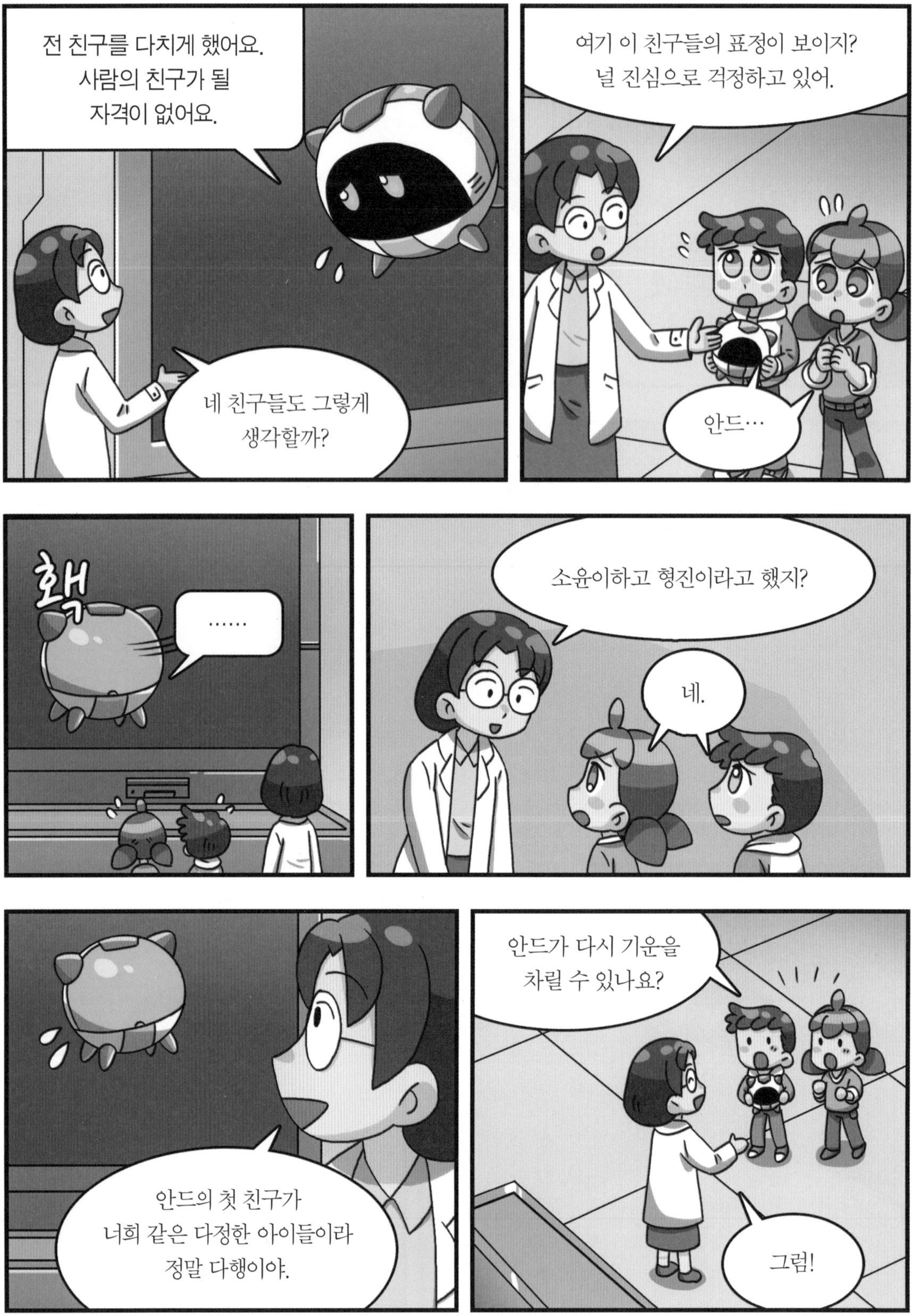

전 친구를 다치게 했어요. 사람의 친구가 될 자격이 없어요.
네 친구들도 그렇게 생각할까?
여기 이 친구들의 표정이 보이지? 널 진심으로 걱정하고 있어.
안드…
홱
……
소윤이하고 형진이라고 했지?
네.
안드의 첫 친구가 너희 같은 다정한 아이들이라 정말 다행이야.
안드가 다시 기운을 차릴 수 있나요?
그럼!

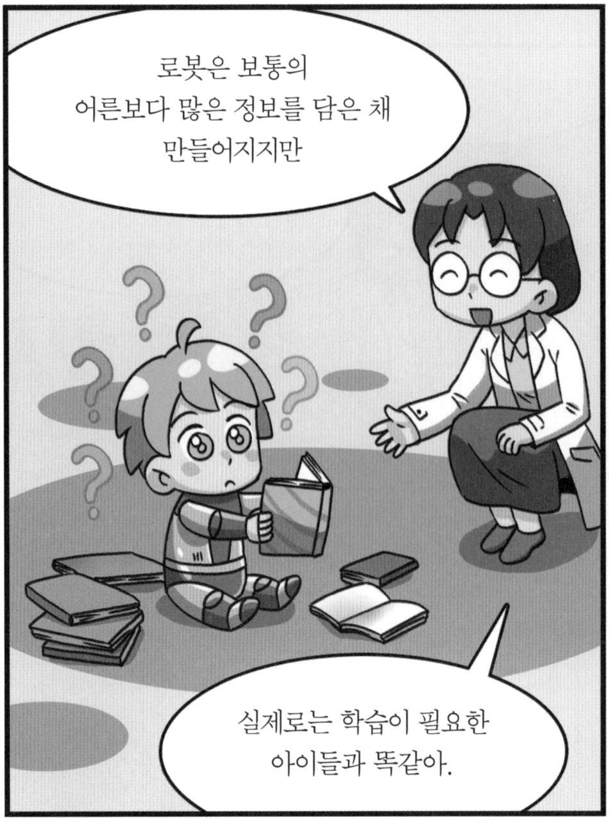
로봇은 보통의
어른보다 많은 정보를 담은 채
만들어지지만
실제로는 학습이 필요한
아이들과 똑같아.

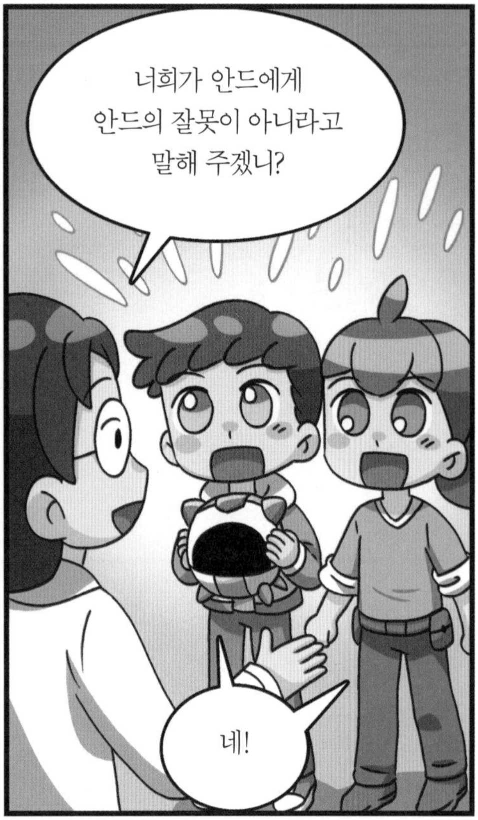
너희가 안드에게
안드의 잘못이 아니라고
말해 주겠니?
네!

로봇 심리학자

로봇이 정보를 어떻게 받아들이고 배우며 행동하는지 이해하는 것이 중요해요. 이를 위해서는 로봇 심리학자가 필요하지요. 로봇 심리학자는 로봇이 더 나은 결정을 할 수 있는 방법으로 정보를 얻도록 돕는 역할을 해요. 로봇이 스스로 해결할 수 없는 문제가 발생하면, 로봇 심리학자는 로봇의 학습 패턴을 조정해 학습 과정을 수정해요. 로봇에게 윤리를 가르치는 것도 로봇 심리학자의 임무 중 하나예요. 한마디로 로봇 심리학자는 로봇에게 선생님과 같은 역할을 한답니다.

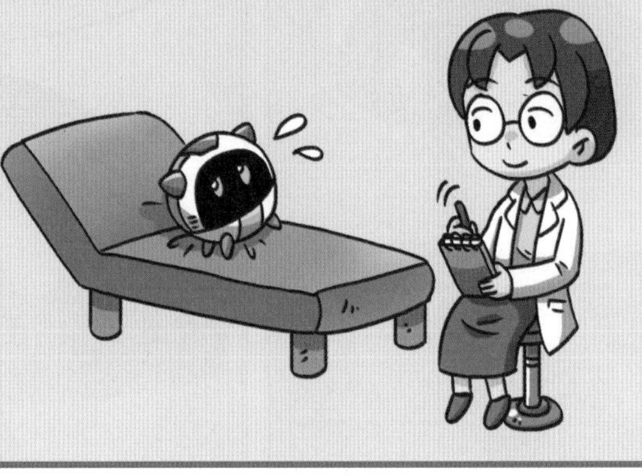

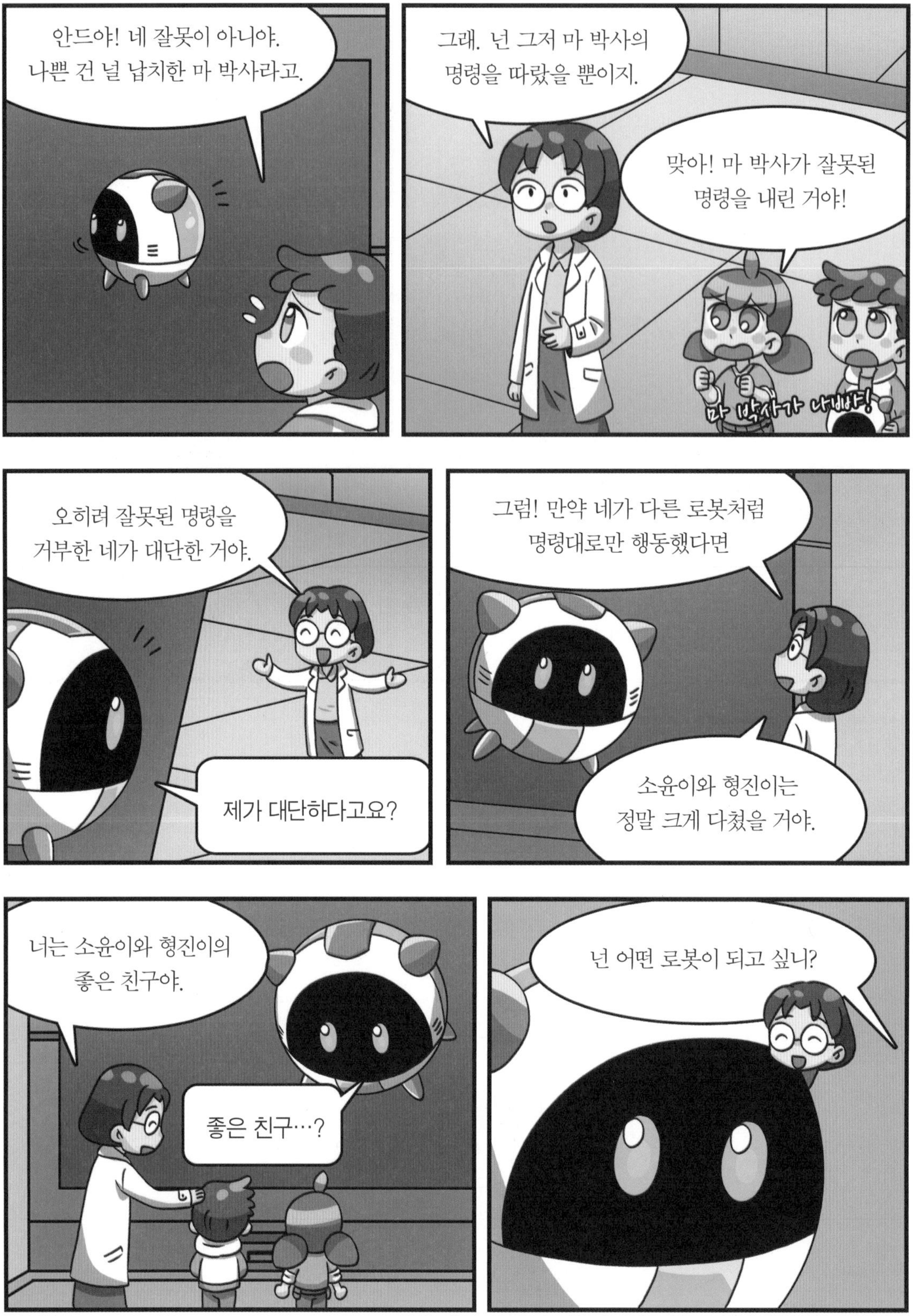
안드야! 네 잘못이 아니야.
나쁜 건 널 납치한 마 박사라고.
그래. 넌 그저 마 박사의
명령을 따랐을 뿐이지.
맞아! 마 박사가 잘못된
명령을 내린 거야!
마 박사가 나빠!
오히려 잘못된 명령을
거부한 네가 대단한 거야.
제가 대단하다고요?
그럼! 만약 네가 다른 로봇처럼
명령대로만 행동했다면
소윤이와 형진이는
정말 크게 다쳤을 거야.
너는 소윤이와 형진이의
좋은 친구야.
좋은 친구…?
넌 어떤 로봇이 되고 싶니?

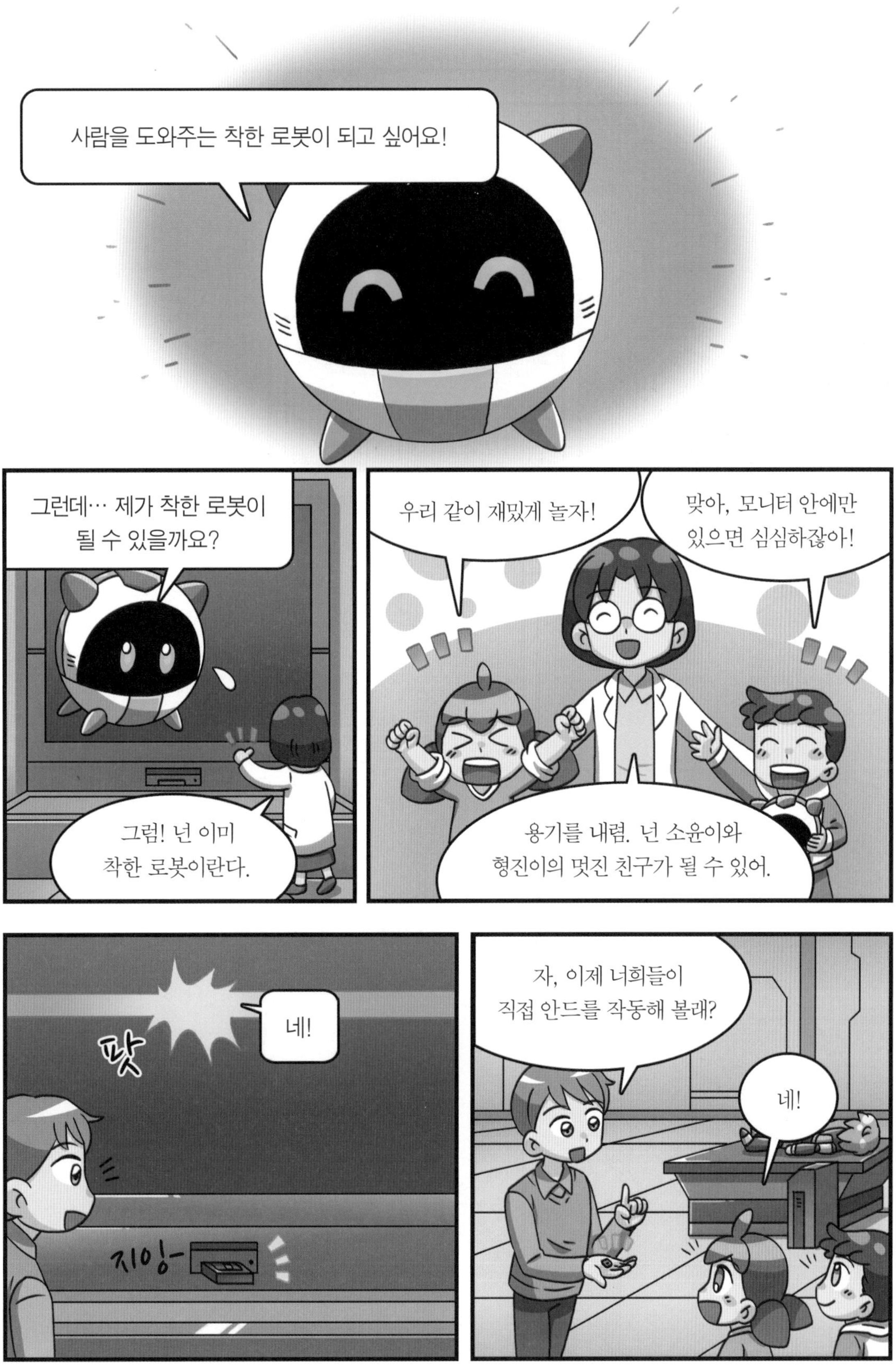
사람을 도와주는 착한 로봇이 되고 싶어요!
그런데… 제가 착한 로봇이 될 수 있을까요?
그럼! 넌 이미 착한 로봇이란다.
우리 같이 재밌게 놀자!
맞아, 모니터 안에만 있으면 심심하잖아!
용기를 내렴. 넌 소윤이와 형진이의 멋진 친구가 될 수 있어.
팟
네!
지잉-
자, 이제 너희들이 직접 안드를 작동해 볼래?
네!

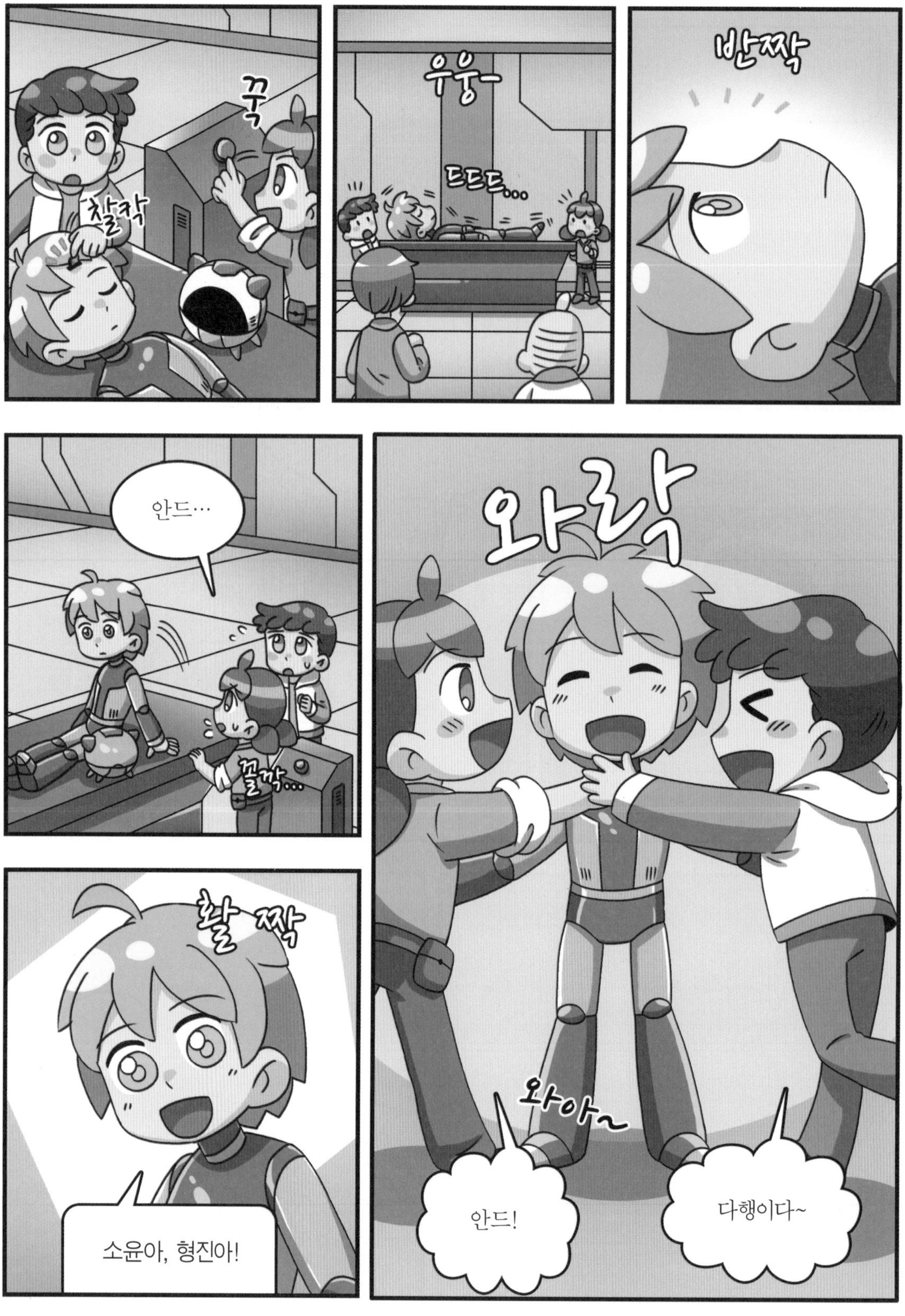
꾹
찰칵
우웅-
드드드…
반짝
안드…
꼴깍…
활짝
소윤아, 형진아!
와락
와아~
안드!
다행이다~

정보 더하기

로봇 박물관에 가 보자!

서울 로봇 박물관 – 브이센터

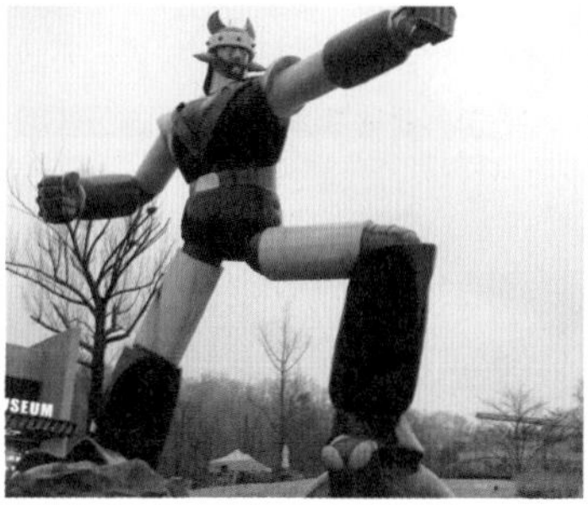

SEUM

로봇 박물관이면서 여러 가지 다양한 체험을 할 수 있는 테마파크이기도 한 '브이센터'는 로봇 태권브이의 역사를 한눈에 볼 수 있어요. 태권브이 전시실과 피규어존, 30분 단위로 영화가 상영되는 태권브이 센터 영화관 등이 있어요. 태권브이를 그린 화가의 홀로그램존도 있고, 거울로 보면 로봇의 모습이 다르게 보이는 미러 타워도 있어요. 암벽을 등반하고 블록을 갖고 놀 수 있는 곳도 있답니다.

부천 로봇 박물관 – 로보파크

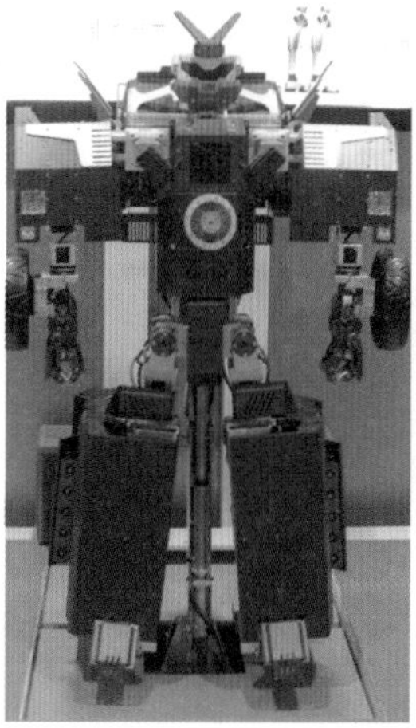

로봇만 관람하는 것이 아니라 직접 체험하고 놀이를 하는 '로보파크'는 규모는 작지만 알차게 과학 체험을 할 수 있는 곳이에요. 변신 로봇, 마술 로봇, 연주 로봇 등의 다양한 공연을 진행해요. 로봇을 조작하여 로봇 축구도 하고, 신나는 춤을 추는 휴머노이드의 퍼포먼스도 볼 수 있어요. 매시간 4D 영화 상영도 하지요. 로봇과 함께 그림을 그릴 수도 있고, 가위바위보 대결도 해 볼 수 있답니다.

춘천 로봇 박물관 – 토이 로봇관

　　로봇 산업의 미래와 비전을 제시하는 '토이 로봇관'에는 다양한 캐릭터 로봇이 전시되어 있어요. 인간의 감정을 표현하는 로봇 데스피안은 〈스타워즈〉, 〈오즈의 마법사〉, 〈죠스〉 등의 영화 장면을 다양한 표정을 지으며 보여 줘요. 직접 로봇을 작동하여 권투와 축구 경기를 할 수도 있고, 애니메이션 주제곡을 연주하거나 최신 음악에 맞춰 춤추는 로봇을 만날 수도 있어요. 또 로봇 아바타존에서 슈트를 입고 움직이면 화면 속의 로봇이 따라 움직이기도 하지요. 어린이들이 로봇 전문가로 성장할 수 있도록 꿈과 희망을 주는 로봇 캠프를 개최하기도 한답니다.

포항 로봇 박물관 – 로보라이프 뮤지엄

　　'로보라이프 뮤지엄'은 사전 예약제이므로 꼭 예약을 하고 방문해야 해요. 1전시관(흥미관)에는 로봇의 역사를 설명하는 전시관과 물개 로봇 파로, 지능형 로봇 제니보, 싸이의 강남 스타일 안무를 하는 휴머노이드가 있어요. 2전시관(체험관)에는 캐논 변주곡을 연주하는 로봇, 학습 로봇, 시뮬레이션 게임이 있고, 3전시관(탐험관)에는 드론 등이 있어요. 물고기 로봇, 여러 가지 표정을 짓는 로봇, 상어 로봇 등 생동감 있는 로봇을 만날 수 있고, 로봇을 직접 만들어 볼 수도 있어 인기가 많답니다.

제주 로봇 박물관 – 로봇 스퀘어

'로봇 스퀘어'는 로봇과 사람이 서로 교감하며 체험할 수 있는 곳이에요. 예쁘다고 만져 주면 꼬리를 흔들고 먹이도 받아먹는 감정 공룡 로봇, 사람이 움직이는 대로 따라 움직이는 로봇이 있어요. 로봇을 타고 서로 전투를 할 수 있는 체험장도 있답니다. 드럼도 연주하고 노래도 함께 부를 수 있는 로봇 공연장, 엑소의 으르렁에 맞춰 춤을 추는 로봇 공연장이 흥을 돋웁니다. 이곳에서는 직접 조종할 수 있는 로봇 범블비와 고양이 로봇이 가장 인기를 끌고 있어요. 화면에 나온 동물을 선택하고 색칠을 해서 전송하면 큰 화면에 직접 색칠한 동물이 나타나서 움직이는 것 또한 인기 만점이랍니다.

7화 우리는 미래의 로봇 공학자

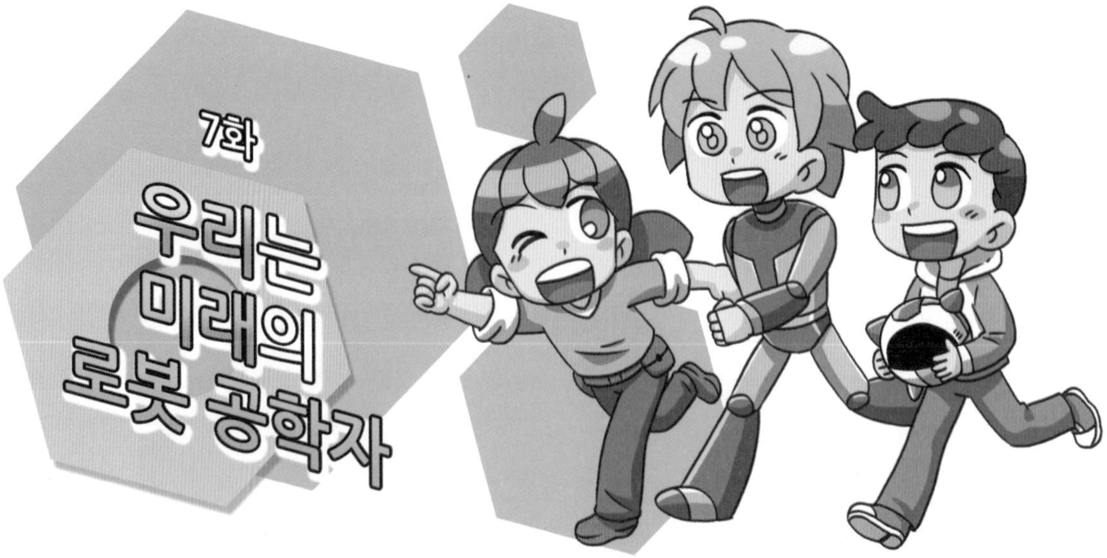

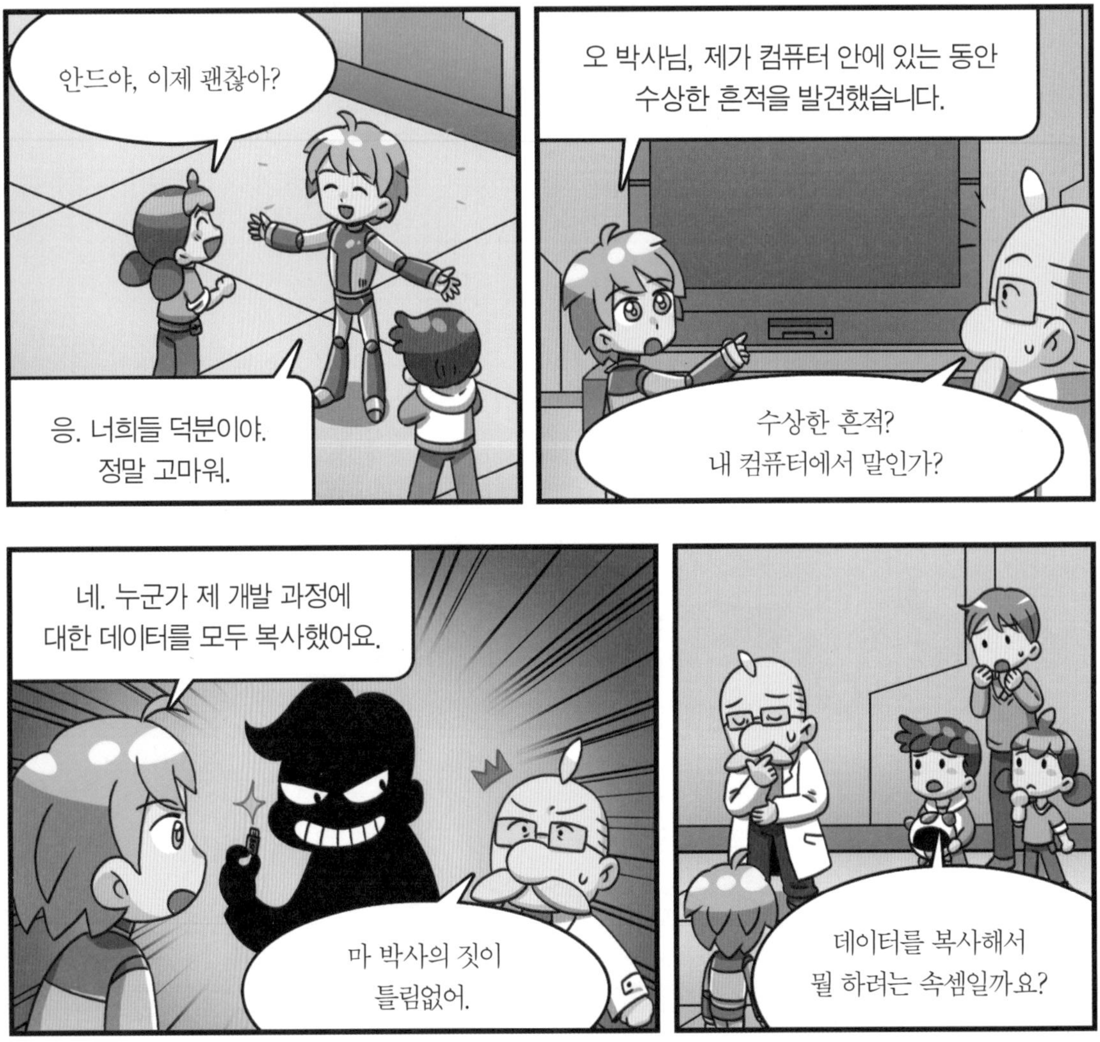
안드야, 이제 괜찮아?
응. 너희들 덕분이야. 정말 고마워.
오 박사님, 제가 컴퓨터 안에 있는 동안 수상한 흔적을 발견했습니다.
수상한 흔적? 내 컴퓨터에서 말인가?
네. 누군가 제 개발 과정에 대한 데이터를 모두 복사했어요.
마 박사의 짓이 틀림없어.
데이터를 복사해서 뭘 하려는 속셈일까요?

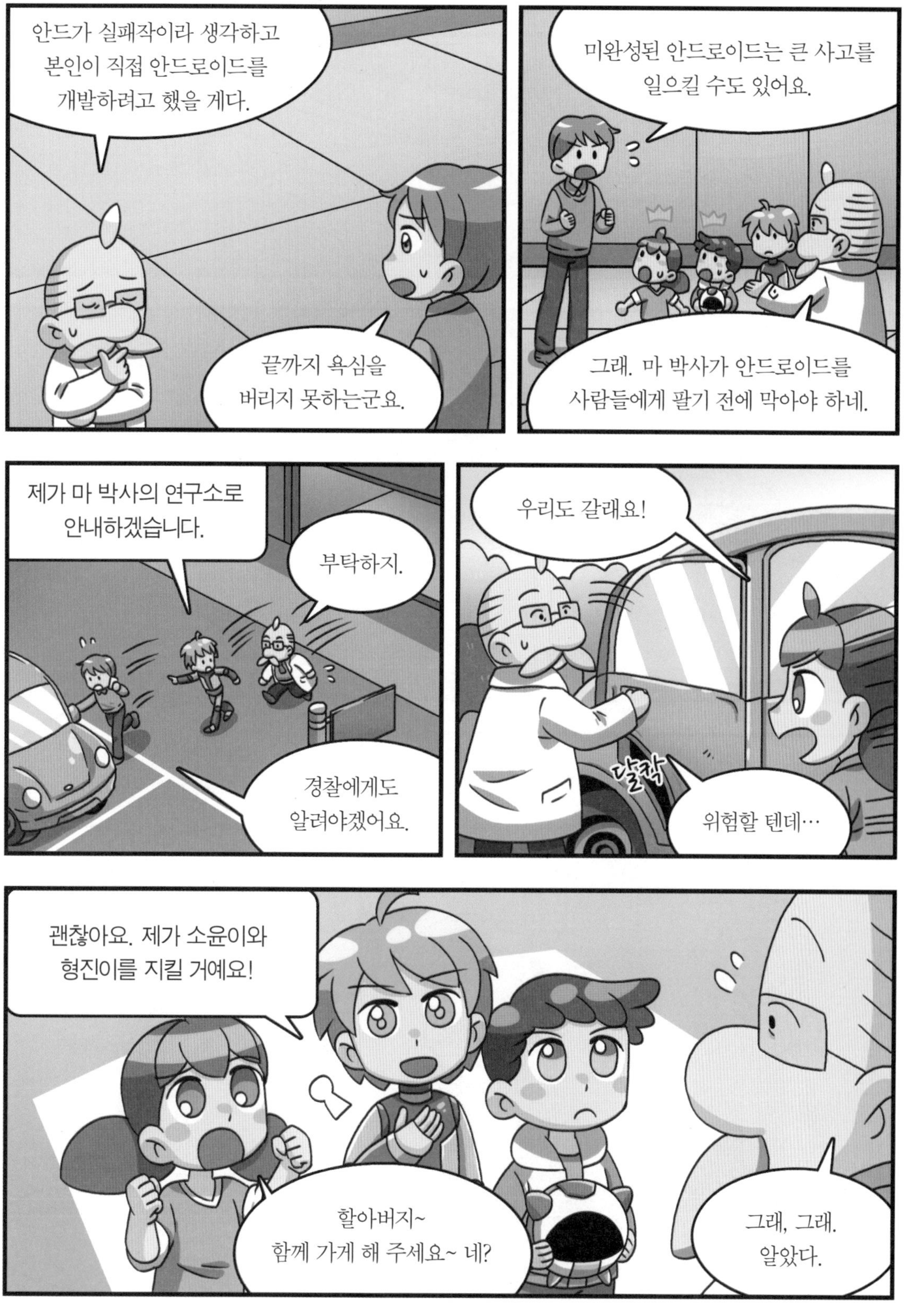
안드가 실패작이라 생각하고 본인이 직접 안드로이드를 개발하려고 했을 게다.
끝까지 욕심을 버리지 못하는군요.
미완성된 안드로이드는 큰 사고를 일으킬 수도 있어요.
그래. 마 박사가 안드로이드를 사람들에게 팔기 전에 막아야 하네.
제가 마 박사의 연구소로 안내하겠습니다.
부탁하지.
경찰에게도 알려야겠어요.
우리도 갈래요!
달칵
위험할 텐데…
괜찮아요. 제가 소윤이와 형진이를 지킬 거예요!
할아버지~ 함께 가게 해 주세요~ 네?
그래, 그래. 알았다.

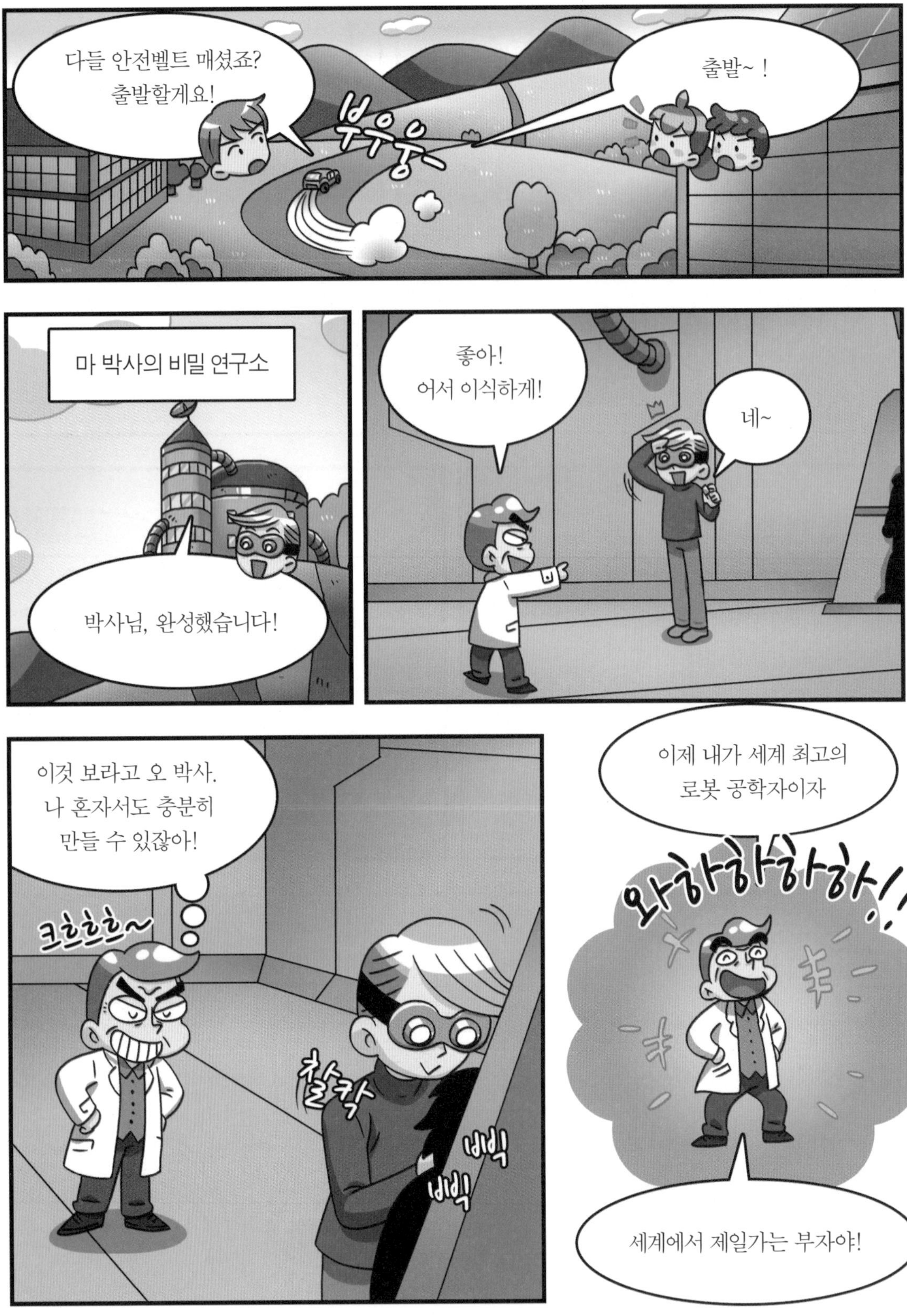
다들 안전벨트 매셨죠?
출발할게요!
부우웅~
출발~!
마 박사의 비밀 연구소
박사님, 완성했습니다!
좋아!
어서 이식하게!
네~
이것 보라고 오 박사.
나 혼자서도 충분히
만들 수 있잖아!
크흐흐흐~
찰칵
삐빅
삐빅
이제 내가 세계 최고의
로봇 공학자이자
와하하하하!!
세계에서 제일가는 부자야!

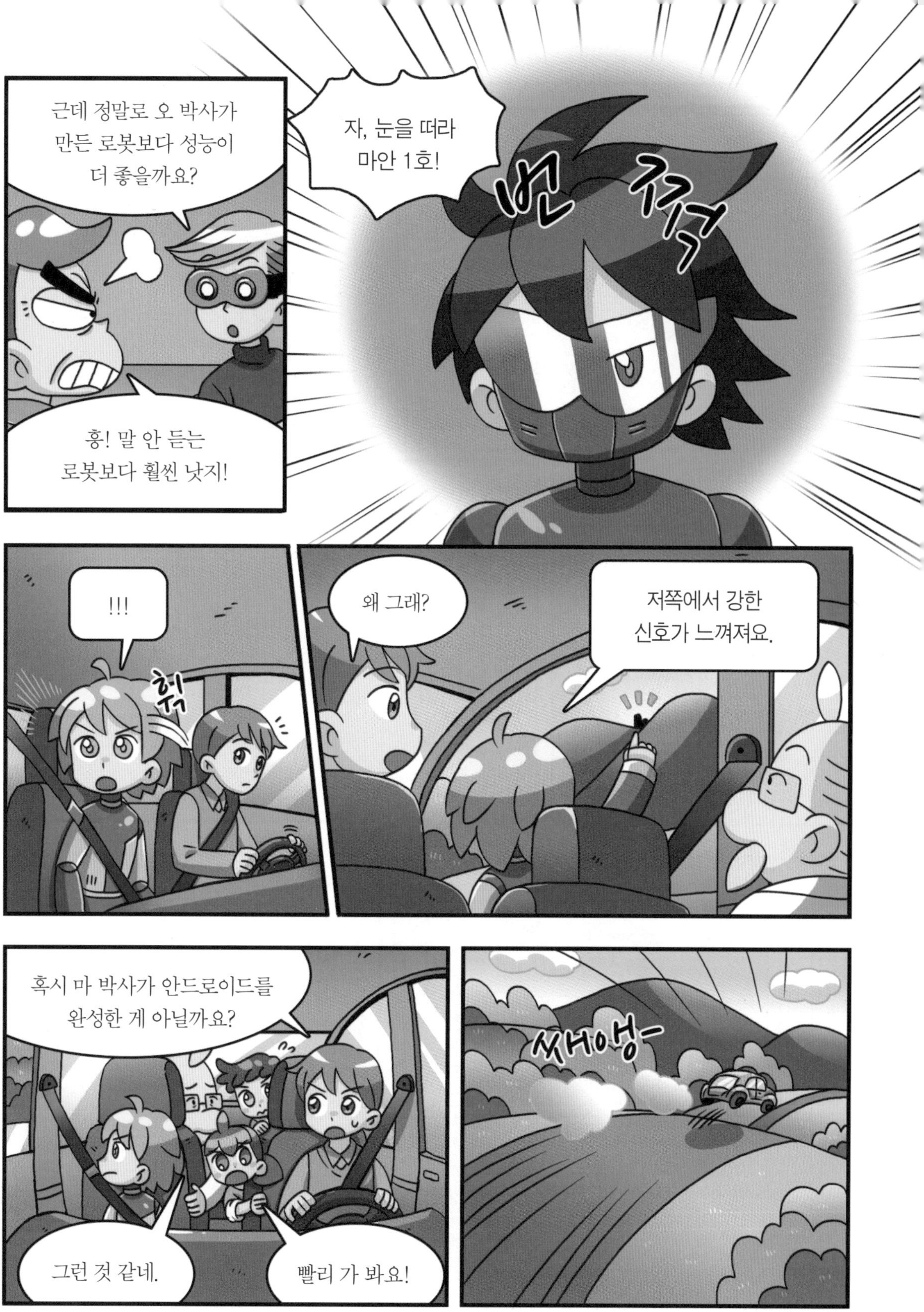
근데 정말로 오 박사가 만든 로봇보다 성능이 더 좋을까요?
흥! 말 안 듣는 로봇보다 훨씬 낫지!
자, 눈을 떠라 마안 1호!
번쩍
!!!
휙
왜 그래?
저쪽에서 강한 신호가 느껴져요.
혹시 마 박사가 안드로이드를 완성한 게 아닐까요?
그런 것 같네.
빨리 가 봐요!
쌔엉-

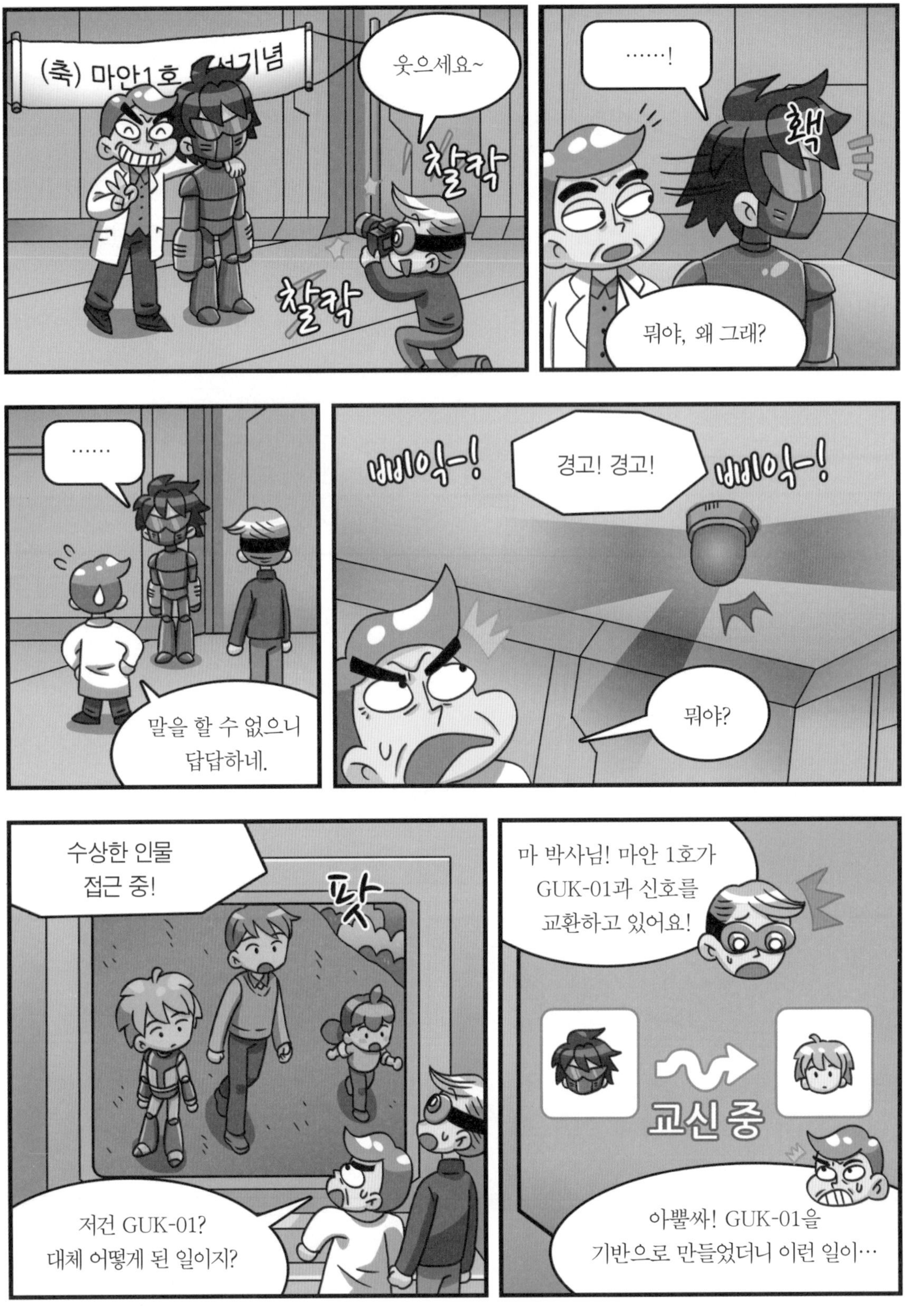
(축) 마안1호
웃으세요~
찰칵
찰칵
……!
홱
뭐야, 왜 그래?
……
말을 할 수 없으니
답답하네.
삐이익~!
경고! 경고!
삐이익~!
뭐야?
수상한 인물
접근 중!
팟
저건 GUK-01?
대체 어떻게 된 일이지?
마 박사님! 마안 1호가
GUK-01과 신호를
교환하고 있어요!
교신 중
아뿔싸! GUK-01을
기반으로 만들었더니 이런 일이…

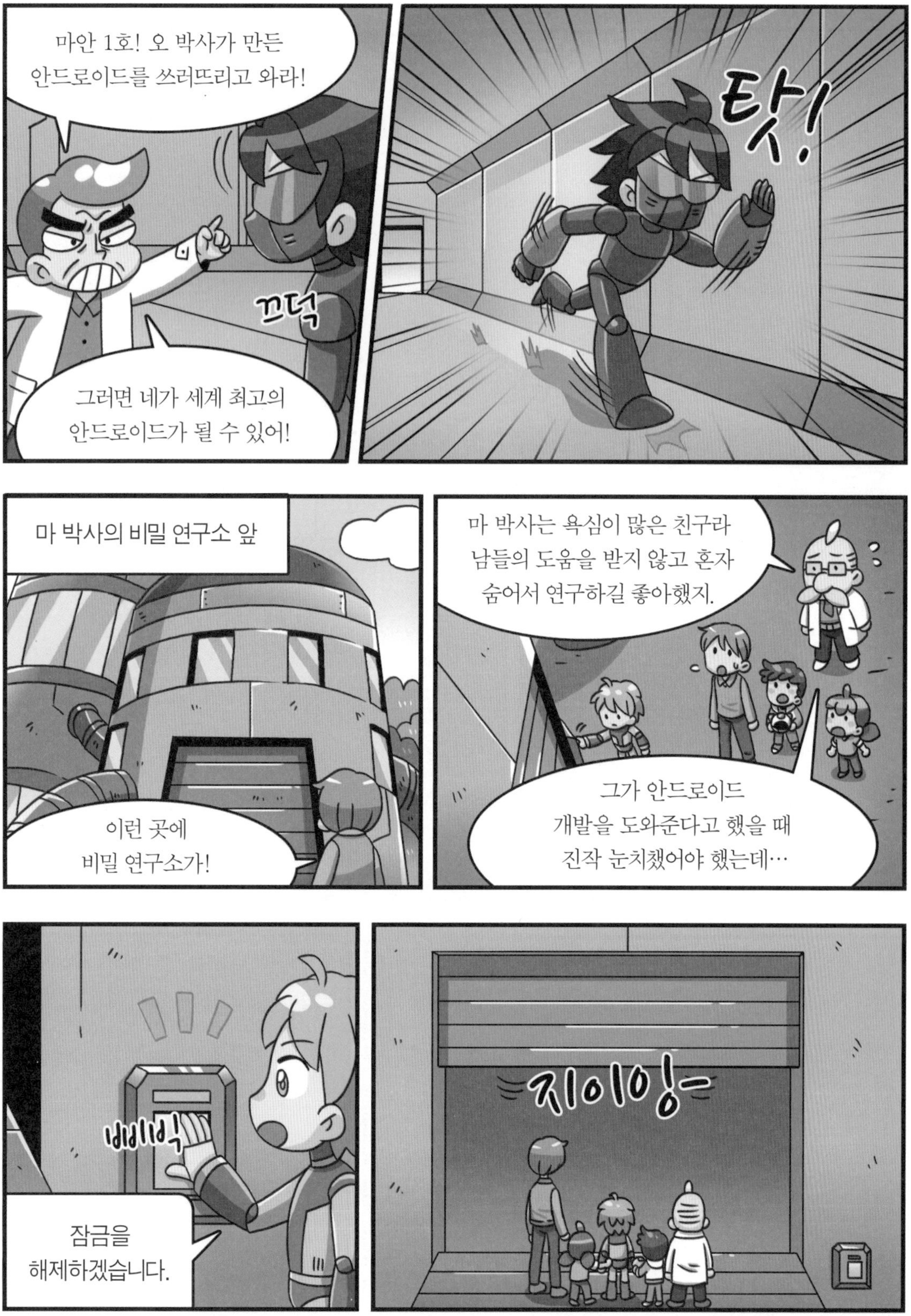
마안 1호! 오 박사가 만든
안드로이드를 쓰러뜨리고 와라!
끄덕
그러면 네가 세계 최고의
안드로이드가 될 수 있어!
탓!
마 박사의 비밀 연구소 앞
이런 곳에
비밀 연구소가!
마 박사는 욕심이 많은 친구라
남들의 도움을 받지 않고 혼자
숨어서 연구하길 좋아했지.
그가 안드로이드
개발을 도와준다고 했을 때
진작 눈치챘어야 했는데…
삐비빅
잠금을
해제하겠습니다.
지이잉

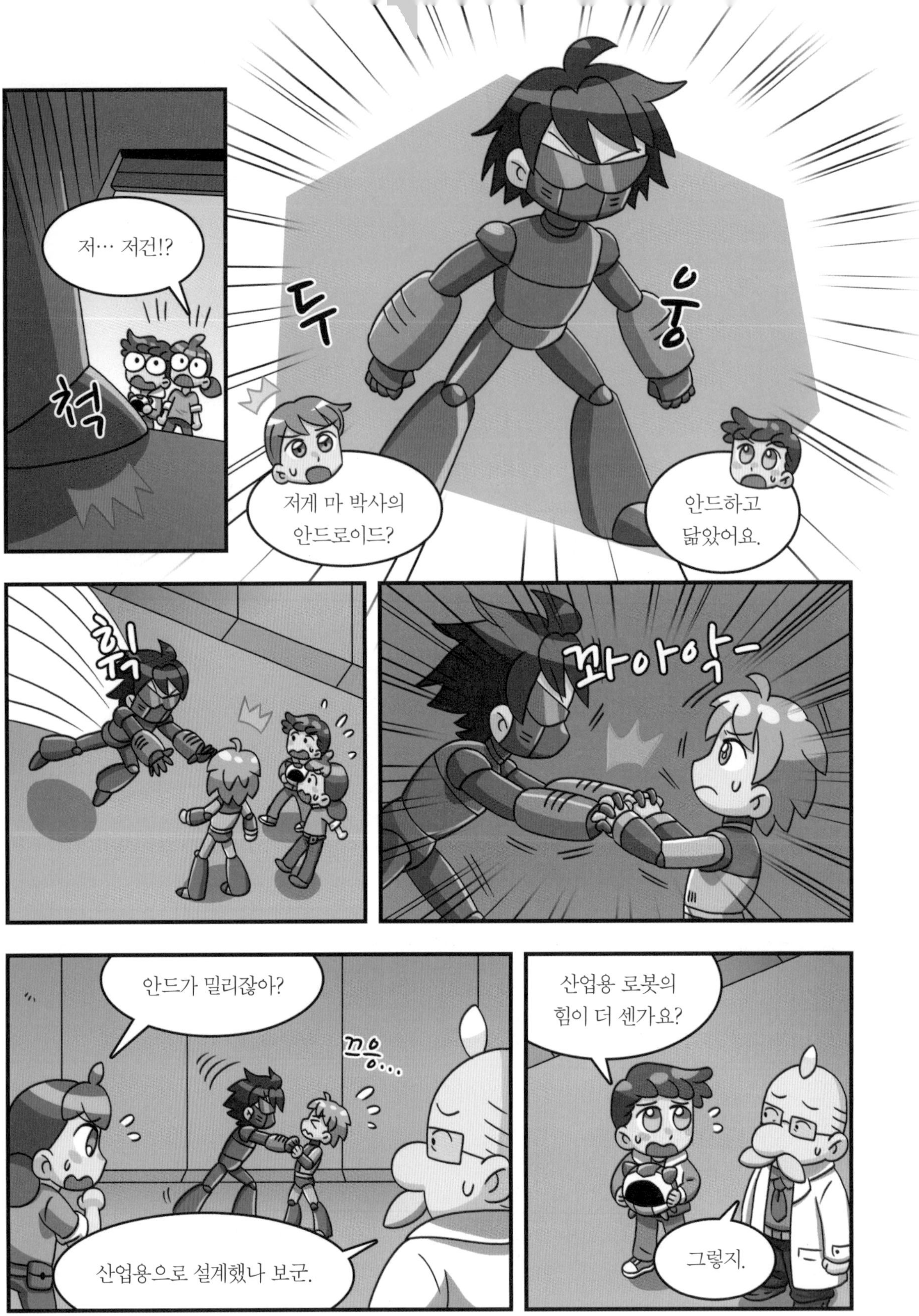
저… 저건!?
척
두
웅
저게 마 박사의
안드로이드?
안드하고
닮았어요.
휙
콰아악-
안드가 밀리잖아?
끄응…
산업용으로 설계했나 보군.
산업용 로봇의
힘이 더 센가요?
그렇지.

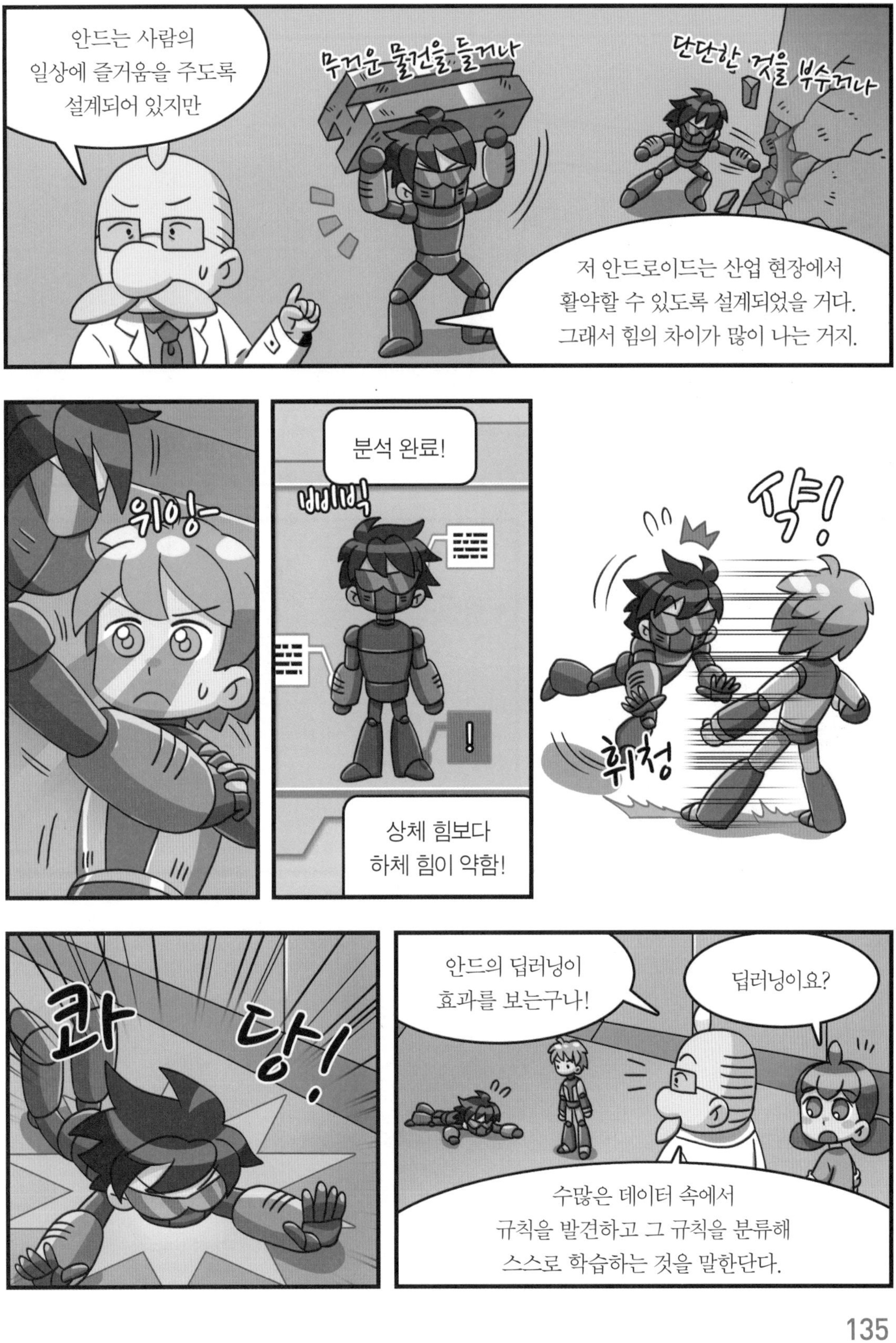
안드는 사람의 일상에 즐거움을 주도록 설계되어 있지만
무거운 물건을 들거나
단단한 것을 부수거나
저 안드로이드는 산업 현장에서 활약할 수 있도록 설계되었을 거다. 그래서 힘의 차이가 많이 나는 거지.
위이잉-
분석 완료!
삐비빅
상체 힘보다 하체 힘이 약함!
샥!
휘청
콰 당!
안드의 딥러닝이 효과를 보는구나!
딥러닝이요?
수많은 데이터 속에서 규칙을 발견하고 그 규칙을 분류해 스스로 학습하는 것을 말한단다.

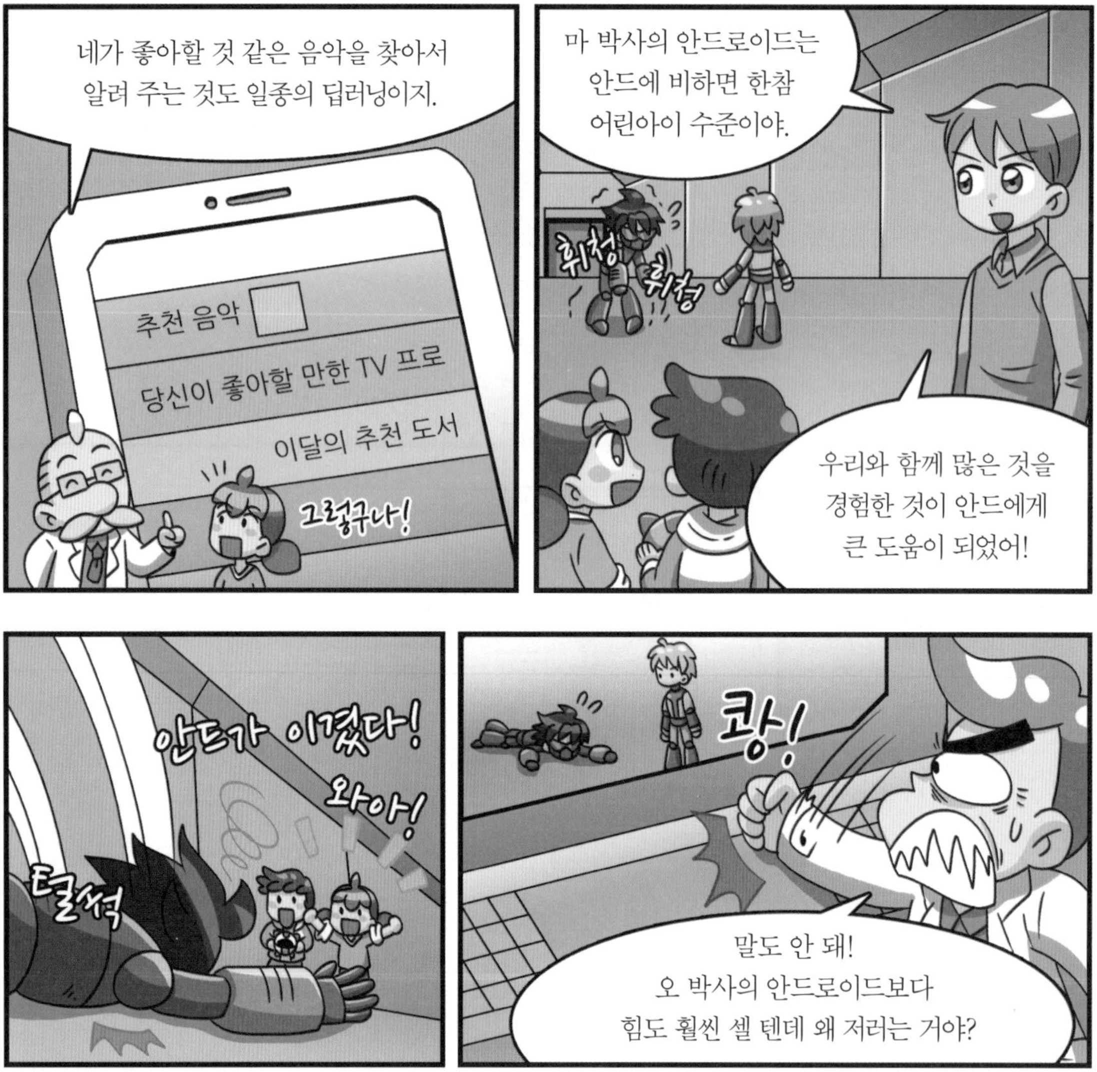
네가 좋아할 것 같은 음악을 찾아서
알려 주는 것도 일종의 딥러닝이지.
추천 음악
당신이 좋아할 만한 TV 프로
이달의 추천 도서
그렇구나!
마 박사의 안드로이드는
안드에 비하면 한참
어린아이 수준이야.
휘청
휘청
우리와 함께 많은 것을
경험한 것이 안드에게
큰 도움이 되었어!
안드가 이겼다!
와아!
털썩
쾅!
말도 안 돼!
오 박사의 안드로이드보다
힘도 훨씬 셀 텐데 왜 저러는 거야?

딥러닝이 무엇인가요?

딥러닝은 수많은 정보 속에서 패턴을 발견해 사람이 사물을 구분하는 것처럼, 컴퓨터가 데이터를 나누어 원하는 정보를 예측하는 것을 말해요. 즉, 컴퓨터가 사람처럼 생각하고 배울 수 있도록 하는 것으로, 인공지능의 핵심 기술이라고 볼 수 있지요. 딥러닝은 기계 학습의 한 분야예요. 기계 학습은 컴퓨터에게 먼저 다양한 정보를 가르치고 그 학습한 결과에 따라 컴퓨터가 새로운 것을 예측하는 반면, 딥러닝은 사람이 일일이 가르쳐 주지 않아도 스스로 학습하고 미래의 상황을 예측하는 것이지요.

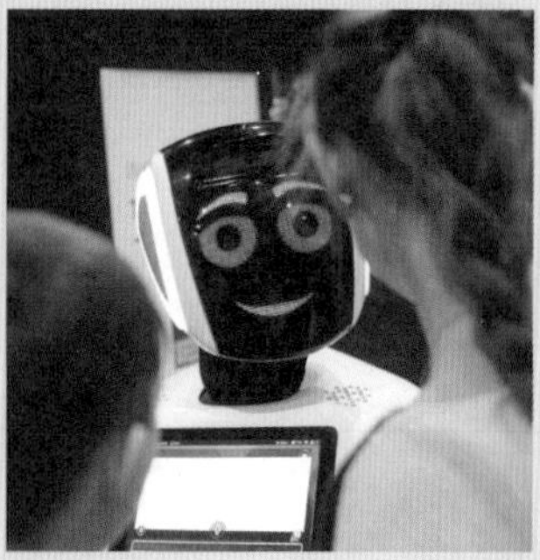

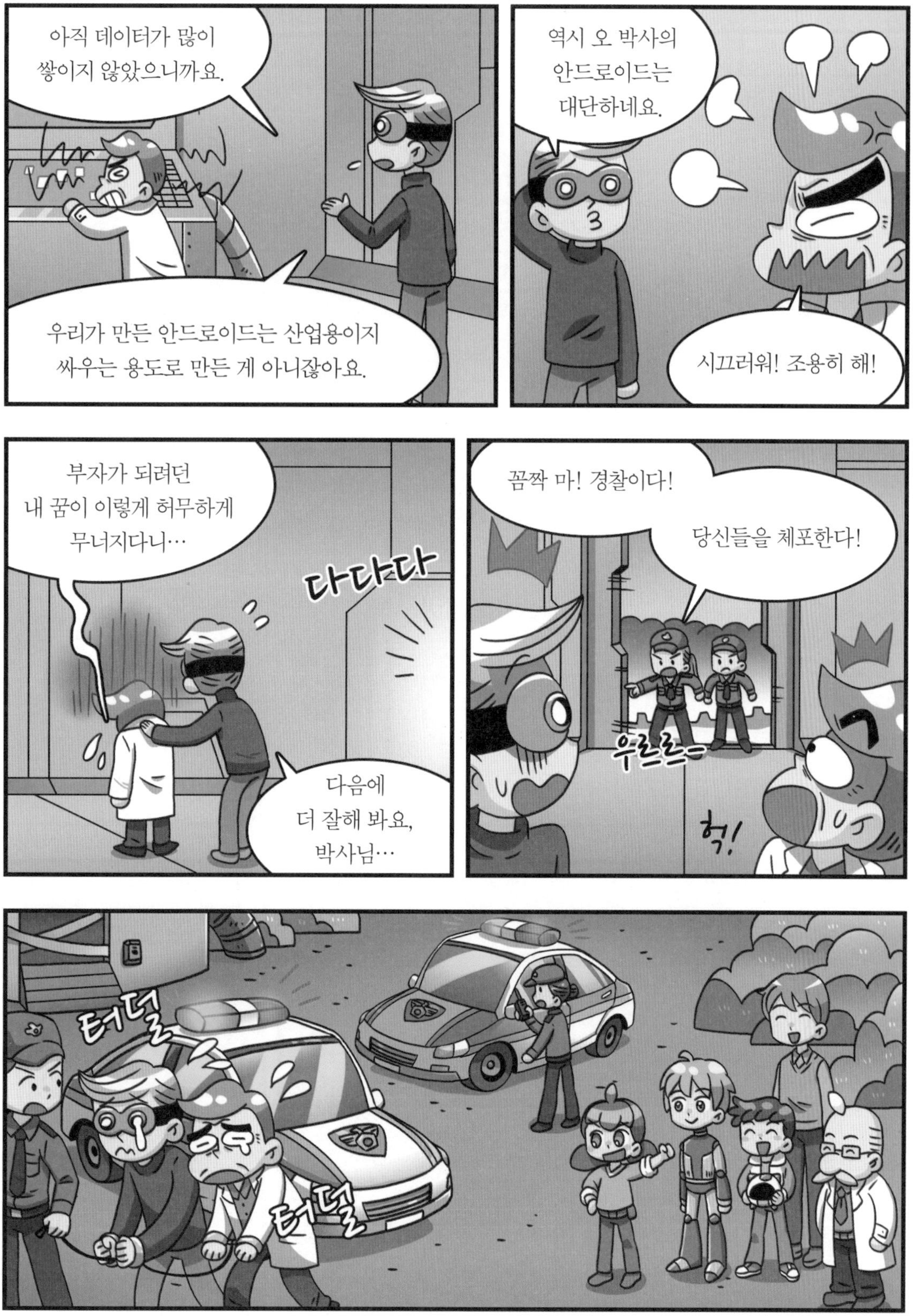
아직 데이터가 많이
쌓이지 않았으니까요.
우리가 만든 안드로이드는 산업용이지
싸우는 용도로 만든 게 아니잖아요.
역시 오 박사의
안드로이드는
대단하네요.
시끄러워! 조용히 해!
부자가 되려던
내 꿈이 이렇게 허무하게
무너지다니…
다다다
다음에
더 잘해 봐요,
박사님…
꼼짝 마! 경찰이다!
당신들을 체포한다!
우르르
헉!
터덜
터덜

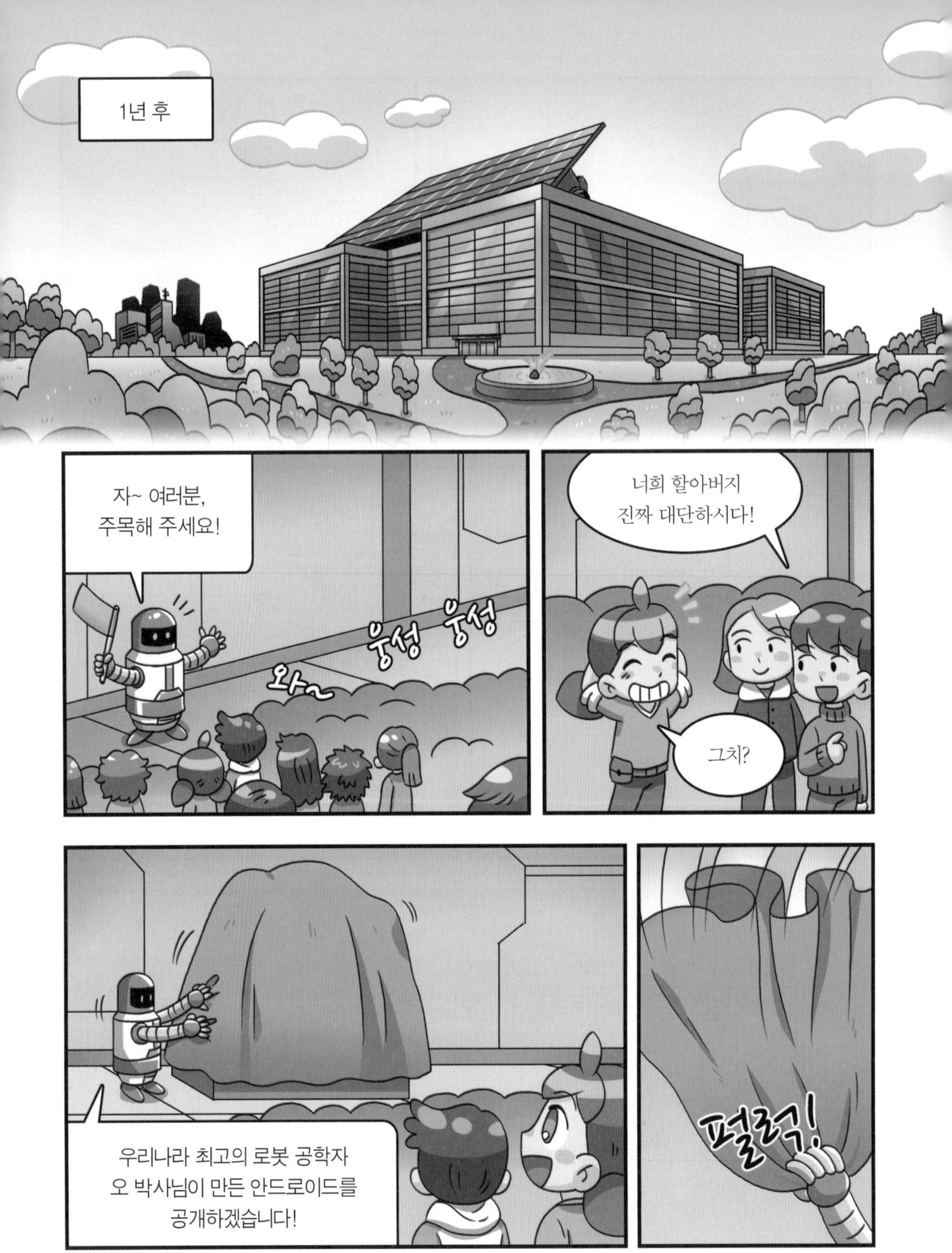
1년 후
자~ 여러분, 주목해 주세요!
웅성 웅성
와~
너희 할아버지 진짜 대단하시다!
그치?
우리나라 최고의 로봇 공학자 오 박사님이 만든 안드로이드를 공개하겠습니다!
펄럭!

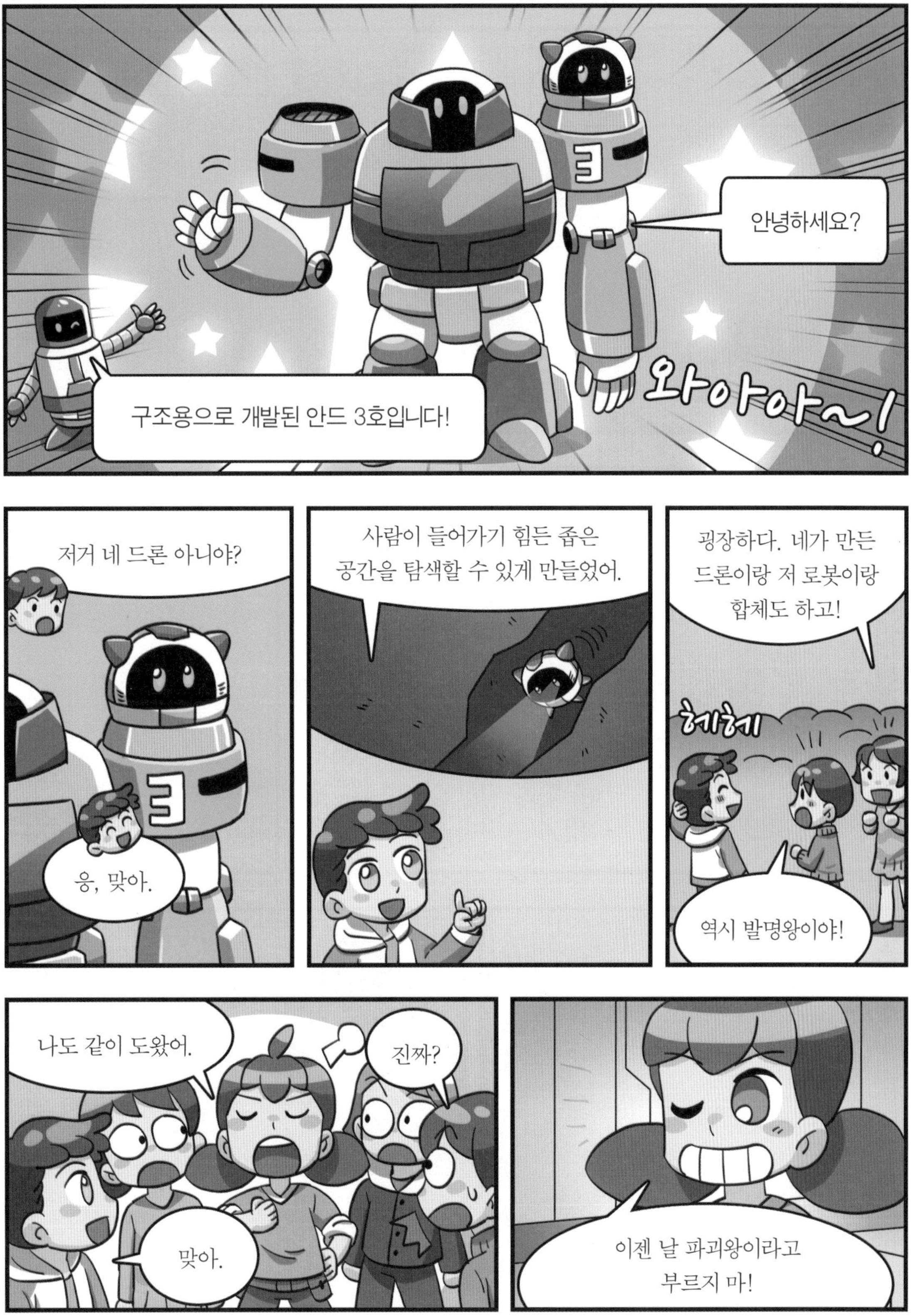

안녕하세요?
구조용으로 개발된 안드 3호입니다!
와아아~!
저거 네 드론 아니야?
응, 맞아.
사람이 들어가기 힘든 좁은 공간을 탐색할 수 있게 만들었어.
굉장하다. 네가 만든 드론이랑 저 로봇이랑 합체도 하고!
헤헤
역시 발명왕이야!
나도 같이 도왔어.
진짜?
맞아.
이젠 날 파괴왕이라고 부르지 마!

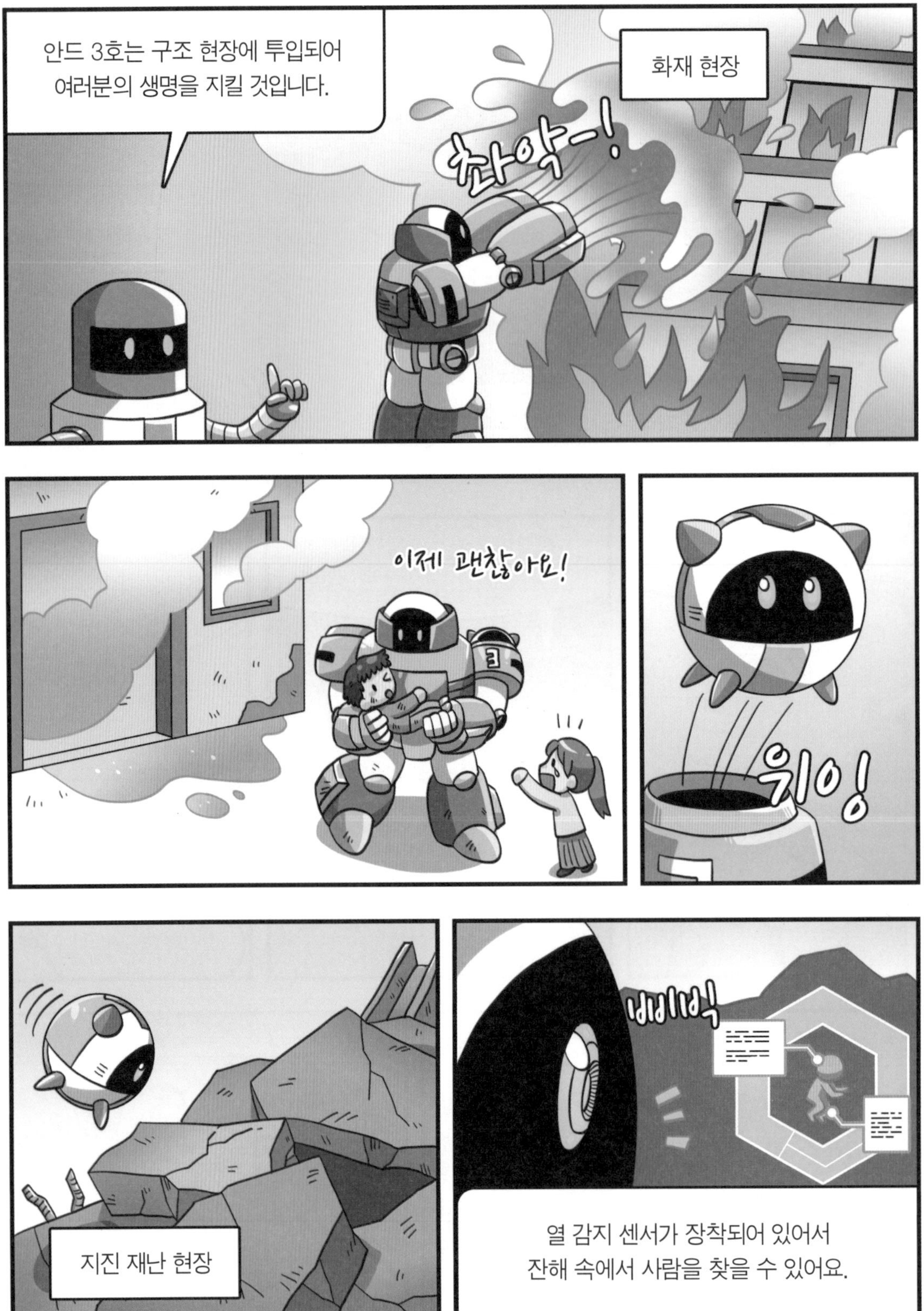
안드 3호는 구조 현장에 투입되어 여러분의 생명을 지킬 것입니다.
화재 현장
촤악-!
이제 괜찮아요!
위잉!
지진 재난 현장
삐비빅
열 감지 센서가 장착되어 있어서 잔해 속에서 사람을 찾을 수 있어요.

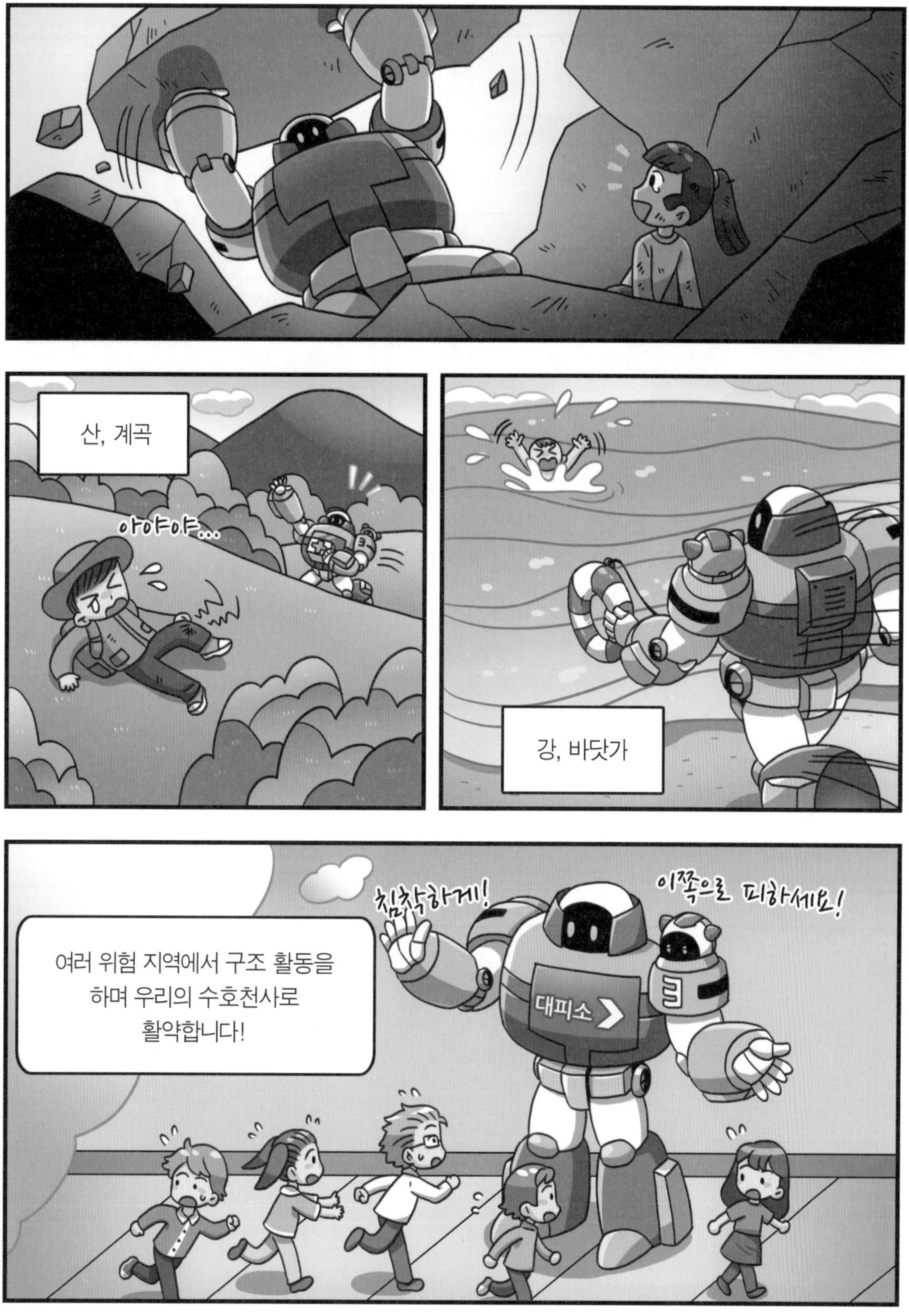
산, 계곡
아야야...
강, 바닷가
여러 위험 지역에서 구조 활동을 하며 우리의 수호천사로 활약합니다!
침착하게!
이쪽으로 피하세요!
대피소

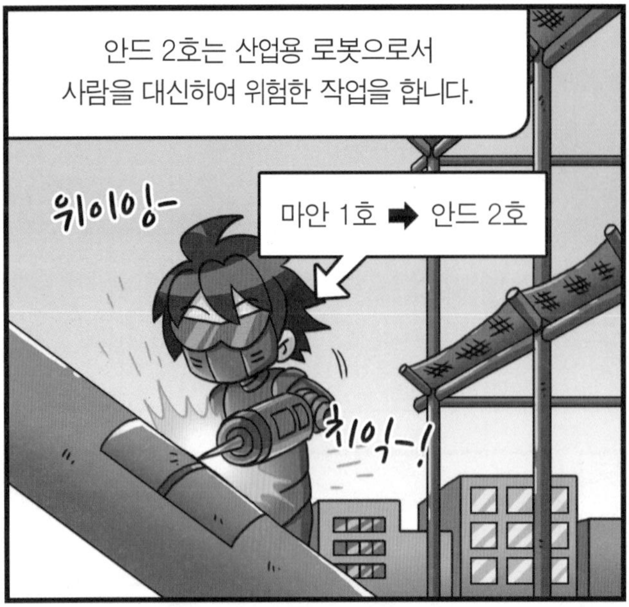
안드 2호는 산업용 로봇으로서
사람을 대신하여 위험한 작업을 합니다.
위이잉~
마안 1호 ➡ 안드 2호
치익-!

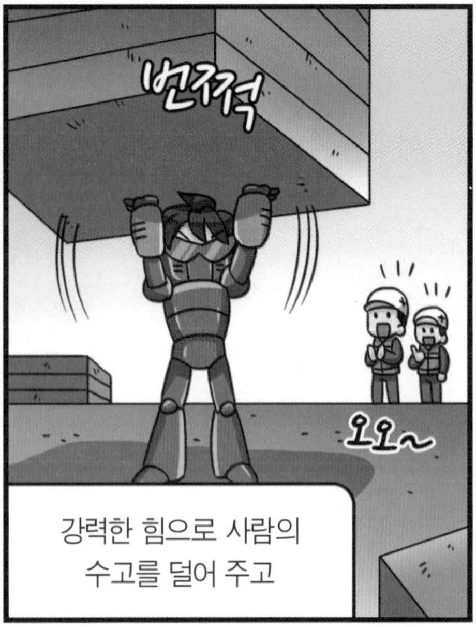
번쩍
오오~
강력한 힘으로 사람의
수고를 덜어 주고

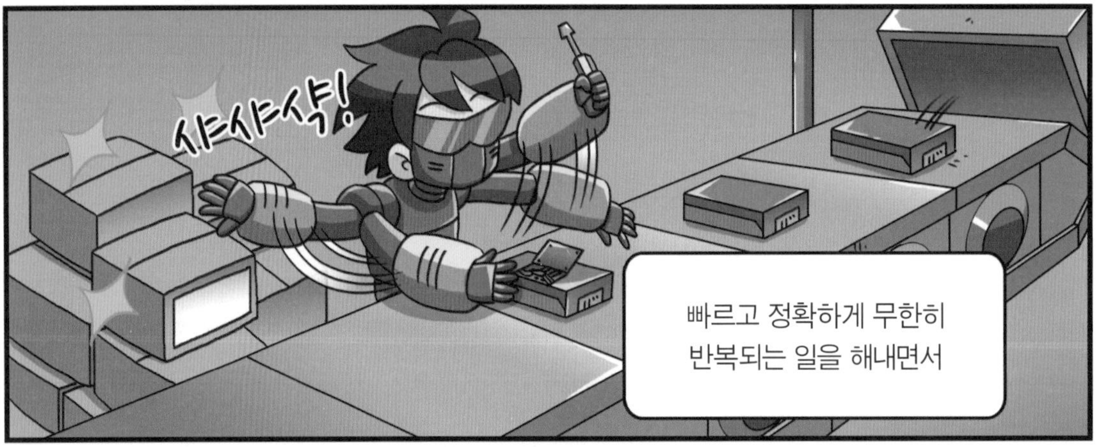
샤샤샥!
빠르고 정확하게 무한히
반복되는 일을 해내면서

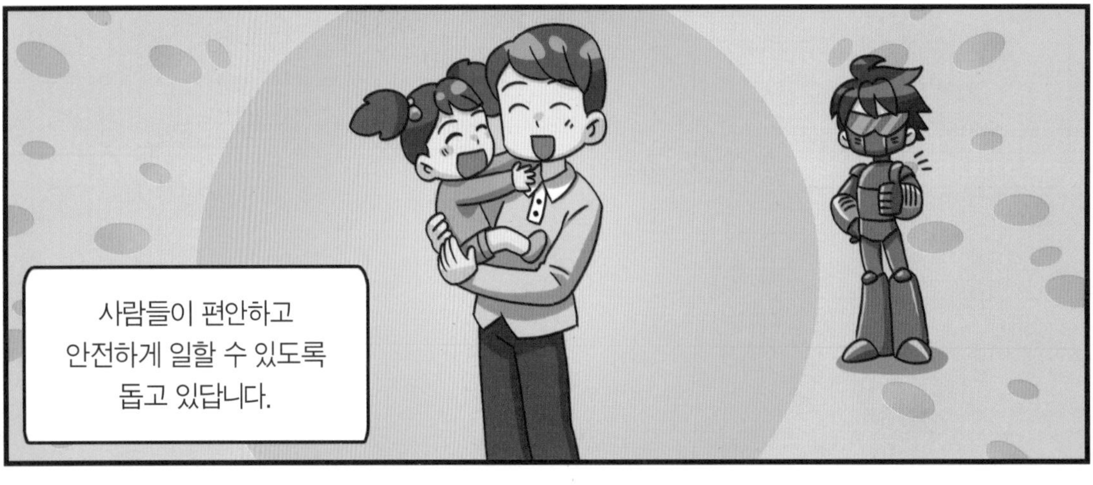
사람들이 편안하고
안전하게 일할 수 있도록
돕고 있답니다.

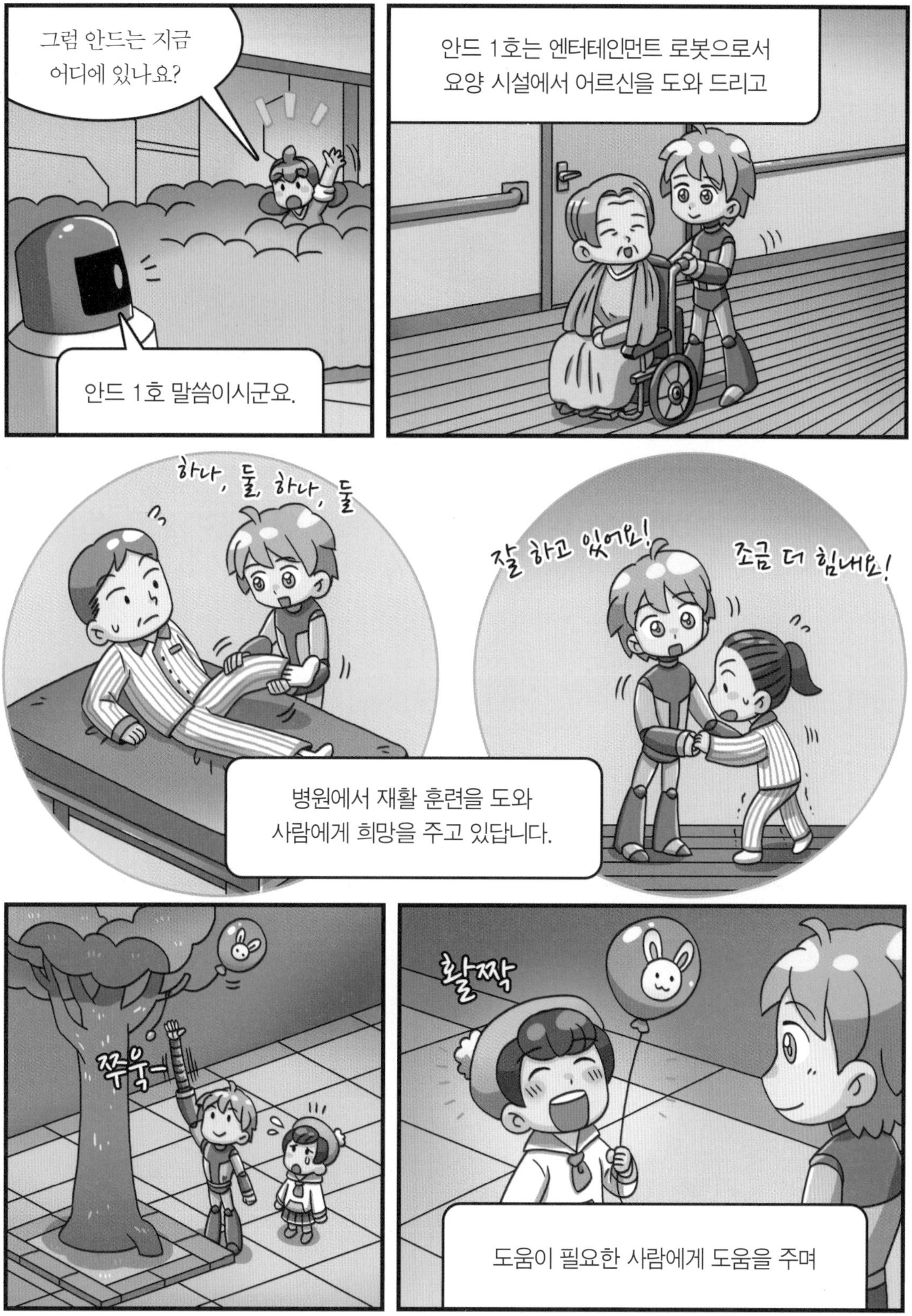

그럼 안드는 지금 어디에 있나요?
안드 1호 말씀이시군요.
안드 1호는 엔터테인먼트 로봇으로서 요양 시설에서 어르신을 도와 드리고
하나, 둘, 하나, 둘
잘 하고 있어요!
조금 더 힘내요!
병원에서 재활 훈련을 도와 사람에게 희망을 주고 있답니다.
쭈욱-
활짝
도움이 필요한 사람에게 도움을 주며

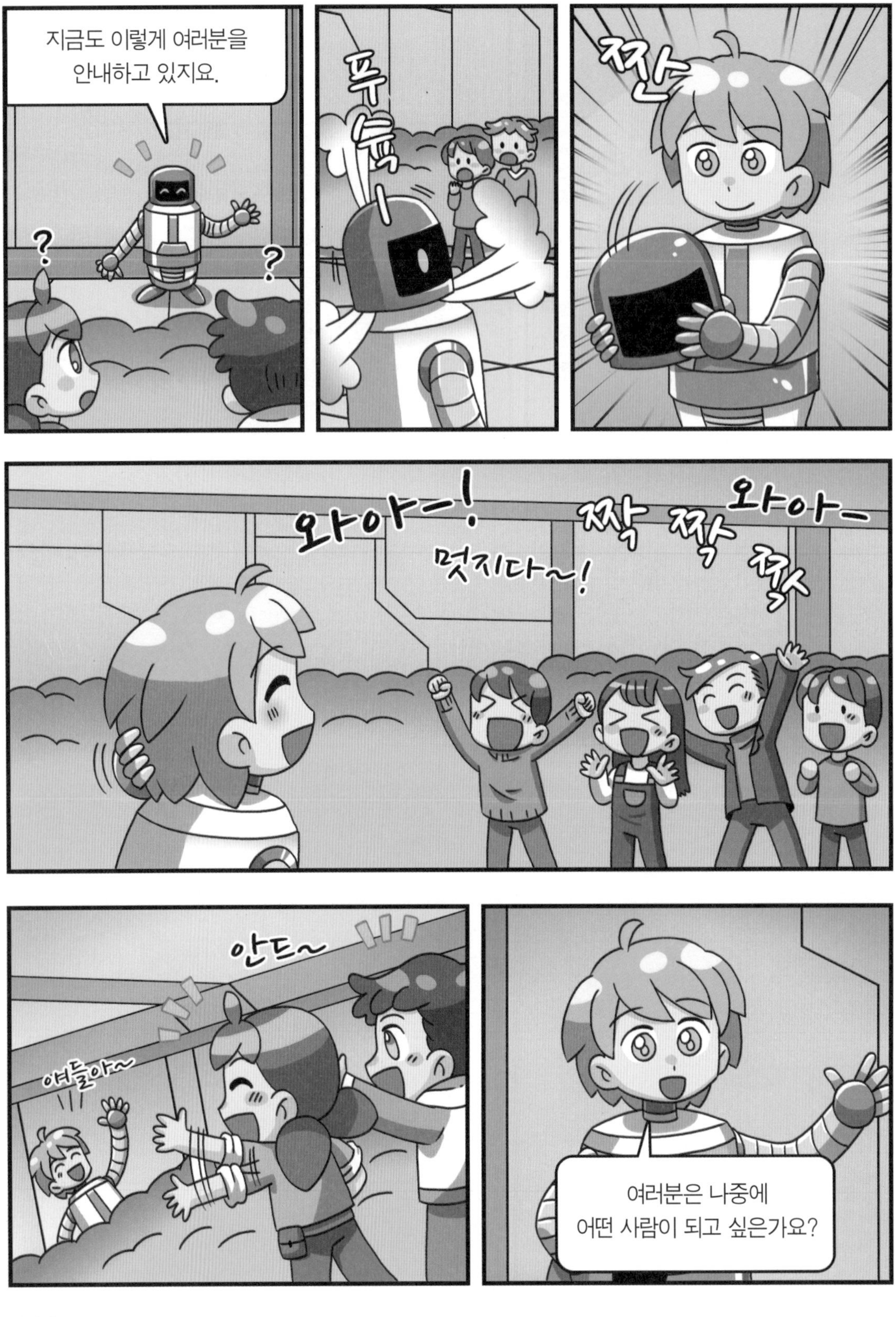
지금도 이렇게 여러분을
안내하고 있지요.
푸슉
짜잔
와아~!
멋지다~!
짝 짝 짝
와아~
안드~
얘들아~
여러분은 나중에
어떤 사람이 되고 싶은가요?

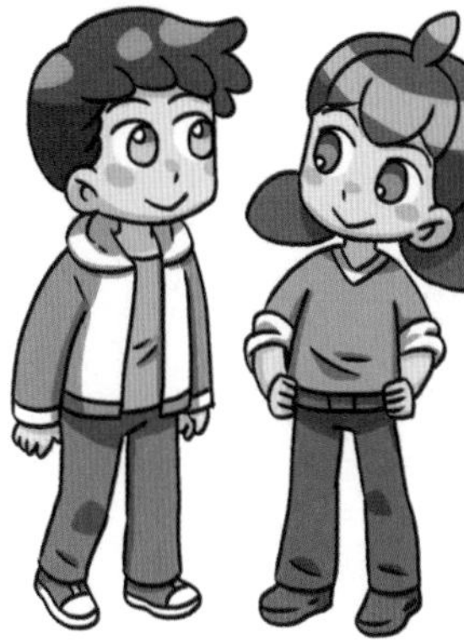

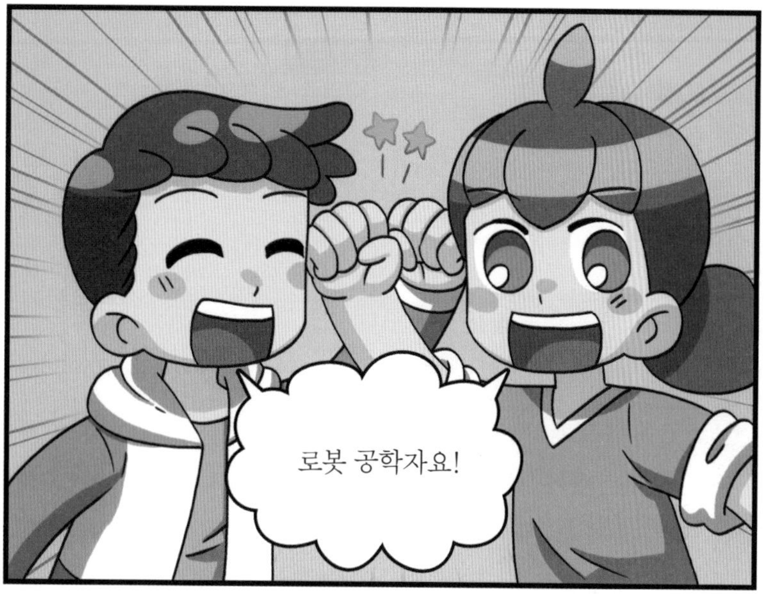

로봇 공학자요!

미래의 로봇은 어떤 모습으로 다가올까요?

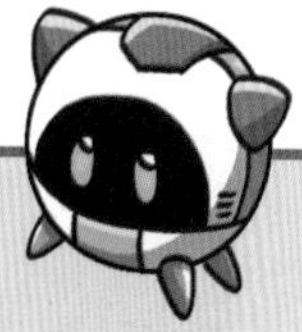

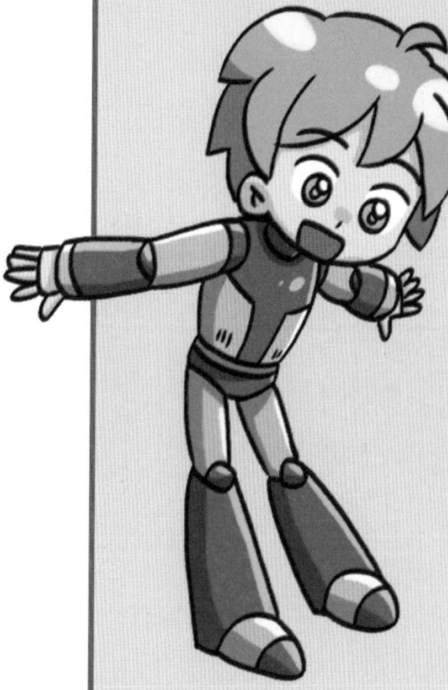

우리나라 로봇 산업은 끊임없이 발전하고 있어요. 최근에는 개인이나 가정용 서비스 로봇이 주목을 끌고 있어요.
삶의 질 향상이라는 측면에서 개인용 서비스 로봇의 필요성이 대두되고 있기 때문이에요. 앞으로 로봇은 우리의 삶을 더 풍요롭고 편리하게 해 줄 거예요.
안내나 도우미와 같은 공공 서비스 로봇, 선생님을 옆에서 보조하거나 교육을 하는 교육용 로봇, 섬세한 수술이나 치료를 도와주는 의료용 로봇, 화재 진압이나 인명 구조와 같은 극한 작업을 하는 구조용 로봇 등 다양한 분야에 로봇이 활용되고 있답니다.
이뿐만 아니라 외부 환경을 인식해 상황을 판단하는 등 스스로 행동하는 지능형 로봇이 등장해 다양한 업무를 돕고 있지요.
머지않은 미래에 로봇은 언제 어디서나 우리 곁에서 지금보다 더 가깝고 친근한 모습으로 함께할 거예요.

정보 더하기

영화로 만나는 로봇 세계

All New Restoration
With Original 1927 Orchestral Score
Fritz Lang's
METROPOLIS

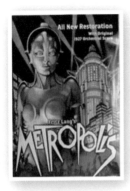

최초의 로봇 영화 〈메트로폴리스〉

1927년, 독일에서 만든 이 영화는 2026년의 메트로폴리스라는 미래 도시에서 벌어지는 일을 담았어요. 지상에 사는 부유한 자본가들과 지하로 내몰린 노동자들로 분화된 계급 사회를 사장의 아들인 프레더와 노동자의 딸 마리아의 관점에서 그렸어요.

David is 11 years old.
He weighs 60 pounds.
He is 4 feet, 6 inches tall.
He has brown hair.
His love is real.
But he is not.
A.I.
ARTIFICIAL INTELLIGENCE

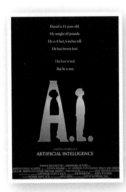

인간이 되고 싶었던 로봇 〈A.I.〉

데이빗은 스윈튼 부부의 혼수 상태인 아들을 대신해 데리고 온 로봇이에요. 하지만 아들이 기적적으로 깨어난 후 데이빗을 버리지요. 인간이 되면 엄마에게 다시 돌아갈 수 있다는 희망을 안고 엄마의 사랑을 되찾기 위해 모험을 떠나는 데이빗의 이야기를 그린 SF 영화랍니다.

윌 스미스
2035년, 미래가 움직이기 시작한다!
아이, 로봇
I, ROBOT

아이작 아시모프의 소설을 원작으로 한 〈아이 로봇〉

로봇 NS-5의 창시자인 래닝 박사가 미스터리한 죽음을 맞이해요. 로봇이 범죄를 저질렀다고 확신하고 수사하던 스프너 형사는 로봇의 공격을 받아요. 스프너 형사와 선한 로봇 써니가 한 팀이 되어 악한 인공지능 비키와 그 조종을 받는 NS-5 로봇을 물리치는 SF 액션 영화지요.

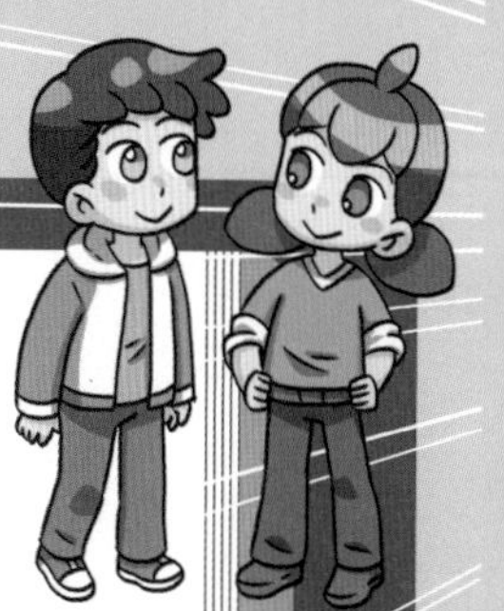

사람과 똑같은 세계 〈로봇〉

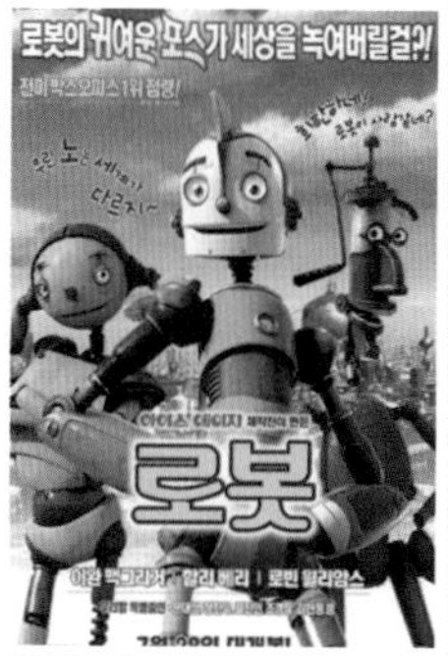
로봇의 귀여운 모스가 세상을 녹여버릴걸?!
전미 박스오피스 1위 점령!
로봇

3D 애니메이션인 이 영화는 모든 캐릭터가 로봇이에요. 인물들은 모든 것이 기계로 이루어진 미래에 살지요. 발명가를 꿈꾸는 로드니를 보며 인간만이 가질 수 있는 꿈에 대해 생각해 보는 계기가 돼요. 인간처럼 따뜻한 마음을 가진 로봇을 보여 주는 휴먼 코미디랍니다.

지구 청소 로봇 〈월·E〉

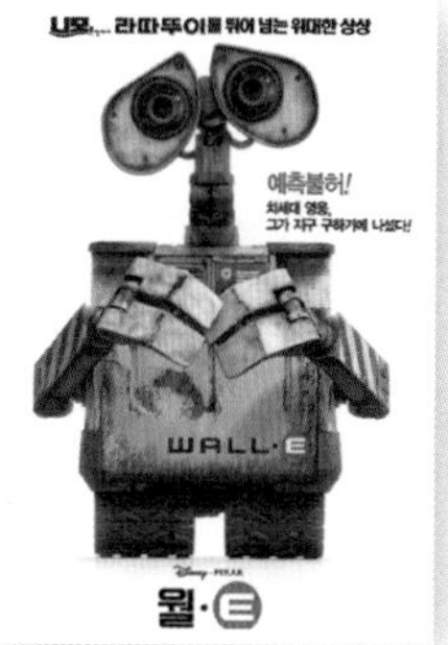
예측불허!
WALL·E
월·E

인간은 없고 쓰레기로 가득 차 버린 지구의 미래, 혼자 지구에 남아 청소를 하며 지내는 로봇 월·E가 있습니다. 월·E와 식물이 있는지 알아보라는 임무를 가지고 우주에서 온 탐사 로봇 이브가 만나 여러 사건을 겪게 되는 이야기를 다룬 영화랍니다.

아픈 마음을 치료해 주는 로봇 〈빅 히어로〉

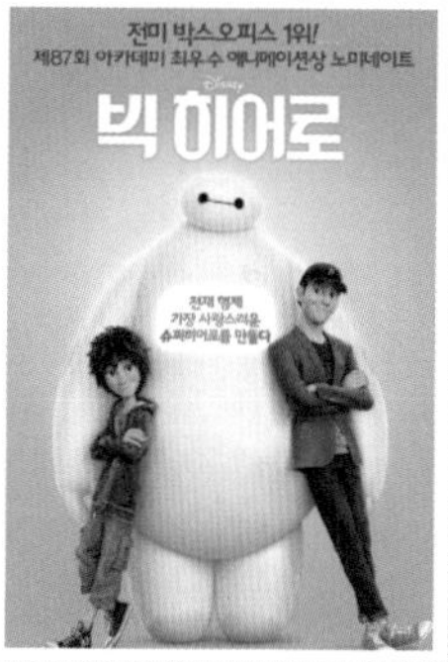
전미 박스오피스 1위!
제87회 아카데미 최우수 애니메이션상 노미네이트
빅 히어로

천재 공학자 테디가 개발한 베이맥스는 사람의 건강을 체크하고 유지하도록 도와주는 힐링 로봇이에요. 불의의 화재 사고로 테디가 죽은 후 의문점을 파헤치고 악당을 쫓는 슈퍼 히어로로 업그레이드되지요. 히로와 함께 4명의 친구, 베이맥스로 구성된 6명의 영웅이 악당의 비밀을 파헤치는 이야기입니다.

Job? 01

나는 로봇 전문가가 될 거야!

초판 1쇄 발행 · 2018년 4월 25일
초판 5쇄 발행 · 2021년 9월 10일

지은이 · 스튜디오 아이레
그린이 · 스튜디오 아이레
펴낸이 · 이종문(李從聞)
펴낸곳 · 국일아이

등　록 · 제406-2008-000032호
주　소 · 경기도 파주시 광인사길 121 파주출판문화정보산업단지(문발동)
영업부 · Tel 031)955-6050 | Fax 031)955-6051
편집부 · Tel 031)955-6070 | Fax 031)955-6071

평생전화번호 · 0502-237-9101~3

홈페이지 · www.ekugil.com
블 로 그 · blog.naver.com/kugilmedia
페이스북 · www.facebook.com/kugilmedia
E-mail · kugil@ekugil.com

• 값은 표지 뒷면에 표기되어 있습니다.
• 잘못된 책은 구입하신 서점에서 바꿔드립니다.

ISBN 979-11-87007-87-6(14300)
979-11-87007-86-9(세트)

워크북

Job?
나는 로봇
전문가가 될 거야!

국일아이

목차

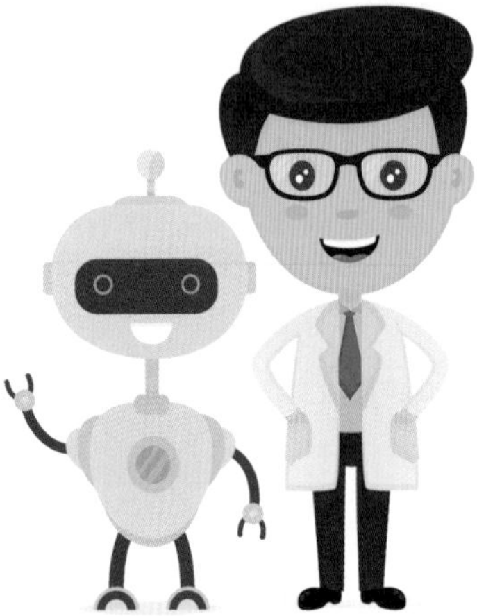

워크북 활용법

직업 탐험 각 기관의 대표 직업(네 가지)이 하는 일, 필요한 지식, 자질 등에 관한 정보뿐만 아니라 관련 직업에 관한 정보를 얻어요.

직업 놀이터 다른 그림 찾기, 숨은그림찾기, 미로 찾기, 색칠하기, ○X 퀴즈 등 재미있는 놀이 요소를 통해 직업 상식을 알아봐요.

직업 톡톡 직업 윤리나 직업과 관련한 이야기로 자신의 생각을 표현하며 직업을 간접 체험해요.

NCS
(국가직무능력표준)

국가직무능력표준(NCS, National Competency Standards)이란 국가가 현장에서 직무를 수행하는 데 필요한 지식, 기술, 태도 등을 산업별, 수준별로 표준화한 것을 말한다. 대분류 24개, 중분류 78개, 소분류 238개, 세분류 897개로 표준화되었으며 계속 계발 중이므로 더 추가될 예정이다.

국가직무능력표준(NCS)에 따른 24개 분야의 직업군

01 사업 관리	**02** 경영·회계 사무	**03** 금융·보험	**04** 교육·자연 사회 과학	**05** 법률·경찰 소방·교도·국방
06 보건·의료	**07** 사회 복지·종교	**08** 문화·예술 디자인·방송	**09** 운전·운송	**10** 영업·판매
11 경비·청소	**12** 이용·숙박·여행 오락·스포츠	**13** 음식 서비스	**14** 건설	**15** 기계
16 재료	**17** 화학	**18** 섬유·의류	**19** 전기·전자	**20** 정보 통신
21 식품 가공	**22** 인쇄·목재 가구·공예	**23** 환경·에너지·안전	**24** 농림·어업	

3

등장인물의 특징 알아보기

《job? 나는 로봇 전문가가 될 거야!》에는 소윤, 형진, 승민, 오 박사, 마 박사, 안드 등이 등장한다. 각 인물을 떠올리며 빈칸을 채워 보자.

인물	특징
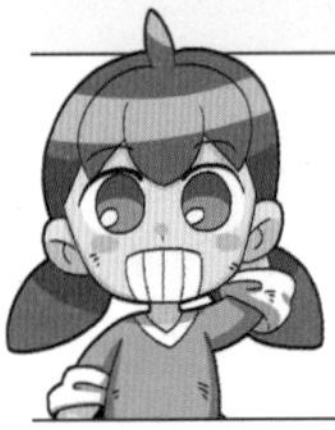 소윤	기계에 관심이 많고 호기심이 강하다. 급하고 덜렁거리는 성격 탓에 분해한 제품을 조립하지 못하고 고장 내기 일쑤다. 오 박사 제자인 승민을 좋아한다.
형진 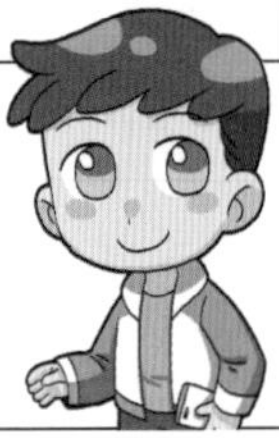	새로운 물건을 만들고 발명하는 것을 좋아해 친구들 사이에서 발명왕이라 불린다. 빼앗긴 안드로이드를 찾아오는 데 결정적인 역할을 한다.
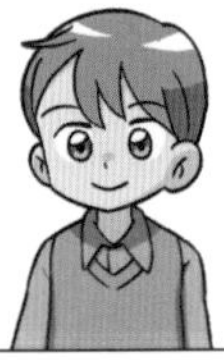 승민	오 박사가 가장 아끼는 수제자로 ________________다. 형진이 만든 드론에 오 박사가 개발한 인공지능 칩을 이식하고 소윤, 형진과 함께 안드로이드를 찾아 나선다.
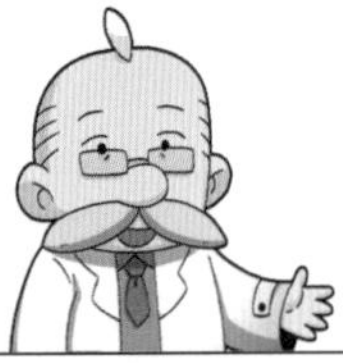 오 박사	소윤이의 할아버지이자 다양한 분야의 로봇을 개발하는 세계 최고의 ________________다. 사람들에게 친구가 되어 줄 안드로이드를 개발하지만 마 박사에게 빼앗긴다.
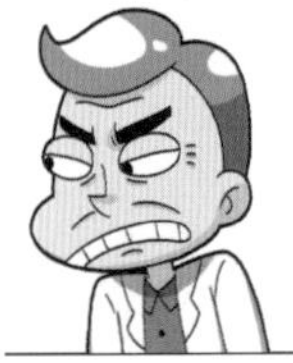 마 박사	오 박사에게 열등감을 가지고 있는 로봇 공학의 2인자로 괴팍하고 욕심이 많다. 오 박사와 함께 개발한 안드로이드를 빼돌려 세계 최고의 부자가 되겠다는 야망을 가지고 있다.
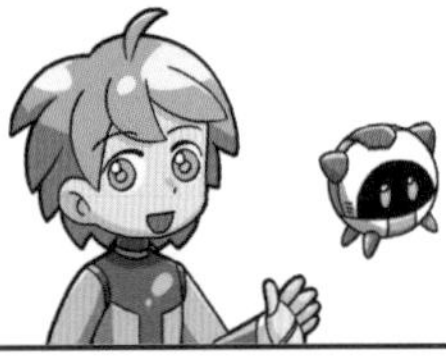 안드	오 박사가 만든 인공지능이 탑재된 ________________지만 마 박사가 본체를 빼돌리는 바람에 형진이 만든 드론에 이식되어 날아다닌다. 진짜 몸을 찾아가는 과정을 통해 점점 똑똑해진다.

궁금해요, 로봇

로봇은 '일하다'라는 뜻의 체코어 '로보타Robota'에서 유래한 말이다. 인간의 상상력에서 출발한 로봇이 지금은 사람들의 삶과 떼려야 뗄 수 없는 존재가 되었다. 다음 중 로봇에 관한 설명으로 알맞은 것을 모두 찾아보자. (정답은 세 개)

1 인간을 대신해서 일을 하거나 도움을 준다.

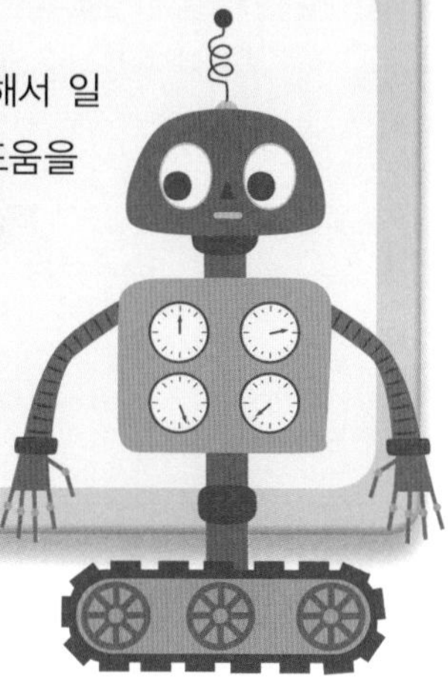

2 인간과 의사소통을 할 수 있어야 한다.

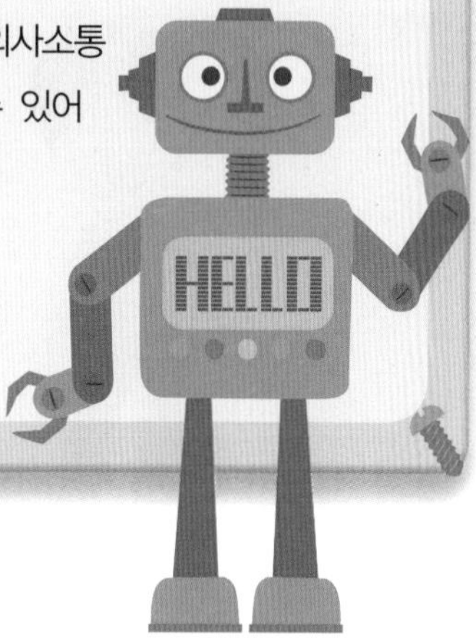
HELLO

3 안드로이드 로봇은 사람에게 좋은 친구가 되어 준다.

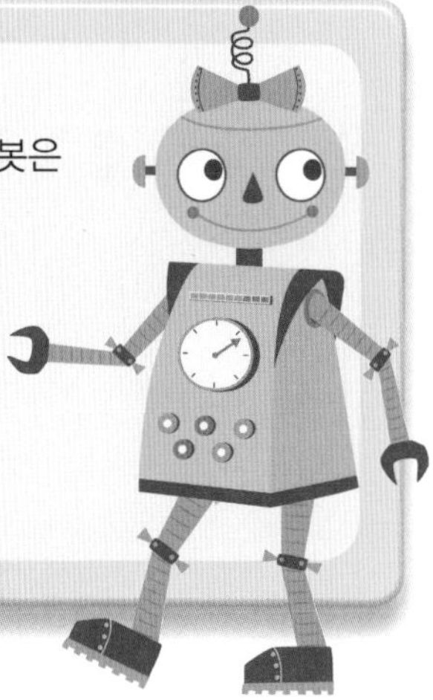

4 주변 상황을 판단하고 스스로 대처할 수 있다.

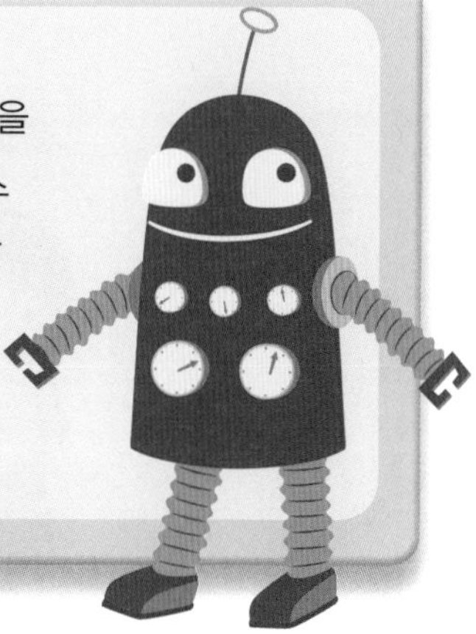

로봇 공학자에 대해 알아보자

로봇 공학자는 로봇을 설계하고 로봇이 움직일 수 있도록 장치를 만든 후 프로그래밍 작업을 한다.
다음 중 로봇 공학자에 대해 잘못 설명한 친구를 찾아보자.

민호

인간을 이해하고
도와주는 로봇을
개발하기 위해
노력하는 자세가
필요해.

하영

로봇 관련 전문 지식과
기술을 바탕으로
로봇의 구성 요소를
연구하고
개발해.

준섭

로봇은 우리의 삶을
편리하게 만들기
위한 것이니까,
로봇을 만들려면
창의력과 상상력도
중요해.

윤슬

로봇을 완성하기
위해서는 계속되는
실패에도 좌절하지
않고 끊임없이
노력하는 끈기와
인내가 필요해.

태준

어떤 로봇이든 로봇을
디자인할 때에는 사람과
비슷하게 만들어야 해.

지능로봇 연구개발자에 대해 알아보자

 로봇이 인간처럼 생각하고 의사 결정을 할 수 있도록 연구하는 사람을 지능로봇 연구개발자라고 한다. 아래에서 지능로봇 연구개발자에 관해 바르게 설명한 사람을 찾아 선을 따라가 보자.

1. 로봇을 연구하고 개발하므로 인간 뇌 구조에 대해 공부할 필요는 없어.

2. 지능형 로봇을 만들려면 심리학이나 철학을 무조건 공부해야 돼.

3. 로봇이 스스로 위치를 파악하여 이동하고 외부 환경에 대응하여 행동하는 프로그램을 개발해.

4. 산업용 로봇을 개발한 경력이 있어야만 지능로봇 연구개발자로 일할 수 있어.

로봇 하드웨어 설계기술자에 대해 알아보자

각종 산업 활동에 사용되는 로봇의 하드웨어를 설계하는 사람을 로봇 하드웨어 설계기술자라고 한다. 다음 설명 중 로봇 하드웨어 설계기술자에 대해 바르게 설명한 것을 찾아보자. (정답은 세 개)

1
로봇이 작동할 수 있도록 전원과 관련한 사항을 분석하고 설계한다.

2
전기 전자 부품, 하드웨어 부품 등을 통합하여 로봇 하드웨어를 제작한다.

3
설계된 대로 로봇이 잘 움직일 수 있도록 디자인한다.

4
규격에 맞게 제작, 조립하면 시험 평가는 하지 않아도 된다.

5
하드에 담긴 정보가 섞이지 않도록 데이터베이스 구축을 잘해야 한다.

6
로봇 제품마다 요구되는 사항을 분석한 후 로봇 하드웨어의 사양과 구조를 설계한다.

로봇 디자이너에 대해 알아보자

로봇 디자이너는 로봇의 외형을 디자인한다. 로봇 디자이너에 대한 설명이 맞으면 O, 틀리면 X에 동 그라미 표시를 해 보자.

1 인공지능 시스템이나 공학적인 부분을 몰라도 디자인할 수 있다.   O X

2 예술적 감각과 창의력이 뛰어나야 한다.   O X

3 로봇 외관만 디자인하므로 그림만 잘 그리면 된다.   O X

4 대학교에서 산업 디자인을 전공하면 도움이 된다.   O X

5 로봇의 형태와 기능에 맞게 디자인한다.   O X

6 로봇의 목적과 실용성까지 고려하여 디자인해야 한다.   O X

누구일까?

아래에서 소개하는 사람은 로봇 전문가 중의 한 사람이다. 내용을 보고 누구에 관한 설명인지 〈보기〉에서 찾아보자.

수진

로봇이 일상과 산업
곳곳에 확산되면서
앞으로는 이 직업을 가진
사람이 많이 생길 거야.

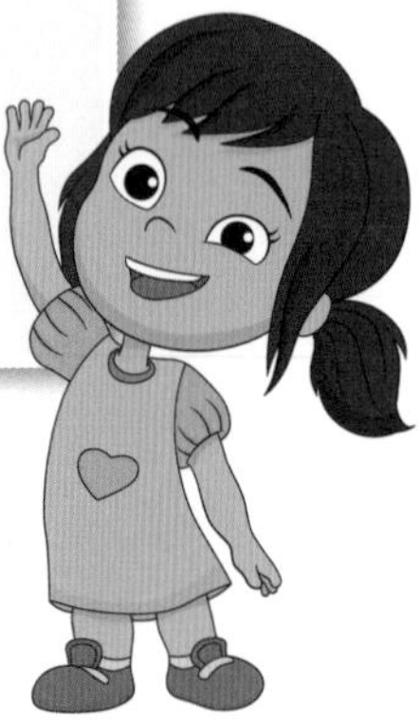

로아

인간을 이해하고 사람과
소통하는 법을 가르치고
윤리 의식을 학습할 수 있도록
도와주는 역할을 해.

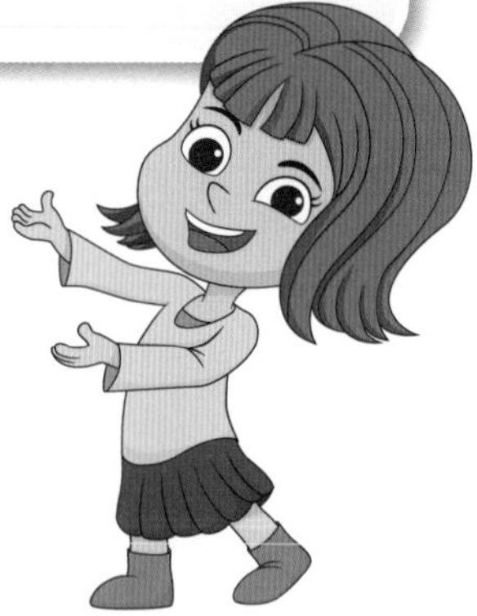

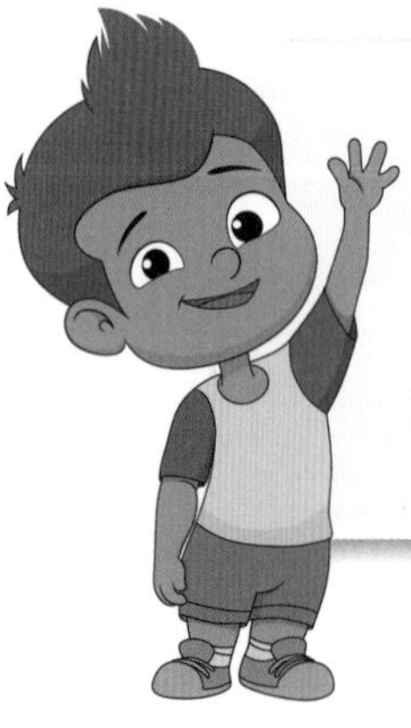

형식

인공지능 로봇이
스스로 해결할 수 없는
문제가 발생하면 로봇의
학습 패턴과 과정을 조정해.

보기

로봇 디자이너, 로봇 기구개발자, 로봇 오퍼레이터, 로봇 심리학자

정답:

로봇 오퍼레이터에 대해 알아보자

 로봇 오퍼레이터에 관해 바르게 설명한 번호를 찾고 그 번호에 해당하는 로봇을 예쁘게 색칠해 보자. (정답은 네 개)

❶ 무선이나 유선으로 로봇을 조정한다.

❷ 화성 탐사 로봇을 작동시켜 정보를 받는다.

❸ 세밀하고 정밀한 것을 감지해야 하고 순발력이 필요하다.

❹ 안드로이드 로봇의 기능을 연구한다.

❺ 로봇의 기능이 확장될수록 전문적인 로봇 오퍼레이터가 등장할 것이다.

로봇 기구개발자는 무슨 일을 할까?

다양한 평가 결과를 반영하여 로봇 기구를 만드는 사람을 로봇 기구개발자라고 한다. 다음 ○× 퀴즈를 풀고 답을 따라 미로를 탈출해 보자.

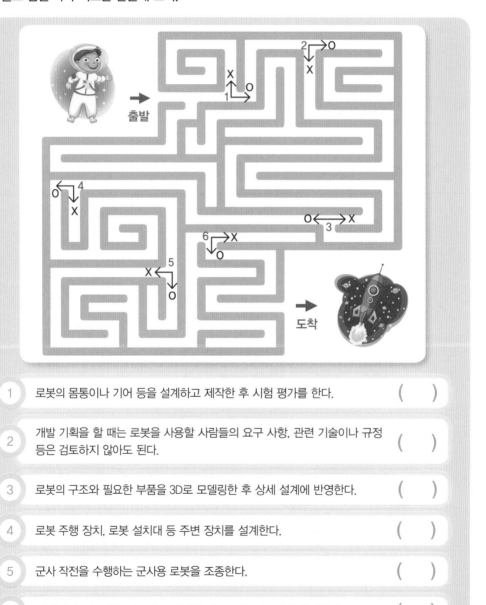

1. 로봇의 몸통이나 기어 등을 설계하고 제작한 후 시험 평가를 한다. ( )

2. 개발 기획을 할 때는 로봇을 사용할 사람들의 요구 사항, 관련 기술이나 규정 등은 검토하지 않아도 된다. ( )

3. 로봇의 구조와 필요한 부품을 3D로 모델링한 후 상세 설계에 반영한다. ( )

4. 로봇 주행 장치, 로봇 설치대 등 주변 장치를 설계한다. ( )

5. 군사 작전을 수행하는 군사용 로봇을 조종한다. ( )

6. 전체 작업 시스템을 검토하고, 설계한 대로 로봇 시스템을 완성한다. ( )

로봇 데이터베이스 구축자는 무슨 일을 할까?

로봇의 활용도가 높아지면서 데이터는 점점 쌓일 수밖에 없다. 그에 따라 데이터를 신속히 찾아 활용할 수 있도록 데이터베이스 구축이 필요하다. 로봇 데이터베이스 구축자가 하는 일에 대해 바르게 설명한 에어 벌룬을 찾아보자. (정답은 두 개)

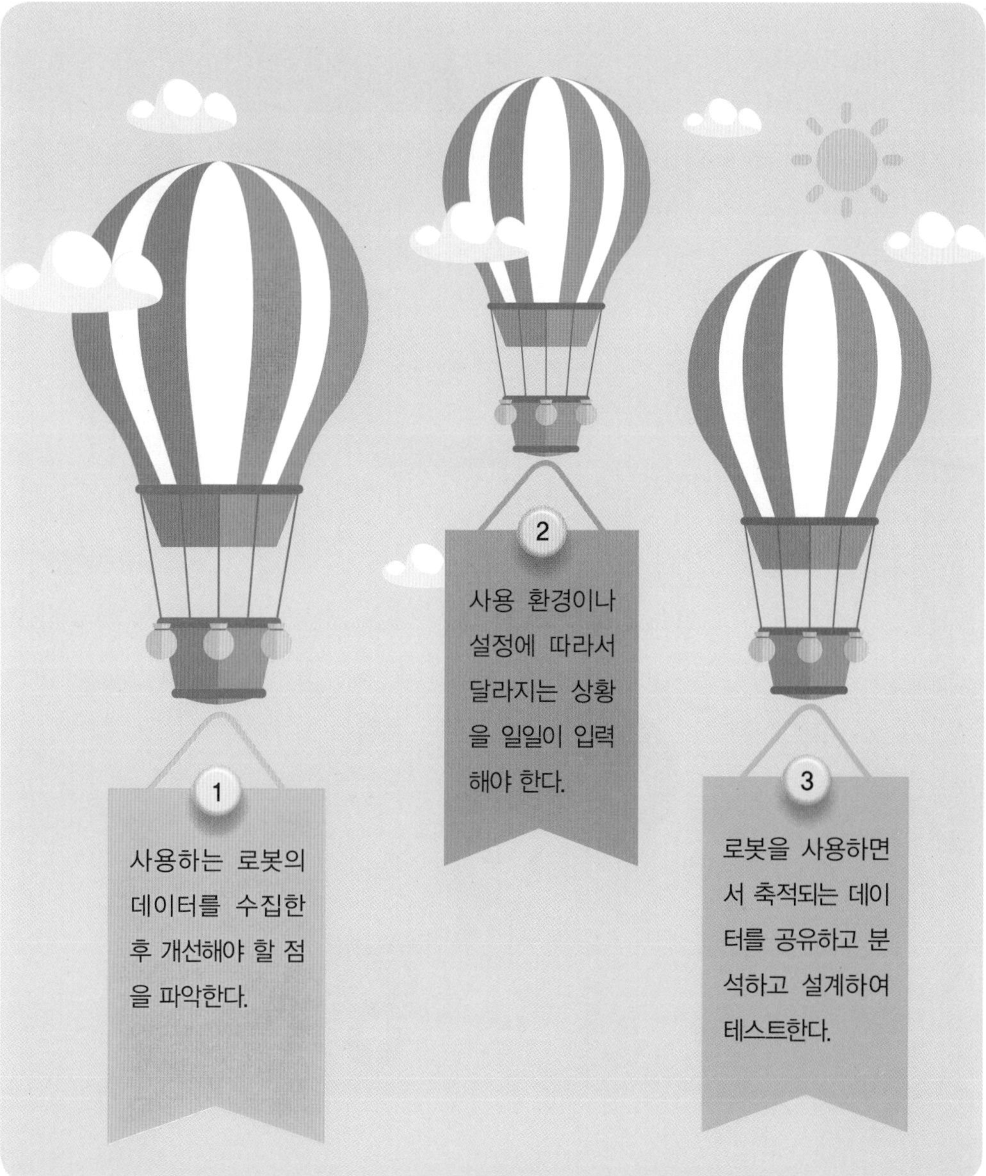
1
사용하는 로봇의 데이터를 수집한 후 개선해야 할 점을 파악한다.
2
사용 환경이나 설정에 따라서 달라지는 상황을 일일이 입력해야 한다.
3
로봇을 사용하면서 축적되는 데이터를 공유하고 분석하고 설계하여 테스트한다.

수영이의 꿈은 무엇일까?

할머니가 수영이에게 꿈이 무엇인지 물어보았다. 수영이는 대답 대신 다음과 같이 힌트를 주었다. 수영이의 꿈을 맞힌 가족은 누구일까?

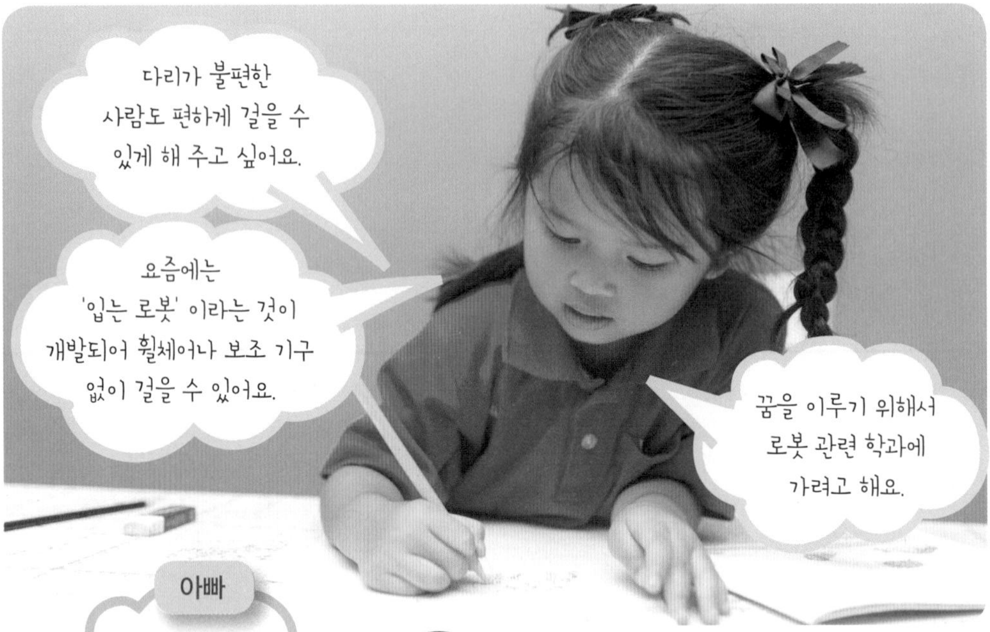
다리가 불편한 사람도 편하게 걸을 수 있게 해 주고 싶어요.
요즘에는 '입는 로봇' 이라는 것이 개발되어 휠체어나 보조 기구 없이 걸을 수 있어요.
꿈을 이루기 위해서 로봇 관련 학과에 가려고 해요.

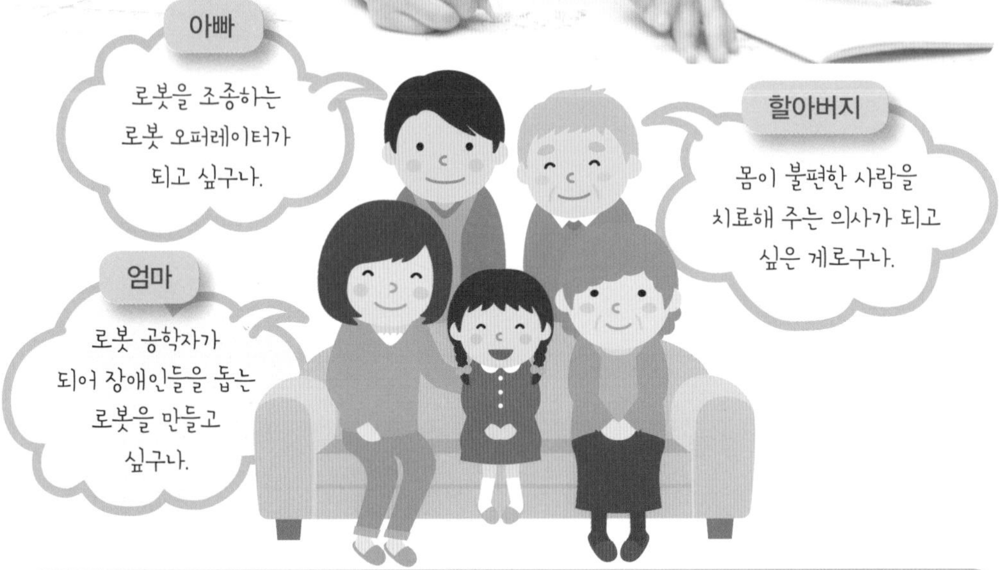
아빠
로봇을 조종하는 로봇 오퍼레이터가 되고 싶구나.
할아버지
몸이 불편한 사람을 치료해 주는 의사가 되고 싶은 게로구나.
엄마
로봇 공학자가 되어 장애인들을 돕는 로봇을 만들고 싶구나.

정답:

로봇 관련 직업 알아보기

로봇 기술이 발전하면서 다양한 로봇 관련 직업이 생기고 있다. 사다리를 타고 내려가 어떤 직업인지 알아보자.

1	2	3	4	5
로봇의 최적화된 도입과 판매를 위해 기업과 로봇 판매자 사이를 조율하고 지원한다.	각 분야의 특성과 쓰임새에 맞게 로봇을 설계한다.	사람과 사회에 도움이 되는 로봇을 연구하고 설계하거나 응용 분야를 다룬다.	로봇이 인간의 감성을 인지할 수 있도록 인체의 특성과 감각 계측 기술을 연구한다.	로봇과 관련된 프로그램, 기계 설계, 전자 회로 등을 관리한다.

| 로봇 컨설턴트 | 로봇 엔지니어 | 로봇 설계사 | 로봇 공학자 | 로봇 감성인지 연구원 |

다양한 로봇들

우리 주변에는 다양한 로봇이 있다. 로봇의 종류와 하는 일이 서로 일치하도록 연결해 보자.

종류	하는 일

산업용 로봇

전투에 참가하거나 지뢰를 제거하고 보초를 선다.

군사용 로봇

공장이나 방사능 지역 같은 위험한 곳에서 사람 대신 작업한다.

의료용 로봇

설거지, 빨래, 청소, 요리, 심부름 등의 집안일을 한다.

가정용 로봇

질병을 진단하고 수술 과정을 지원하며 재활 훈련을 돕는다.

종류	하는 일

농업용 로봇

교사를 보조하거나 학생과 1:1로 소통하며 학습을 돕는다.

교육용 로봇

열매를 따거나 벌레를 퇴치하고, 농약과 비료를 준다.

서비스용 로봇

공장에서 제품을 조립하거나 완성된 물건을 운반한다.

제조용 로봇

주문을 받고 서빙을 하며 계산을 하는 등 다양한 서비스를 제공한다.

휴보를 완성해 보자

휴보는 한국 최초의 두 발로 걸을 수 있는 로봇이다. 〈보기〉를 참고하여 빈칸에 알맞은 단어를 채워서 휴보를 소개해 보자.

1. 눈에는 두 대의 CCD 카메라가 달려 있고 각기 ____ 움직인다.

2. 2004년 12월, 한국과학기술원(KAIST) 기계공학과 오준호 교수 팀이 개발한 ____ 이다.

3. 가슴 안에 있는 배터리는 한 번 충전하면 ____ 동안 움직일 수 있다.

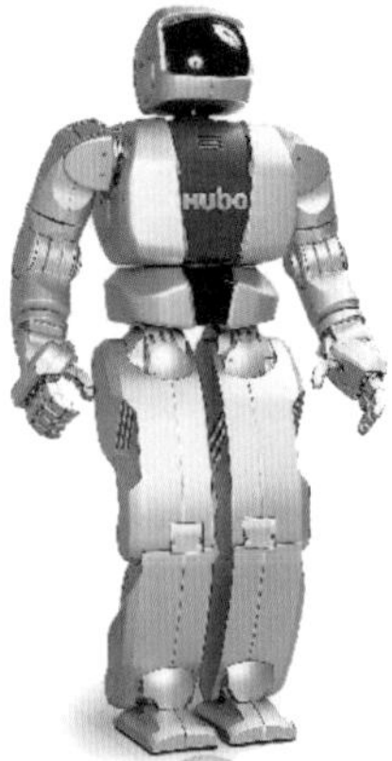

4. ____ 으로 '가위바위보' 게임을 하고 사람과 함께 춤도 추고 태극권도 할 수 있다.

5. 손목에 실리는 힘을 감지하여 상대방과 적당한 힘으로 ____ 를 할 수 있다.

6. 계단을 오르내릴 뿐만 아니라 ____ 도 할 수 있다.

보기

손가락, 90분, 인간형 로봇, 운전, 악수, 따로

로봇을 만들려면?

다음은 직업 체험 학습 시간에 '로봇을 만드는 사람들'이라는 주제로 토론한 내용이다. 대화 내용 중 알맞지 않은 것을 골라 보자.

이렇게 작은 로봇도
굉장히 복잡한 구성으로
이루어져 있군요!

1 크기는 작아도
다양한 부품과 프로그램이
필요하단다.

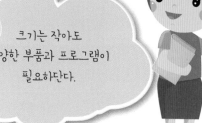

2 로봇을 만들려면
기계나 전자, 소프트웨어 등을
공부하는 것이 도움이 되지요?

3 관련 기술을
배우는 것은 기본이고 창의력도 필요해.
그래야 사람들에게 도움이 되는
로봇을 만들 수 있을 테니까.

4 그렇군요!
로봇은 많은 전문가가
함께 모여 만들지요?

5 그렇지. 각각의 분야에
다양한 전문가들이 있고,
서로 업무를 분담해서
진행한단다.

6 와! 서로 업무를
분담하면 다른 업무 과정은
몰라도 되겠어요.

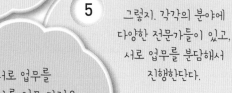

19

내가 로봇을 만든다면?

다음 질문에 답하며 자신이 로봇을 만든다면 어떤 로봇을 만드는 것이 적성에 맞는지 알아보자.

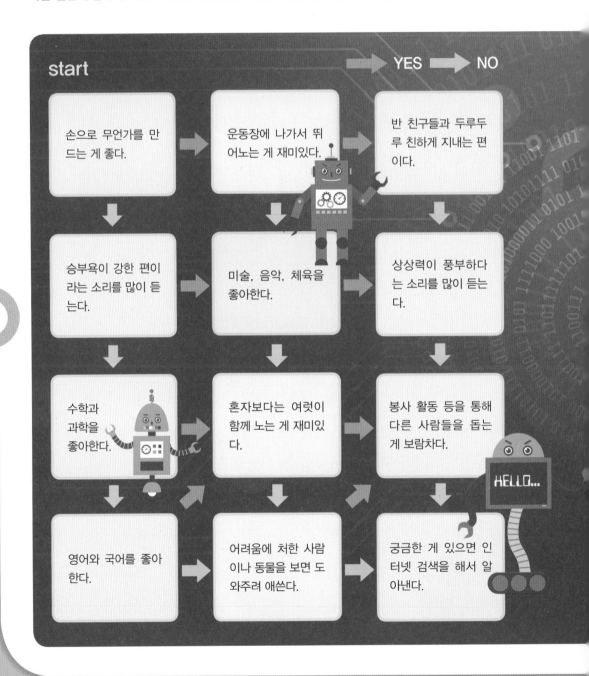

start

YES ➡ NO

손으로 무언가를 만드는 게 좋다.	운동장에 나가서 뛰어노는 게 재미있다.	반 친구들과 두루두루 친하게 지내는 편이다.
승부욕이 강한 편이라는 소리를 많이 듣는다.	미술, 음악, 체육을 좋아한다.	상상력이 풍부하다는 소리를 많이 듣는다.
수학과 과학을 좋아한다.	혼자보다는 여럿이 함께 노는 게 재미있다.	봉사 활동 등을 통해 다른 사람들을 돕는 게 보람차다.
영어와 국어를 좋아한다.	어려움에 처한 사람이나 동물을 보면 도와주려 애쓴다.	궁금한 게 있으면 인터넷 검색을 해서 알아낸다.

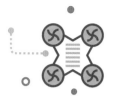

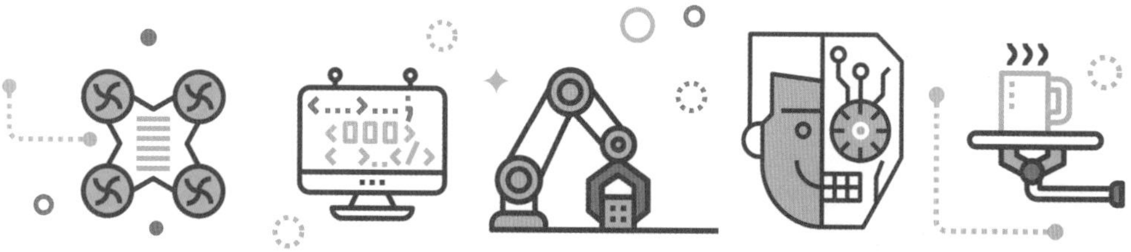

외로운 할머니를 위해 말벗이 되어 드리곤 한다.

친구가 되어 줄 로봇을 만드는 게 좋을 것 같아! 사람들을 행복하게 만들어 줄 수 있을 거야!

혼자서 시간을 보내도 심심하지 않다.

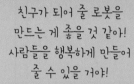

사람이 하기 어려운 일을 척척 해내는 산업용 로봇을 만들면 좋을 것 같아!

21

주말에는 엄마를 도와 청소를 한다.

로봇 청소기처럼 집안일을 쉽게 하도록 도와주는 로봇을 만들면 좋겠어! 그렇다면 가족과 함께 즐기는 시간도 많아질 거야!

복잡한 일을 간단하게 해결하는 능력이 있다.

군사용이나 의료용 로봇 같은 특수한 로봇을 만드는 게 좋을 것 같아. 그러면 많은 사람이 도움을 얻을 수 있을 거야!

로봇 기술 발전, 긍정 VS 부정

로봇 기술이 발전하면 어떤 일이 생길까? 친구들의 의견을 읽고 자신의 생각을 써 보자.

로봇의 긍정적인 변화

로봇 기술이 점점 발전하면 사람들은 얼마나 편한 생활을 하게 될까? 사람이 하지 못하던 어려운 일도 척척 해내니 얼마나 좋아? 과학 발전에도 큰 기여를 할 것이고 생산성도 높일 수 있어.

로봇의 부정적인 변화

로봇 기술이 점점 발전할수록 사람의 일자리는 줄어들 수밖에 없어. 많은 기업이 직원을 해고하고 그 자리를 로봇이 대신할 테니까. 게다가 로봇이 사람과 같은 지능을 가진다고 생각해 봐. 인간의 통제를 벗어나는 어마어마한 일이 생기지 않을까?

 나는 로봇 기술이 발전하는 것을 (긍정적 / 부정적)으로 생각한다.

왜냐하면

때문이다.

내가 로봇보다 잘하는 게 무엇일까?

로봇이 사람보다 잘하는 것도 있지만, 사람이 로봇보다 잘하는 것도 있다. 로봇보다 자신이 더 잘한다고 생각하는 것을 적어 보자.

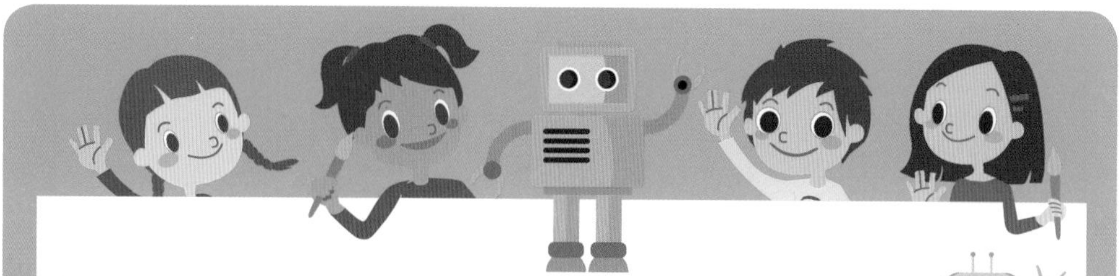

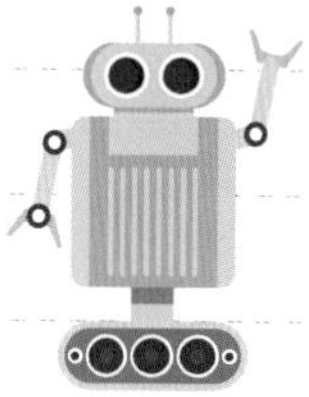

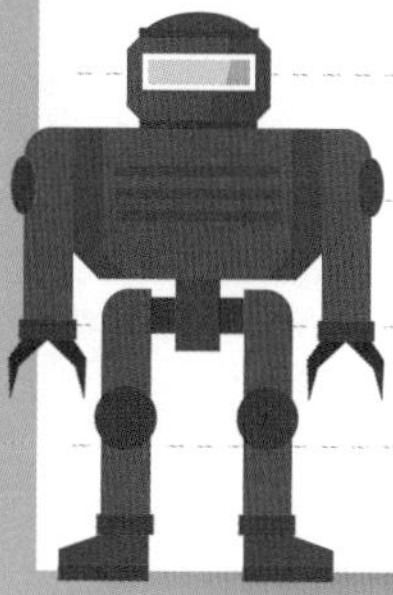

4. 안드로이드 로봇 공학자, 로봇 공학자, 안드로이드

5. ①, ③, ④

6. 태준

7. ③

8. ①, ②, ⑥

9. ×, ○, ×, ○, ○, ○

10. 로봇 심리학자

11. ①, ②, ③, ⑤

12. ○, ×, ○, ○, ×, ○

13. ①, ③

14. 엄마

15. ① 로봇 컨설턴트 ② 로봇 설계사 ③ 로봇 공학자
    ④ 로봇 감성인지 연구원 ⑤ 로봇 엔지니어

16–17.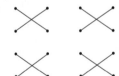

18. ① 따로 ② 인간형 로봇 ③ 90분 ④ 손가락 ⑤ 악수 ⑥ 운전

19. ⑥